《中国语学文库》

总 主 编：邢福义
副总主编：汪国胜　朱　斌

本书为湖南省哲学社会科学基金项目成果（项目编号：11YBA224）；
本书得到湖南师范大学青年基金项目资助。

汉语有标让步复句研究

A Research on the Marked Chinese Concession Complex Sentences

金　鑫◎著

中国出版集团
世界图书出版公司
广州·上海·西安·北京

图书在版编目（CIP）数据

汉语有标让步复句研究/金鑫著.一广州：世界
图书出版广东有限公司，2016.9
ISBN 978-7-5192-1861-4

Ⅰ.①汉… Ⅱ.①金… Ⅲ.①汉语—语法—研究
Ⅳ.① H14

中国版本图书馆 CIP 数据核字 (2016) 第 221361 号

汉语有标让步复句研究

策划编辑　孔令钢
责任编辑　黄　琼
出版发行　世界图书出版广东有限公司
地　　址　广州市新港西路大江冲 25 号
http:// www.gdst.com.cn
印　　刷　虎彩印艺股份有限公司
规　　格　710mm×1000mm　1/16
印　　张　13
字　　数　217 千
版　　次　2016 年 9 月第 1 版　2017 年 7 月第 2 次印刷
ISBN　978-7-5192-1861-4 / H·1089
定　　价　40.00 元

序

2004 年，金鑫考取华中师范大学文学院的硕士研究生，跟我学习汉语语法。读硕期间我即着手培养研究生们翻检语料、查阅文献和自主钻研的能力。他的硕士论文就是在翻检语料过程中发现了值得研究的语言现象，并最终写成硕士论文《"一边"类关系词及相关句式的研究》，获得了湖北省优秀硕士论文，部分内容修改后以《关联标记"一头"的固化动因及其句法语义特征分析》为题在《汉语学习》2009 年第 4 期上发表。2007 年金鑫考取博士研究生，继续跟我学习。鉴于读硕期间他对复句及其关联标记研究已经有些基础，我提出让他考虑汉语让步复句的研究，围绕这一问题开展学习和研究。

复句研究的成果相当丰富，复句的理论研究、某一类关系复句的研究、复句的教学和习得研究等方面，有些理论和方法是相通的，然而让步复句还是有很多自己的特点，比如儿童习得让步复句研究较晚。在不同学者的复句系统里，有的将让步复句单列为一类，有的则将让步归于转折的一种，有的分类中则完全没有提及。在关于让步复句的界定方面，各家的判定标准和界定规则也不尽相同。让步和转折到底是怎么样的一种关系，让步复句的内部的关系又是怎样的，让步复句的历时演变情况如何、普通话的让步复句和方言、民族语言以及其他语言的复句之间有什么异同，这些都是需要深入探索和研究的问题。我要求金鑫重点思考两个方面：一是让步复句的历时形成过程，包括让步标记的语法化过程；二是类型学视野下汉语让步复句的类型和共性。金鑫以《汉语有标让步复句研究》为选题完成了博士学位论文，工作这几年又不断修改、补充，现在拿出来出版，要我来写序，我乐而为之。

　　作者运用"语法化"学说，对汉语让步复句和让步关联标记进行了共时和历时两个层面的语法化研究，分析了"让步"、"转折"以及"让转"等概念间的关系；结合"路径依赖"理论对汉语让步复句的历时演化进行了探索，还对一些让步关联标记的历时演变开展了个案研究。对汉语让步复句的关联标记模式、关联标记所处位置以及"联系项"居中程度等问题，采用跨方言跨语言的方式进行比较研究。该书较为系统地研究了汉语让步复句，既有理论方面的探索，也结合具体情况进行个案分析。研究过程中不但有定量的数据统计，而且也有定性的深入分析。书中的部分内容经整理后以单篇论文发表，如《让步标记"虽使"的形成过程及其消亡原因分析》一文发表在《云南师范大学学报》（对外汉语教学与研究版）2010 年第 5 期，该文对让步关联标记"虽使"的形成、发展进行了研究，讨论"虽使"最终消亡的原因，分析了让步复句分句间的语义关系、让步标记搭配模式，让我们看到让步关联标记内部的复杂关系。《让步话语标记演变的认知分析》发表在《求索》2010 年第 10 期，文章以"退一步"这一类结构为例，分析该类结构在隐喻机制的作用下，演变成一个表示抽象"让步"概念的语言单位，用于表示话语之间的让步关系，为我们了解人类的行为和语言之间的密切关系提供了一个样本。

　　近年来陆续也有一些关于汉语让步复句的研究成果出版，但是基于"历时—共时"两个层面，同时关注现代汉语让步复句、方言以及民族语言和外语让步复句研究的专著还不多见。金鑫的《汉语有标让步复句研究》对我们进一步深入研究汉语复句，在完善让步复句的判别与界定标准，全面了解让步复句的演变和发展，把握汉语让步复句的类型和特征等方面有积极意义。当然，文中有些地方还值得进一步挖掘和探索，在运用有些理论进行解释和说明的时候，还不够恰切和精准，这也是他今后的研究中需要改进和完善的地方。

　　金鑫的论文完成以后，在匿名评审和毕业答辩上，分别得到匿名评审专家和毕业答辩委员们的肯定，论文被评为"2010 年华中师范大学优秀博士论文"和"2011 湖北省优秀博士论文"。有这样的学生，我十分欣慰，期望他在以后的学习和研究工作中能有更好的研究成果。

　　是为序。

储泽祥

2016 年 7 月 27 日

内容摘要

本书围绕汉语让步复句这个中心问题展开讨论和研究，首先从句法形式和语义关系上确定了让步复句的内涵和外延，并在同其他相关复句进行比较分析的基础之上，对典型的汉语让步复句给出认定标准。分析了现代汉语让步复句的分句句法结构类型，依照构词特征对"即"类、"就"类、"虽"类等五类让步关联标记引导的让步复句进行逐类考察，分析了分句间的语法语义关系和语用特征。运用语法化学说对现代汉语让步复句的共时语法化和历时发展演变的情况进行详细分析和研究，并尝试使用"路径依赖"理论对汉语让步复句关联标记以及关联标记模式的发展做出了分析和解释。文章还就汉语与汉语方言、民族语言和其他语系语言的让步句进行了跨方言和跨语言的类型学研究，从类型学的角度来观察汉语的让步复句，发现汉语的让步复句在关联标记的数量和类型以及关联标记模式方面都有独特的类型学价值。本书还从汉语让步复句发展的不同时段抽取了三个让步关联标记进行个案研究，直观而具体地反映出汉语让步复句发展演变的动态性特征和让步关联标记以及关联标记模式的系统性规律，同时揭示出汉语让步复句的让步语义特征同"退一步"这一具体行为动作间存在着认知隐喻关系。

本书重点研究了下面几个问题：

第一个问题是汉语让步复句的认定问题，通过形式标记（"也"标记和"但"标记）和语义关系（"让步性"、"转折性"和"顺应性"）等多种手段对汉语的典型让步复句给出了明确界定，并使用该界定模式将转折复句、假设复句这些与让步复句存在纠缠和交叉的复句进行了严格的区分。在此基础上，根据让步关联标记的构词特征逐类分析了它们引导的让步复句的使用情况，包括让步复句前后分句的句法结构特点、关联标记的隐现和关联模式的方式等问题。同时还对汉语让步复句的语气类型进行了分析，主要存在"陈述＋陈述"、"陈述＋疑问"和"陈述＋感叹"这三种语气结构类型。

第二个问题是汉语让步复句的语法化问题，本书从历时和共时两个层面对汉语复句的语法化问题进行探究。历时层面从甲骨文金文时期意合而成的无标让步复句，到先秦时期单音让步关联标记引导的让步复句，再到中古时期大量涌现的双音让步关联标记，以至近代汉语让步复句关联标记以及关联标记模式的稳定成型，完整再现了汉语让步复句的历时演变进程，反映出让步复句演变的"路径依赖"特征和关联标记的"类推性"演变方式。现代汉语让步复句的共时语法化考察主要是从前后分句的关联标记的使用情况和关联标记模式的不同入手，通过分析发现由于让步语义关系内含一定的转折关系，二者语义关系的相关性使得典型让步复句的句法结构在使用过程中受到语用转喻机制的影响，导致句法结构重新分析而产生出新的句法结构，即"让转复句"。这里只是共时层面得出的结论，尽管在历时层面上该句型已经存在，我们这里只是想借助现代汉语的让步复句来分析这种演变情况。

第三个问题是汉语让步复句与汉语方言以及其他语言的让步句存在哪些联系和区别。汉语方言中的让步复句的关联标记同普通话的让步标记就存在差异：首先是语音上的差异，相同的让步关联标记，在方言和普通话中读音不同；其次是让步关联标记的不同，一些方言中仍在使用近代汉语时期产生的让步关联标记"任"、"饶"，而普通话已没有这些让步标记的用法。在同民族语言的比较中发现汉藏语系的多个语言使用的让步关联标记同汉语的让步关联标记相同或相近，反映出汉语和各民族语言之间接触之频繁和融合逐步加深。而在同印欧语系等其他语言的对比中发现，这些语言中的让步关联标记数量相对较少，有的语言只有两三个让步关联标记，而汉语不但数量丰富而且具有系统性特征。在关联标记模式方面，汉语同民族语言和印欧语系其他语言相比，也有自己的特色，标记模式的类型最完整也最齐全。

第四个问题是在个案分析中发现的一些有规律性的现象，首先是关于让步关联标记的产生、发展和消逝，中古汉语时期大量让步关联标记诞生，之后经过一段时间的使用和发展，在近代汉语就销声匿迹或是很少使用，反而是那些早期出现的单音让步关联标记以及由其发展出来的一批双音关联标记一直沿用至今，印证了"路径依赖"理论所说的"初始状态"的重要性。其次是多数的双音让步关联标记在词汇化的过程中都经历了结构重新分析的过程，而且"使"、"令"这样的使役性动词与让步关联标记和让步语义关系联系密切，这与这些动词的"使役性、致使性"语义特征直接相关。最后是让步话语标记"退一步V"这类结构同让步复句的关联，"退一步"从谓词性结构通过句法位置的变换同"言说"类动词组合在一起，充当让步表示让步语义关系的话语标记，反映出"退一步"这样的具体行为动作同"让步"这种抽象认知思维之间的复杂联系。

Abstract

The present book studies Chinese concession complex sentences. The denotation and connotation of the type of the sentences are first of all laid down on the basis of its own syntactic form and semantic relations and thereof its typical identification is made up by the comparison with all the other kinds of complex sentences in Chinese languages. The structural types of its components by the name of clauses are then analyzed under the guidance of the Theory of Clausal Pivot and according to the connectives five types of the concession complex sentences are identified such as *Ji* (即) type, *Jiu* (就) type and *Sui* (虽) type and hence respectively studied in terms of their syntactic, semantic and pragmatic features. A detailed synchronic and diachronic analysis of the concession complex sentences is also made based on the Theory of Grammaticalization, and an attempt explanation of its connectives and the development of connectives is thereafter offered on the Theory of Path Dependency. Furthermore, a typological study is conducted between the Chinese concession complex sentences and those of the dialects of the Chinese, the languages of the minority people in China, the Indo-European languages and accordingly the unique features of the Chinese concession complex sentences are recognized, namely, the quantity and kinds of the connectives and the patterns of the combination of the connectives. Finally, a case study is done about three connectives from different historical periods, displaying clearly the dynamic development of the complex sentences and the systemic laws of the connective patterns, meanwhile revealing the metaphorical relations between the semantic feature of concession and the specific behavior act of step-back.

This book focuses on the following issues:

The first issue is the identification of the Chinese concession complex sentences. Base on the various means of the sentences such as the syntactic form *Ye* (也) and *Dan* (但) and the semantic relations of being concessionary, transitional and transformable, the definition of the typical Chinese concession complex sentence is put forward and this definition is hence employed to draw a clear dividing line away from the other entangled complex sentences with the concession sentences such as transition complex sentences and hypothesis complex sentences. Thereafter, the connectives of the concession complex sentences are analyzed, to be more precisely, the use of different connectives by the type of their word-formation features in the sentences, the syntactic characteristics of the clauses, the dis(appearance) of the connectives and the modes of the connective patterns. The mood of the concession complex sentences is also analyzed and they fall into three major ones—declarative + declarative, declarative + interrogative, declarative + exclamative.

The second issue is the grammaticalization of the concession complex sentences, in other words, the study of the sentences at both diachronic and synchronic levels. Diachronically, it fully reproduces the evolution of the Chinese concession complex sentences from the first stage of being without connectives within the complex sentences in Oracle and Kim's periods, to single-syllable connectives introducing the complex sentences in the pre-Qin period, to a great number of double-syllable connectives in the medieval period, until the establishment of the fixed connectives and connective patterns in contemporary time, displaying the characteristics of path dependency in the evolution of the complex sentences and the analogical approach in the development of the connectives. Synchronically, a new type of sentence named concession-transition complex sentences is put forward. In the process of the synchronic analysis of the use of the connectives and the difference of the connective patterns, an implicit transitional relation between the two clauses is discovered and this semantic relevance is affected, in the use of the typical concession complex sentences, by the pragmatic metonymy mechanism, which leads to a reanalysis of the complex sentences with the result of the sentences being both concessionary and transitional. This is only the conclusion drawn from the synchronic study, although the concession-transition complex sentences already existed, for the purpose of the analysis of the evolution of the complex sentences in modern time.

The third issue is the connections and differences between Chinese concession complex sentences and those of Chinese dialects and other languages. The difference of the connectives in the dialects and Putonghua lies in the different pronunciation in spite of the same written form, and the connectives *Ren* (任) and *Rao* (饶) found in contemporary Chinese period are stilled used in some dialects but never used in Putonghua. The sameness or closeness in the use of connectives among several Sino-Tibetan languages is discovered by comparison with national languages, reflecting a frequent contact and a deep integration of the Chinese and other national languages. In contrast to European languages which have less connectives and some even have two to three connectives, Chinese is not only rich in connectives but the connectives are systemic. As for the connective patterns, Chinese is unique in its most diverse and complete type compared with other national languages and European languages.

The fourth is the case study with the purpose to find some regularity of the phenomenon. The emergence, development and disappearance of connectives in the concession complex sentences are first of all tackled. Most of the connectives were born in the medieval age, used and developed for a period of following time, disappeared or rarely used in the contemporary time, whereas the single-syllable connectives in the ancient time and the double-syllable ones derived from them are used up to now, proving the importance of the Initial State in the Theory of Path Dependency. Most double-syllable connectives have been reanalyzed in the course of lexicalization, and the causative verbs such as *Shi* (使) and *Ling* (令) are closely associated with the concession connectives and concession semantic relations because they are directly related to verbs' semantic features-factitivity and causativity. Finally, the syntactic structure *Tui YiBu* ＋ V (退一步 V) is discussed to reveal the complicated connection between the specific behavior act *Tui YiBu* (退 一 步) and the abstract cognitive thinking in that *Tui YiBu* (退一步) as a predicative structure is transformed to a place combined with speech verbs serving as a concession speech marker.

目　　录

第 1 章 引 论

1.1 "让步"的解释和让步复句的说明

本书将围绕汉语有标让步复句这一研究对象展开分析和讨论，因此这里首先对将要研究的对象进行必要的解释和说明。

1.1.1 "让步"的相关解释

本书研究的是"让步复句"，首先需要对"让步"这一概念有充分的认识。这里我们先引用权威、辞书对"让步"的释义来做说明。

【让步】谓向对方稍示宽容。亦谓在争执中作一些退让。梁启超《中日交涉汇评》："吾既欲示亲爱于友邦，则解释上节目上不妨特为让步。"毛泽东《关于重庆谈判》："在不损害人民基本利益的原则下，容许作一些让步。"（《汉语大词典》卷11，第471页）

【让步】ràng // bù 团在争执中部分地或全部地放弃自己的意见或利益：相互～｜在原则问题上绝不～。（《现代汉语词典》2005版，第1140页）

从《汉语大词典》、《现代汉语词典》对"让步"一词的解释来看，"让步"与"争执"关系密切。无论是宽容还是争执，都不是单方面可以完成的行为，会涉及宽容者和被宽容者以及引起争执对象（至少是两个），由此可以看到一个"让步"事件牵涉诸多因素。此外，"让步"是发生在"争执"当中，除去思想斗争层面的"争执"外，还有言语层面的争执和行为动作的争执，无论言语层面的争执，还是行为层面的争执，都表明"让步"是一个动作性较强的词语。

1.1.2 "有标让步复句"的相关说明

关于"有标让步复句"，我们从其偏正短语结构的名称上就能够得到许多提示信息。首先是"复句"，本书主要研究对象是汉语语法实体之一的"复句"；其次是"让步关系"，学者们对汉语复句类型的划分不尽相同，少的有七八种，多则十二三种，本书研究的是让步关系的复句；再次是"有标"，这里的"有标"指的是使用了相关关联标记，具体到本书就是使用了"让步关联标记"。如：

（1）看好了病那是因为他的医术超群此病不在话下因而不值得夸张称颂，看不好病或看死了人那本是你不幸得下了绝症而不是冷先生医术平庸，那副模样使患者和家属坚信即使再换一百个医生即使药王转世也是莫可奈何。（陈忠实《白鹿原》）

（2）即使在自称为"文明之邦"的欧美资本主义各国，迄今也没有哪个国家能把苍蝇、蚊子、老鼠、麻雀消灭掉。（戴厚英《流泪的淮河》）

（3）对东关村的父老乡亲，说句实话，平时咱虽然不敢说是全心全意，百分之百，那也至少是没有二心，两肋插刀。（张平《十面埋伏》）

例（1）从形式上看是由三个分句构成的，实际上每一个分句内部又包含着多种复杂的语义关系，例中的第三个分句中有"即使再换一百个医生即使药王转世也是莫可奈何"，如果单独分析这个句子，可以认为是一个紧缩的让步复句，但是在例（1）中，对这么复杂的成分进行句法切分和语义分析时，一般都会将其视为分句中动词"坚信"的宾语，而不能将其看成是一个让步复句。例（2）的第一个分句暂且承认欧美社会是"文明之邦"，按理应该不再有"四害"，后分句指出实际上他们也没能消灭"四害"，前分句的陈述带有明显的让步。例（3）中从让步关联标记"虽然"所引导的"不敢说全心全意，百分之百"到关联副词"也"所在的"至少是没有二心，两肋插刀"，承认"并非全心全意、百分之百"实际上就是做出了让步的表示。需要指出的是，例（2）、例（3）分别使用了"即使 Cl_1，也 Cl_2"、"虽然 Cl_1，也 Cl_2"这样的关联标记模式，本书的研究正是围绕有标让步复句展开。

1.2 相关研究文献综述

汉语的复句研究中关丁复句类型的划分及其分句间语义关系的判定，在众多的研究成果中有些看法和观点趋于一致或接近，这可以从并列复句、因果复句的一些研究中看出来；而有些则是不尽相同，存在分歧，较为明显的就是汉语的让步复句。学者们虽然在研究中较早关注到了语言中的"让步"现象，但是对此的描述和界定各自有着不同角度和看法。为了便于对这一问题有深入了解，这里我们需要对汉语复句研究尤其是让步复句的研究历程进行回顾和总结。

自《马氏文通》出版至今的一百多年间，汉语语法学发展经历了"三个时期"（邢福义 1992），分别是"套用期"、"引发期"和"探求期"，我们将依据邢先生的这个分期，对不同时期的汉语复句研究以及让步复句研究按照时间顺序进行整理。

1.2.1 语法专著中复句及让步复句研究综述

1.2.1.1 "套用期"让步复句研究

马建忠（1898）的《马氏文通》在"连字"研究当中提出了"推拓连字"，包括"虽、纵、若、使、即"等，认为"推拓连字"具有"推开上文而展拓他意"的句法功能。"虽"的用法及语义都较为复杂，《马氏文通》在处理时将"虽"理解为"虽然"和"即使"，且这两种情况都被认为是"推拓连字"的用法。《马氏文通》中虽然没有明确提出"让步复句"的概念，但是书中的这些内容或多或少已经涉及汉语的"让步句"。

黎锦熙（1924）《新著国语文法》中复句研究内容较为丰富，设三章分别讨论了"包孕复句"、"等立复句"、"主从复句"，在"主从复句"一章中就专节研究了现代汉语的"让步句"。书中对让步句给出定义，认为分句之间处于反对的地位，承认"容许从句"所述事实或理由成立，像是表示说话时的让步，由此可以判断为让步句。《新著国语文法》中还对让步连词进行分类，归纳出两类连词：一类是"认容连词"，如"虽然、尽管、任凭"等；另一类是"推宕连词"，如"纵令、就使、即令"等。

1.2.1.2 "引发期"让步复句研究

王力（1944）《中国现代语法》将复合句分为"等立句"和"主从句"，其中"主从句"包含"容许式（concession）"，书中还分析了"转折式"与"容许式"的关系，认为二者的性质虽然相近，但是"转折式"属于"等立句"，"容许式"属于"主从句"，二者差异还是较为明显。同时还从停顿和断句的角度对二者进行区分，认为"转折式"中两个分句是事实并重，既可以念成一句话，也可以从中断开读成两句；"容许式"着重是讲一件事情，只能念成一句。

吕叔湘（1942、1944）《中国文法要略》讨论"擒纵·衬托"关系时，论及"容认句"、"纵予句"，并将二者合称为"让步句"。容认句在形式上是以"虽然"等关系词为主要标记；在句法结构及语义关系方面，承认甲事件为事实，紧接着表达乙事件不会因为甲事件而不成立。《中国文法要略》认为"纵予句"与"容认句"同类，但二者存在显著差异，"容认句"的甲事件是实在的事件，而"纵予句"所承认的甲事件是假设的事实。

高名凯（1948）《汉语语法论》对"复杂句、包孕句和复合句"进行了专题研究，将"复合句"分为两大类：并列复合句和主从复合句。并列复合句又包含三类复合关系的复句；主从复合句包含六类，书中没有单列出"让步"这一类。

丁声树等（1961）《现代汉语语法讲话》认为让步句是偏正句的一种，偏句做出让步，正句说出本意。存在两种类型：一种是先承认事实之后转入正意，以"虽然 Cl_1，但/却 Cl_2"为代表；另一种是承认假设的事实而后转入正意，以"即使 Cl_1，也 Cl_2"为代表，同时还讨论了让步复句分句语序变化的问题。

《暂拟汉语教学语法系统》是于1956年公布的新中国第一个中学教学语法系统，其中将复句分为"联合、偏正"两大类，在讨论"连词"的部分，归纳出表示"并列、转折、因果、承接"等关系的复句关联词语，没有列出表示"让步"关系的词语。

1.2.1.3 "探求期"让步复句研究

探求期在复句专题研究方面取得很大进展，大量专著和专题论文涉及复句研究。

郭冀舟（1984）《副词·介词·连词》在转折连词部分划分出两类：一类是单用转折连词，如"但"、"但是"、"然而"等；另一类是呼应配对使用的转折连词，如"虽然……但是"，同时他认为转折连词配对使用的情况既是转折复句，也可以看成是"让步关系"。

龚千炎（1985）对现代汉语的假设让步进行了研究，区分了假设让步的三种情形：第一种情形是让步前分句表述的是不可能的事实；第二种情形是让步前分句所述是事实，但被认为是假设的情况；第三种情形是让步前分句所述是事实，但使用的是虚拟的语气，根据这三种情况又对假设让步句进行了细分，共区分出 10 种关系类型。

邢福义（1985）《复句与关系词语》是一本研究复句和复句关联词语的专著，书中没有采用之前的"联合、偏正"或是"等立、主从"的两分法，而是将复句分为"因果类复句、转折类复句、并列类复句"三大类，每一大类之中依据一定准则再进行细分。让步复句被划归为转折类复句，将"虽然 Cl_1，但是 Cl_2"、"即使 Cl_1，也 Cl_2"、"宁可 Cl_1，也 Cl_2"与"任凭 Cl_1，都（也）Cl_2"四组句式判定为让步句。

王缃（1985）《复句·句群·篇章》对复句、句群和篇章这三个结构复杂的对象进行了分析和研究。在复句研究部分，沿用了"联合、偏正"的两分方式，在偏正复句下设"让步复句"，认为"虽然 Cl_1，但是 Cl_2"、"即使 Cl_1，也（但）Cl_2"是让步复句的两个典型格式。

王维贤等（1994）《现代汉语复句新解》运用"三个平面"的分析方法，结合形式和逻辑这两个复句研究最主要的因素，对复句进行了多角度体系性的研究。《现代汉语复句新解》依照复句的关联词语反映的逻辑语义关系，以关联词语为判断标准，采用两分的方式，划出九大种复句和十八个小类，没有单列让步复句。

郭志良（1999）《现代汉语转折词语研究》对现代汉语的转折词语和转折复句进行了系统的研究，并对与转折词语和转折复句相关的内容展开讨论，其中涉及让步复句。书中专章研究了"让步转折复句"，对让步复句进行了分类，一类是容忍性让步复句，另一类是容认性让步复句。

进入新世纪至今，汉语的复句研究呈现出更加繁荣的局面，专著和论文无论是涉及的广度还是探究的深度都有新的进展。

邢福义（2001）《汉语复句研究》中使用"因果、并列、转折"三分的方式对复句做了初步划分，运用逻辑学、语言学等学科知识，对三大类复句进行了更加深入细致的描写和研究，专章研究了让步句式，对让步句的共性、范围、类别都进行了探讨和界定。

徐阳春（2002）《现代汉语复句句式研究》依据关联词语的逻辑语义关系，对复句概括出分属六大类的十二种句式，其中"让步"类句式的主要代表是"即使 Cl_1，也 Cl_2"和"虽然 Cl_1，但 Cl_2"。

周刚（2002）《连词与相关问题》虽然主要研究连词，但是有较多的篇幅讨论了连词和复句二者之间的复杂联系，在对连词进行分类时，将"虽"类词语，如"虽"、"虽然"、"虽说"等归入"转折连词"，而将"即"类词语，如"即"、"即使"、"即令"等划归"让步连词"，书中还对让步连词常见的套用格式进行了总结和概括。

姚双云（2008）《复句关系标记的搭配研究》以复句的关系标记为主要研究对象，运用计算语言学相关知识，讨论各种关系标记使用分布情况、相互搭配的基本规律以及可能的搭配模式，对复句的信息化处理进行了有益探索。书中收录了 51 个让步关系标记，对其语义特征、搭配模式逐一进行了分析和说明。

1.2.2　期刊中有关复句及让步复句研究综述

关于期刊中对复句以及让步复句的研究，我们一方面通过手工翻阅主要期刊的方式进行查找，另一方面借助网络对中国知网的期刊进行检索。在对期刊网的"中国语言文字"栏目统计中，截至 2015 年底，论文标题中出现"复句"一词的文章共有 539 篇[①]。

第一时段收录论文 5 篇，第一时段的 5 篇文章主要是讨论单复句的区分、复句关系分类以及复句的逻辑语义关系，如施钟雨（1973）分析单、复句的区分以及对多重复句层次关系的划分问题，邢福义（1977）讨论了复句与逻辑推理的关系。

第二时段收录 119 篇，其中复句判定与分类仍是讨论的重点，王艾录（1981）讨论复句类型划分的标准，华萍（1985）对单复句问题、分类系统等问题进行了研究，朱晓农（1989）从形式化的角度对复句的分类给出新的体系。专书以及历史文献中的复句研究，如：胡明扬（1984）《老乞大》的复句研究，陈克炯（1984）《左传》的假设复句研究。复句与关联词语之间有着密切的联系，二者之间相互制约相互影响，王惟贤（1983）从形式逻辑角度对复句和关联词语的关系进行了探讨。复句与篇章之间的关系也开始有学者关注，李宇明（1986）分析了复句与句群之间的联系与区别。此外针对汉语复句的二语习得也有文章论及，如王秀珍（1988）关注的是蒙古族学生的汉语复句习得问题。

第三时段收录 103 篇，鉴于前两个时期的研究中对复句分类已取得一定进展，

---

① 539 篇论文，按照时间跨度将其分为四个时段进行分析，第一时段是 1980 年之前，第二时段从 1980 年到 1989 年，第三时段从 1990 年到 1999 年，第四时段是从 2000 年到 2015 年。

尽管还存在一些分歧，更多的研究者们专注而深入地研究某一类复句或者某几类关系密切的复句，如冯志纯（1990）讨论了具有转折关系的假设复句，朱子良（1995）分析选择复句与选言命题二者之间的关系。还有学者关注儿童复句习得问题，如季恒铨（1994）研究儿童因果复句习得。关联词语的研究也有扩展，李晓琪（1991）对复句中关联词的句法位置及其对复句的影响做了论述，复句的修辞功能也有文章论及，如徐起起（1999）探讨了复句研究与修辞结构理论之间的关系，胡宗哲（1996）从修辞的角度分析了语境对复句的制约作用。

第四时段收录 312 篇，仅从数量上来看，这个阶段的研究成果比前面几个阶段的成果有所增加。这一时段研究方法和研究成果都很多。开始有复句的信息化研究，即传统的复句研究同目前前沿的计算机信息处理有机结合起来，如姚双云（2005）对小句中枢和复句信息化的关系进行了论述，刘云（2009）对复句自动分析的目标和意义做了说明。有学者关注复句的类型学意义，储泽祥、陶伏平（2008）对汉语因果复句的关联标记模式进行类型学的探索和研究，并对相关的类型学原则提出修正。复句的历时共时演变研究也有新进展，如李晋霞（2006、2007）从个案和整体两个角度探索复句的"语法化"进程。语体语法的研究在复句研究中也有体现，如马增芳（2002）讨论的是公文中的复句现象，周筱娟（2006）分析了汉语书面广告复句的基本类型与特色。"范畴化"相关理论引入复句研究，周静（2004）从范畴化的角度分析了汉语递进复句，复句的心理学研究也有进展，张金桥（2004）探讨汉语转折复句命题表征项目互换效应，揭示了转折复句可能的认知加工过程。

标题中出现"让步"一词且与汉语让步复句相关的论文有 50 余篇，这些论文涵盖范围较为广泛，有的学者从"三个平面"角度研究让步复句，如徐春阳、侯友兰（2005）从语义、语用两个层面讨论了让步复句的特点，刘加昆（2006）在逻辑语义框架中分析让步复句的语法语义，张洪超、刘昌华（2007）研究了让步复句的预设；有的研究者从让步的历史演变着手研究，如孟凯（2004），池昌海、凌瑜（2008）从历时的角度考察了让步复句及其关系标记的发展；有的对历史文献进行专书研究，如李思明（1996）、高文盛（2005）对《朱子语类》的让步复句和让步连词进行了研究；杨艳（2005）、刘昌华（2009）分析讨论了让步复句的"主观量"；有的对特殊让步句式进行了分析，如谢晓明、肖任飞（2008）考察了表无条件让步的"说·什么"紧缩句。

1.2.3　《现代汉语》教材中有关复句及让步复句内容说明

高校的《现代汉语》教材中的复句内容也是我们关注的一部分，我们对一些高校的《现代汉语》教材中讲授"复句"的章节进行了统计和分析，详见表 1-1 所示：

表 1-1　各类教材中的复句分类表

书名	编著者	版本	第一层	第二层
现代汉语	胡裕树	上海教育出版社（1995 年增订本）	联合偏正	并列、连贯、递进、选择 因果、条件、让步、转折
现代汉语	黄伯荣 廖序东	高等教育出版社（2002 年增订三版）	联合偏正	并列、顺承、解说、选择、递进 转折、条件、假设、因果、目的
现代汉语	钱乃荣	江苏教育出版社（2001 年修订本）	联合偏正	并列、连贯、递进、选择 转折、因果、顺推、让步、条件、目的
现代汉语	张斌	复旦大学出版社（2002 年第一版）	联合偏正	并列、顺承、递进、选择、解注 因果、假设条件、转折、让步、目的
现代汉语理论教程	刘叔新	高等教育出版社（2002 年增订三版）	联合偏正	并列、连贯、递进、选择 因果、条件、让步、转折
现代汉语	邢福义 汪国胜	华中师范大学出版社（2003 年第一版）	因果 转折 并列	因果、目的、假设、条件 转折、让步、假转 并列、连贯、递进、选择
现代汉语通论	邵敬敏	上海教育出版社（2001 年第一版）		并列、连贯、递进、选择、补充 因果、条件、转折、让步、目的
汉语语法教程	孙德金	北京语言大学出版社（2002 年第一版）	联合偏正	并列、选择、递进、连贯、解说 因果、目的、条件、假设①、转折
简明实用汉语语法教程	马真	北京大学出版社（1997 年第一版）	联合主从	并列、连贯、对立、选择、递进、分合 假设、条件、因果、转折、目的、连锁、时间

从表 1-1 可以发现这些教材中对复句的分类存在分歧。第一层关系划分上存在三种情况，有的教材是二分，如胡裕树（1995）、马真（1997）等，有的教材是三分，如邢福义、汪国胜（2003），有的教材主张不分，如邵敬敏（2001）；第二层关系划分仅从数量上来看也不尽相同，关系最少的有 8 种，如胡裕树（1995）、刘叔新（2002），多一点的有 10 种左右，如黄伯荣、廖序东（2002），张斌（2002），邵敬敏（2001），最多的达到 13 种，如马真（1997），这其中有两本教材的复句关系中没有单列出让步复句②，其余的几种分类中都含有让步复句。接下来我们将对上面一些教材中"让步"关系的具体界定做一个对比分析。

---

①　虽然将"即使，也"等归为假设复句，但是教材中也指出"即使，也"、"纵然，也"一般被叫作让步复句。

②　黄伯荣、廖序东（2002）按照转折程度的不同，将转折复句划分为重转、轻转和弱转，而重转句的语义关系是先让步后转折，将其认定为让步转折句。

胡裕树（1995）对让步复句进行的是"描述式"的说明，认为偏正关系复句中如果"分句间使用'即使'、'就算'、'哪怕'和'也'、'还'的句子"就是让步复句，并指出这类句子包含了退一步着想的意思。

钱乃荣（2001）通过图表的方式对复句进行了分类，认为让步复句的典型代表就是"即使 A，也 B"这一类的复句。

张斌（2002）从分句间的逻辑语义关系上对让步复句进行界定，认为让步复句是偏句先退一步，把无论真实的还是虚假的事件都姑且认定是一种事实，正句说明在这种让步情况下所产生的结果，同时也认为让步复句的偏句存在先退一步说的情况。

刘叔新（2002）认为偏句和正句表示的都是尚未现实或证实的情况，具有一定的假设性，分句间还有轻微的转折对比关系，但主要体现的是正句与偏句相比较而言有退一步着想的意思，所以单独划分为一类复句。

邢福义、汪国胜（2003）认为分句间具有让步转折关系的复句就是让步复句，形式上让步前分句使用标示让步的关系词语，表示先让一步。教材中将让步句分为四类：容认性让步句，主要指的是事实性让步句；虚拟性让步句，是指对虚拟情况的让步；忍让性让步句，表示心理上意志上的让步；无条件让步句，是指对各种条件总体性让步。

邵敬敏（2003）认为前行分句先提出一种假设，并姑且退一步承认这个假设的真实性，后续分句不是沿着这个假设的情况的常态语义趋势说下去，而是转到跟它相反相对的方面去，这样的复句是让步复句。

孙德金（2002）认为"即使"句是一种在前分句所假定的条件下，产生出与条件相反结果的让步复句，属于假设复句当中的一种情况。

胡裕树、张斌、刘叔新和邢福义、邵敬敏等学者都认为让步复句包含"退一步"或"让一步"的意思，但在关于让步复句的两个分句的语义关系和让步前分句的性质判定上存在分歧。有的教材认为分句间除了让步关系之外，还存在一定的转折或对比关系，有的可能注意到这一点但没有明确的表述。有的教材认为让步前分句既可以是真实情况，也可以是假设的情况；有的教材认为两个分句的情况都是尚未证实或实现的；有的只是承认假设的情况。

下面再从关联词语的使用方面，即形式特征方面来比较一下几种教材的异同。

表1-2　让步复句的关联标记统计表

编者	胡裕树《现代汉语》	钱乃荣《现代汉语》	张斌《现代汉语》	刘叔新《现汉理论教程》	邢福义　汪国胜《现代汉语》	孙德金《汉语语法教程》
关联词语	前分句：即使、就算就是、纵然哪怕后分句：也、还	即使（就是、就算、哪怕、纵然、纵使）…也（还）再…也	即使……也就是……也就算……也哪怕……也纵然……也纵使……也	即使（纵然、纵使、就是、就算、哪怕）……也（还）再……也	虽然A，但是B即使A，也B宁可A，也B无论A，都B。	"即使"句

从表1-2的材料可以看到，这些专家学者普遍认为形式上"即使……也……"是让步复句的典型代表，虽然有的教材认为让步有几种类型，但是"即使A，也B"仍然是其中一类典型的代表。

1.2.4　学位论文中关于复句的研究

周静（2003）、罗晓英（2006）从范畴论的角度分别研究了现代汉语的"递进范畴"和"假设虚拟范畴"，而研究的内容也多与递进复句和假设复句相关。

罗进军（2007）研究了汉语有标假设复句；尹蔚（2008）对现代汉语的有标选择复句进行了研究；丁志从（2009）对有标转折复句及其关联标记模式进行了研究；肖任飞（2009）从句法、语义等方面对因果复句中的不同类别或成员按使用频率的高低进行分级或有序的排位，研究了汉语因果复句的优先序列问题。

刘谦功（2000）针对外国留学生的让步复句的习得进行了研究，得出如下结论：外国学生习得四种汉语让步式复句是具有一定的顺序的，首先是实让，其次是总让，再次是虚让，最后是忍让，母语背景不同的学习者在习得汉语让步式复句时会表现出一致的顺序。

唐凤燕（2003）对现代汉语的"即使"句进行了研究，主要考察了"即使，也"、"即使，还"和"即使，都"这三类句式，对三类句式进行了比较分析。

胡承佼（2004）对儿童的复句习得过程进行了研究，研究结果显示让步复句由于逻辑语义关系较为复杂，在儿童复句的习得进程中排在倒数第二的位置。

凌瑜（2007）从历时层面关注汉语让步连词的演变，对一些让步连词的语法化演变过程进行了描写和分析，并讨论了相关让步连词的句法功能。

以上这些研究涉及多个复句类型，除了本体的复句语言研究之外，还涉及儿童语言学、复句的对外教学以及复句的类型学研究，在这些研究成果中运用了多种研究理论和研究方法,提出了新的观点和看法,进一步深化了对汉语复句的了解和认识。

1.2.5 让步复句研究存在和需要探索的问题

以上对不同阶段、不同学者的关于汉语复句,尤其是通过让步复句的一些研究进行比较和分析,发现让步复句的研究还存在进一步研究和探讨的问题。

首先,汉语让步复句的确立问题,尽管有部分专家和学者将让步复句单独作为一类进行分析和研究,但也还有学者虽然关注到这类语言现象和事实,可是并未将其单独作为一类复句进行专门研究,而是将其划归为转折复句或是假设复句当中,因此这涉及让步复句与转折复句、假设复句等复句之间存在怎样的联系以及如何区分的问题,进一步也涉及依据那些条件和标准来对复句进行划分的问题。

其次,在确定让步复句这一复句类型之后,对让步复句的区分和界定上仍然存在歧见,不同的学者对让步复句的判断认定标准也不一致。除此之外让步复句句法形式、逻辑语义关系、语用功能等方面,都存在可以进一步探讨的问题,比如说让步分句的构成要素、构成形式以及让步复句分句使用不同关联模式对让步意义的表达是否存在影响等这些都是本书将要讨论的问题。

再次,在综述论及的研究现状中多数是现代汉语的让步复句的研究,很多都是在共时层面对让步复句进行分析,而让步复句的历时研究相对而言就显得比较薄弱,因此本书将运用"语法化"学说(Grammaticalization)从历时层面对让步复句的发展和演变进行探索和分析,从共时和历时两个方面对让步复句进行宏观把握。

最后,汉语的让步复句与境内一些少数民族语言的让步复句有哪些相同点和不同点,与其他语系的语言又有怎样的联系和区别,这种跨方言和跨语言的比较研究对于总结和概括不同语言中复句的类型学特征是有帮助的,而关于汉语让步复句的类型学分析目前成果不多,这些内容也是本书关注的问题。

1.3 相关研究理论与概念说明

1.3.1 "语法化"学说

"语法化"是近些年来语言研究中,十分常用而且也非常重要的理论学说之一,如:Hopper & Traugott(1993;2003)、沈家煊(2001)、梁银峰(2008),无论是在语言现象共时层面的研究还是历时层面研究，发现语法化理论都有很强的指导性和解释力。语法化有两层含义：第一，它是语言研究的一种理论范式，为语言中的语汇、特殊格式以及一些语法现象提供一个研究范式，就目前来看，研究主要分为两大块，即共时平面的语法化研究和历时平面的语法化研究。第二，它指的是一种变化，这从"语法化"①这一术语本身就得以体现，它关注语言单位的发展演变，汉语学界较为普遍的看法就是：一个语言单位从既具有较为实在的结构意义，同时又具有相应的句法和语用功能，逐步发展演变到意义变得空泛而只具有某些特殊的句法和语用功能的一种语言演变过程和现象，我们称为"语法化"，类似于经常提到的"实词虚化"。

语法化的"斜坡"（cline）是该理论的基本概念，它主要认为语法化的演变过程可以构成一个比较明晰的演变链条，即"实词项＞语法项＞附着形式＞屈折词缀"这样一个语法化的斜坡，从历时层面看到的是语言单位不同演变阶段的不同情况，从共时层面看到的是某一阶段内不同情况构成的一个"连续统"（continuum）。

语法化的运行机制有两个，一是"重新分析"（reanalysis），再一个是"类推"（analogy）。重新分析主要是指语言结构在形式上没有明显变化，但是内部构件的组合关系发生了变化，某结构由 ABC 三个成分构成，最初状态可能是"AB ＋ C"，A、B 之间的结构关系紧密一些，该结构经过一些变化得到"A ＋ BC"，B、C 的结构关系变得紧密，这样的演变可以称为重新分析。让步复句的一些关联标记就是在重新分析机制的作用下，由"源结构"语法化为让步关联标记，让步连词"即使"的形成就属于这类情况，池昌海、凌瑜（2008）对此进行了说明，"即使"早期出现在"S_1 ＋即／使＋ $O_1(S_2)$ ＋ V_2 ＋ O_2"这样的句法环境中，由于结构的重新分析，"即使"结合得更加紧密，出现"即使／$O_1(S_2)$ ＋ V_2 ＋ O_2"这样的情况，再加上语义、语用因素共同作用，"即使"就语法化为表让步关系的关联标记，类似的还有"虽使"、"就算"等表示让步关系的关联标记，具体的演变过程将在文中有详细分析。类推指已经存在的结构对类似情况产生的同化作用，主要表现是规则的"泛化"（generalization），就是将某一个或几个特征推广到整个同类身上去。

语法化的动因，之所以使用"动因"（motivations）是因为一些研究者认为导致

---

① "化"这一后缀用在名词或形容词后，将名词或形容词转变为动词，用来表示转变为某种性质或状态。

语法化发生的诸多因素只是可能和或然的因素，而不是绝对和必然的。动因主要有三种：儿童语言习得、语言接触和语用推理。儿童语言习得本身就可以看成是一个语法化的过程，儿童不断接触和使用母语，进而掌握和熟练运用。语言接触导致的语法化主要是指在语言交往过程中一种语言受到另一种语言的影响而发生的语法化，吴福祥（2009）对接触导致的语法化问题有详细的分析和讨论。语用推理导致的语法化是指在语言使用过程中，交际双方对语言的使用和理解都采取一些措施来增进交际效果，于是隐喻和转喻成为语用推理的两个过程，隐喻推理以及转喻推理是直接导致语法化发生的根本动因。

句内成分的语法化与跨从句的语法化。句内成分的语法化结合汉语来讲就是实词如何演变为虚词的，英语与之类似的是句法结构中的词汇单位演变为附着形式进而再发展为词缀的过程。语法化并不仅仅局限在小句内部，跨从句演变也是语法化的重要内容，跨从句的语法化主要涉及小句与小句之间从属、嵌套关系的演变，即从较为松散的并列结构发展为较为紧密的主从结构再到比较紧密的从属结构的过程。Hopper & Traugott（1993：180）对让步复句的语法化给出了这样的论断：让步意义出现于有明确从句关联标记时段的晚期，一部分原因是让步（较其他关系）更抽象，还有一部分原因让步逻辑关系更复杂。这一结论主要是基于对英语的让步句的研究得出的，而汉语中让步句的情况如何，需要就此进行分析和研究。

1.3.2　"范畴化" 问题

"范畴" 一词最早可以追溯到《尚书·洪范》中的 "洪范九畴" 这一短语，"洪" 的意思为 "洪大"，"范" 的意思为 "法规、法令"，"畴" 的意思为 "种类、类别"，对译为现代汉语就是 "大的法令九类"，这里指的是九类治理国家的大法，这里对法令的划分已经体现出分类的思想。本书所讨论的范畴主要是哲学术语，一般是指人的思维对客观事物本质的概括反映，这些内容在古希腊的哲学研究中就有系统表述，其中亚里士多德的《范畴篇》（*The Categories*）是早期范畴研究的代表性著作，他在该书中提出 10 大范畴，分别是：实体、数量、性质、关系、地点、时间、所处、所有、主动、被动。虽然这些都是哲学上的分类，但就语言研究来说，相当多的研究内容与上述 10 个范畴有着密切的联系。

"范畴化"（categorization）是近些年认知语言学研究的重要内容，其主要观点认为"范畴化"是"人类高级认知活动中最基本的一种，它指的是人类在歧义的现实中看到相似性，并据以将可分辨的不同事物处理为相同的，由此对世界万物进行分类，进而形成概念的过程和能力"（张敏 1998）。范畴化的结果就是按照区别性特征划分出来的各类范畴。国内外学者对范畴化的认识主要有以两点：一是人们运用语言对客观世界、客观实体以及存在本体进行分类；二是把语言本身作为研究对象，对语言进行范畴化分析。（Lakoff 1987；钱冠连 2001）Labov（1973）认为"如果语言学所做的能用一句话来概括的话，那它就是对范畴的研究"。可见范畴化对于语言研究来说具有十分重要的影响。语言的范畴化研究角度有三个方面：一是原型理论（prototype theory）；二是隐喻（metaphor）；三是象似性（iconicity）。

原型理论认为范畴的各成员之间并非高度一致，地位相同，它们之中存在着典型成员和非典型成员，正如表 1-2 传递出的信息，让步句的成员也很多，多数学者认为"即使 Cl_1，也 Cl_2"是它们的典型成员，跟范畴内的成员相比，具有更多的同类属性。隐喻正如 Lakoff & Johnson（1980）的书名"Metaphors We Live by"所表达的深意，隐喻与我们的生活息息相关，与语言更是有着无法分离的密切关系，仅就让步复句而言，在诸多学者对让步复句进行界定和说明的时候都不约而同地使用了"让一步"、"退一步而言"这样的表述，尤其是后者"退一步而言"，"退一步"原本是指腿部或脚步的后撤动作，在隐喻机制的作用下被用来形象性描述"让步"这一抽象概念，文中对让步话语标记"退一步说"、"退一万步说"这类隐喻性用法有深入分析。象似性在语言研究中主要侧重于句法象似性研究，Greenberg（1966）在类型学研究的基础之上得出如下结论：如果其他的所有条件都相同，那么子句在叙述中的顺序一定和它们所描述的事件的次序相同。由此可见语言结构的顺序与相关的认知领域的结构顺序有着某种联系，这就是句法在组合关系上同人们的认知存在象似性。

1.3.3 "小句中枢"与"两个三角"

本书讨论的是让步复句，在研究现状虽然列举了各家对复句的分类以及对复句多角度的研究，但是没有对"复句"这一研究对象做出解释，这里需要对"复句"这一概念做个简要说明，"复句"是包含两个或两个以上分句的句子。与单句相比较，复句有四个特点：首先，从构成复句的成分来看，是由两个或两个以上的分句构成；其次，从组合方式上看，构成复句的几个分句之间常有一些词语充当关联成分，将分句连接起来成为一个复句；再次，从构成成分之间的关系来看，复句的分句间句法结构相对弱化，更多是分句间的逻辑语义关系，而单句的各成分间不但有一定的语义关系，句法关系也是较为紧密的；最后，在句子语气方面，单句一般只有一个语气，而复句则不同，既可以只有一个语气，也可以几个语气共存于一个复句之中。

复句最重要的构成要件就是小句，小句是复句能够成立的基础。小句是最小的具有表述性和独立性的语法单位。（邢福义 1996）之所以说"小句中枢"（邢福义 1998），是因为"小句"在整个语法体系中处于"中枢"的地位，"小句"是最小的具有完整的表述性的语言单位、具备单独使用的独立性、带有一定的语气，"小句"往下管控着短语、词，往上制约着复句和句群，小句具有完备的语用功能，它能够较全面较完整地反映汉语语法的最基本的一些语言规律，因此小句所处的中枢地位可见一斑。

华萍（1991）提出语法研究的"两个三角"问题，"两个三角"具体包含"大三角"（普—方—古）和"小三角"（表—里—值），"大三角"具体是指"普通话—方言—古代汉语"，研究的虽然是现代汉语的语言现象和问题，可是在"大三角"研究范式的指导下，研究的问题就从现代汉语一个点，扩展到古代汉语和汉语方言这两点，使我们的研究既可以看到历时的演变同时也能看到共时平面存在的差异，拓宽了现代汉语语法研究的视野。"小三角"具体指的是"语表形式—语里意义—语用价值"，针对某一个语言现象，采用"由表及里"、"表里互证"、"语值验察"等方法，从句法形式、语言意义和语用价值等多角度对其进行深入细致的分析和研究，加深了对研究对象的理解和认识。"两个三角"使得汉语语法研究在广度和深度上得到进一步发展，提供了新的研究范式。

1.3.4　语言类型学

语言类型学（Typology）致力于跨语言包括跨方言的调查、统计和分析来研究和分析人类语言的特点和规律。之前的一些语言研究对象针对的是某一种语言或某几种语言，在此基础上得出的结论并不能完全适宜解释别的语言中出现的情况，缺乏更广泛的解释力。而语言类型学，通过较大范围的跨语言研究，寻找各种语言中存在的一些共性特征，同时也包括一些差异现象，在依据共性特征的基础上对语言的特点，主要是语序方面的特点进行归类。Greenberg（1963）《一些主要与语序有关的语法共性》一文是当代语言类型学开创性文献，此外 Comrie（1981）、Croft（1990）有关类型学的专著成为语序类型学研究的扛鼎之作。刘丹青（2003）运用语序类型学理论和相关方法对汉语的介词和语序进行了统计和分析，并对汉语介词的一些问题进行讨论和解释。针对汉语复句以及关联词语在语序类型学方面存在怎样的特点，储泽祥、陶伏平（2008）就汉语因果复句的关联标记模式进行了分类和统计，提出了三类标记模式的划分标准，并对汉语因果复句的关联标记的居中程度进行了比较，得出了关联标记的居中程度序列，他们将类型学的理论和方法应用到复句研究当中。

1.4　文章结构安排和语料说明

1.4.1　文章结构安排

本书主要研究汉语让步复句，全书由 6 章构成，其中主体内容有四章，外加第 1 章的引论和第 6 章的结语。现将各章安排说明如下：

第 1 章引论对汉语让步复句在整个汉语复句研究中的地位进行了梳理和分析，对汉语复句研究以及让步复句的研究现状进行了回顾和总结。在看到汉语复句研究取得累累硕果的同时，也发现汉语的复句研究依然还存在着许多值得探索的问题，汉语让步复句就是其中之一。引论还介绍了本书研究思路和运用的方法和理论。

第 2 章首先从形式标记和语义关系两个层面对让步复句、转折复句、假设复句、让转复句做了对比分析，对现代汉语让步复句从形式标记和语义关系方面给出了认定标准。其次，以关联标记"即使"引导的让步复句为例，分析了让步复句的分句句法结构特点。再次，以关联标记的词汇特点为依据，探讨了几类让步复句的关联标记使用情况和关联标记模式。最后，尝试使用语法化理论分析和解释了现代汉语让步复句的共时语法化问题。

第 3 章是汉语让步复句的历时考察，按照时间的先后顺序先后考察了古代汉语、中古汉语和近代汉语三个时期的汉语让步复句的历时发展情况，从甲骨金文阶段的无让步关联标记到先秦时期的少数几个让步关联标记，从单音让步关联标记到双音关联标记，从一些让步关联标记的产生、发展到让步关联标记用法的消失，完整呈现了汉语让步复句的动态演变进程，同时本章还运用"路径依赖"理论对汉语让步复句的历时发展演变进行了理论分析。

　　第 4 章通过跨方言和跨语言的比较研究范式，从让步关联标记的句法位置，到让步复句的关联标记模式，再到让步标记的数量等方面，对汉语方言的让步复句、境内部分少数民族语言的让步复句和印欧等其他语系语言中的让步复句进行对比研究。

　　第 5 章从历时和共时两个角度对让步关联标记进行个案研究，分别选取古代汉语的"虽使"、现代汉语的"就算"和让步话语标记"退一步 V"类结构进行深入细致的分析。通过"虽使"的产生发展和消亡，以及"就算₁"到"就算₂"的重新分析，看到了让步关联标记是一个不断发展和更新的词汇系统；通过"虽使 / 令"、"即使 / 即令"、"就使 / 就令"、"纵使 / 纵令"这类有规律的构词发现让步关系和使役性动作之间的密切联系，通过"退一步 V"类结构的演变研究，揭示出"退一步"这一动作行为同"让步"概念和"让步"语义关系之间存在的隐喻关系。

　　第 6 章是对全书研究的概括和总结，汇总各章研究的结论，同时也指出了研究中存在的不足，并对今后的研究做出展望。

1.4.2　文章语料说明

　　本书使用了北京大学汉语语言学研究中心语料库（古代汉语库和现代汉语库）（后简称"北大语料库"）和华中师范大学语言与语言教育研究中心语料库（汉语复句语料库和当代小说语料库）（后简称"华师复句语料库"）；民族语言中的让步复句语料使用了中国少数民族语言简志丛书中相关简志的部分内容；印欧语系等其他语言中让步复句的一些语例使用了 Google 学术搜索。书中所引语例大都有出处说明。

第2章　让步复句的句法语义关系及其共时语法化分析

让步复句的判定和让步分句的句法语义关系始终是让步复句研究必须要面对和解决的问题，什么样的复句才是让步复句，让步复句与转折复句以及假设复句之间的交叉和纠缠如何很好地区分，让步复句的前后分句都是由哪些句法成分构成的，它们之间的句法语义关系特点又有哪些，这些都是本章将要回答的问题。此外，我们依照让步关联标记自身的特点，对"即"类、"就"类、"虽"类等标记引导的让步复句逐个进行分析和说明。复句的语法化问题较多关注的是其关联标记的语法化，本章将从关系以及概念范畴的转喻角度尝试对让步复句的共时语法化问题进行分析。

2.1　让步复句的认定以及需要说明的几个问题

2.1.1　让步复句的认定

关于复句关系类型的确立，既要考虑分句间的逻辑语义关系，又要考虑关联词语的标记性作用，邢福义先生（2001：8-12）对复句关系类别的划分给出了应当遵循的原则和要求，即"从关系出发、用标志控制"的原则和"分类原则必须具有同一性和彻底性，分类结果必须具有切实性和全面性"的要求。本书对让步复句的划分和认定也将依照邢先生提出的原则和要求来进行。

导论中关于复句的关系分类，各家的观点和意见既有一致的地方，同时也还存在一些区别，这里在参考已有研究成果的基础之上，我们对让步复句给出如下的描述和认定：

前分句在让步关联标记的帮助下表示"退一步"的意思，而后一分句并没有顺着前分句（前文）所传递出的"信息"①说下去，而是表达出与"信息"相反或相对的意思，满足上述条件和标准的复句我们认定它为让步复句。

这里需要对这一定义的部分内容进行补充说明：

第一点是关于"让步关联标记"，让步关联标记主要是指"即使"、"尽管"、"虽然"、"就算"等关联词语。

第二点是"常理"或"共识"，这二者是针对"让步前分句"传递出的意思而言，是让步前分句中隐含，但是听话人或交际对象乃至一般人应该知道或可能知道的内容。

第三点是关于让步后分句的"相反"和"相对"，后分句中"相反"或"相对"的意思指的是与"常理"、"共识"存在相反相对关系。

2.1.2　需要说明的几个问题

对让步关系展开研究，必须要对与其有着密切联系的其他类型的复句进行必要的区分和界定，其中转折复句、假设复句与让步复句的关系常常被同时提及和讨论，转折和让步、假设和让步语义上存在千丝万缕的联系，因此这里有必要对它们之间的关系做出说明。

2.1.2.1　让步复句与转折复句的问题说明

在前文提到让步后分句的意思与让步前分句传递出的"共识"、"常理"存在"相反"和"相对"的关系，这很容易与"转折"关系牵连到一起。不可否认，无论是让步复句还是转折复句，它们的前后分句之间都存在或重或轻的转折关系，但是这里需要指出的是，两类复句表现转折的方式实际上也不尽相同，而这一点正是我们能够将二者区分开来的一个重要依据，那就是在后分句的关联标记使用上，我们认为转折复句和让步复句存在区别，正如前面提到过"虽然 Cl_1，但是 Cl_2"这类

---

① 这里的"信息"是指前分句或是前文传递出的，认为交际对方已经知晓或是通过交流能够知晓的"常理"或"共识"，也可以简单地认为"信息"就是根据前文可以推导出的一般情况。

复句被认为是转折复句或是让转复句，之所以这么认定，语义上前后分句之间确实存在转折关系，形式上后分句使用了标示转折关系的连词"但"、"但是"、"可是"等。我们认定的让步复句，在让步后分句中没有使用表示转折语义关系的连词，而是仅仅使用了起到关联作用的关联副词"也"，构成如"即使 Cl_1，也 Cl_2"、"虽然 Cl_1，也 Cl_2"这样的关联标记模式。

语法研究十分重视形式与语义之间的关系，复句研究同样如此，形式标记和语义关系是研究复句非常重要的两个方面。"虽然 Cl_1，但是 Cl_2"之所以被认定为转折关系，这与其主要表示分句间存在的转折语义关系有关，同时，"但是"类转折标记使得隐含在分句间的语义关系有了形式上的标记，既有语义关系做基础又有形式标记来突显。"虽然 Cl_1，也 Cl_2"、"即使 Cl_1，也 Cl_2"这类的复句，分句间的转折语义关系是存在的，让人不解的是为什么没有使用转折关联标记来强化这一关系呢？我们认为这与此类句型的关系类型有直接关系，也就是"虽然 Cl_1，也 Cl_2"、"即使 Cl_1，也 Cl_2"这样的句型主要是用来表示让步语义关系的，为了使"让步"的特性得以突显，仅仅在让步前分句中使用了表示让步关系的"虽然"、"即使"、"就算"等关联标记，在后分句中使用关联副词"也"在语义和形式上起到一定的连接作用。

由此看来，后分句的关联标记选择问题成为我们判断一个复句是转折复句还是让步复句的主要依据。这里先讨论转折类关系标记"但是"，邢福义先生在《汉语复句研究》一书中多个章节的论述都与"但"类转折词直接相关[①]，讨论和分析了"但"类词语对"既 Cl_1，又 Cl_2"、"一方面 Cl_1，另一方面 Cl_2"、"即使 Cl_1，也 Cl_2"、"宁可 Cl_1，也 Cl_2"等复句的转化作用，将原本表示非转折句的"既 Cl_1，又 Cl_2"、"一方面 Cl_1，另一方面 Cl_2"转化为表转折关系的"既 Cl_1，但又 Cl_2"、"一方面 Cl_1，但另一方面 Cl_2"；将"即使 Cl_1，也 Cl_2"、"宁可 Cl_1，也 Cl_2"转化为"即使 Cl_1，但也 Cl_2"、"宁可 Cl_1，但也 Cl_2"，使分句间原本就已存在的转折语义得到突出和强调。而类似"虽然 Cl_1，也 Cl_2"、"即使 Cl_1，也 Cl_2"这样的使用"让步连词＋关联副词"的模式，让步标记"即使"、"虽然"的关系标记功能得到了最大程度的体现，因为后分句的副词"也"在语义和形式上仅仅起到连接作用，而没有像"虽

[①] 详见《汉语复句研究》第四编中的第三章"'但'类词和'既p，又q'等句式"、第四章"'但'类词和'无论p，都q'句式"，本书为了保持用字母代替分句的一致性，将统一使用"Cl_1"、"Cl_2"来表示分句。

然 Cl_1，但是 Cl_2" 在后分句中使用转折标记"但是"，"但是"的使用在一定程度上影响了"让步"语义的表达。理由如下：

按照句子意义信息的句法位置分布来看，已知的旧信息一般是放在前面，而要强调和表达的信息放在后面，成为句子的注意焦点，仅拿"虽然 Cl_1，但是 Cl_2"和"即使 Cl_1，也 Cl_2"做一下对比，假设它们的前分句"Cl_1"是已知的旧信息，后分句"Cl_2"是需要表达的新信息，分句间需要传递和强调的转折关系在句法位置上已经得到了体现，"虽然 Cl_1，但是 Cl_2"比"即使 Cl_1，也 Cl_2"在这一点上走得更远，除了利用句法位置来强调，动用"但"类转折连词进行二次强调，整个复句在意思表述上更多倾向于转折，反倒是让步义被削弱了。

2.1.2.2　让步复句与假设复句的问题说明

让步复句中对让步内容的表述，有的是已经或正在发生的事件，而有的则是可能性事件，即对未来可能会发生的情况的一种让步，因此出现了传统研究中经常提到的"实让"和"虚让"，这里仅以让步标记"即使"的情况为例来做说明，吕叔湘先生在《中国文法要略》中讨论"纵予"关系时，认为"即使"是"语体文"中表示纵予的关系词，陆俭明（1983）在分析汉语主从关系连词的研究中，认为"即使"是一个表示"假设让步转折"的连词，邢福义（1985）对现代汉语中的"即使"实言句进行过详细研究，指出"即使"句并不一定都是"假设复句"，龚千炎（1985）在对汉语假设让步句的研究中，认为"即使"引导的句子是"假设让步句"，梅立崇（1995）就汉语中的"即使"假言句进行了讨论，并对"即使"假言句进行了分类。仅"即使"一词，诸位先生从各方面对其进行了深入细致的分析和研究，综合来看，"即使"所引导的分句表示的可以是真实事件还可以是假设情况，这两种情况都存在，如：

（1）池水平静的象一块大镜子，镜面微微露出一些深紫色的浮萍，宛若嵌在镜中的花朵，即使这样幽美的景色，银环也没有心情去看，她在计算着蒲姓姑娘离开的时间，她在推测究竟是什么重要的同志被捕。（李英儒《野火春风斗古城》）

（2）他想到这里，脸上掠过一丝阴沉的笑意，暗地里对自己说："我不能让这小子得逞，我即使要退休让贤，也要让个心术正常的人。"（安安《春毒》）

例（1）中，前三个分句在描绘水池的景色，紧接着就是一个让步句——即使这样幽美的景色，银环也没有心情去看，连词"即使"后接的成分不是假设的、虚拟的，而是客观存在的情况，可以看成是"即使"实言句；例（2）中让步分句"我即使要退休让贤",句中的"退休让贤"是还没有发生的虚拟事件,是"即使"假言句。因此不能将所有的"即使"句都认定为表示假设情况的句子。

关于假设复句,学者们对其也有很多分析和研究,黎锦熙在《新著国语文法》中对"假设句"给出了定义和解释,认为"或是本来确定的因果,或是虚拟的条件,或是推想的预言,乃至浪漫的假想,都可以用假设的语气表达出来",书中还罗列出了常用的假设连词;吕叔湘(1982)认为"要是怎么样,就怎么样"这样的句子是"假设的句法";黄伯荣、廖序东(2002)在复句分类中认为"偏句提出假设,正句表示假设实现后所产生的结果"的句子是假设复句。

此外还有一些学者没有将假设复句作为大类单列出来,而是将表示假设关系的复句视为条件复句的一个小类,胡裕树先生就持这种观点。张斌(2002)在复句划分时单列出"假设条件句",并依照结果产生的条件又区分出三种情况:充分条件复句(假设复句)、必要条件复句和无条件的条件复句。邢福义、汪国胜(2003)认为分句间具有假设和结果关系的复句是假设复句,最典型的代表是"如果 Cl_1,就 Cl_2"。杨年保(2003)对假设句、让步句和条件句进行过讨论和分析,从逻辑和语义角度对三者的关系进行了解释和厘清。罗进军(2007)对汉语的有标假设复句进行了多角度多层面的考察分析。

综合已有的研究成果来看,假设复句注重前后分句之间的假设关系,还有就是假设前分句和表示假设结果的后分句之间的关系是一致性关系,后分句是顺着假设前分句的意思说下来的,而让步复句的让步前分句和后分句之间存在着"相反"或"相对"的语义关系。这里通过几个例句来说明:

(3)如果是齐怀远首先提出的这个倡议,那马林生肯定当场断然拒绝,问题是这馊主意是他自己提出来的,人家齐怀远也大大方方先走了一遭,所以他再觉得此举不堪也只好硬着头皮走了。(王朔《我是你爸爸》)

(4)每逢换季和年节,即使他们自己和孩子都穿着旧衣裤,也要给老人添置新衣、新裤、新鞋袜,定时给老人理发、擦澡和换洗衣被。(高兴《农民李元福的特殊家庭》)

例(3)中假设连词"如果"后接的分句陈述的就是一件想象的事件,假设"齐怀远首先提出的这个倡议",对于一个假设的倡议,有一个假设的结果,即"马林生肯定当场断然拒绝",之所以说这两个分句组成的是假设句,因为紧接着下文就有交代,"问题是这馊主意是他自己提出来的"中的"馊主意"指的就是"这个倡议",

"倡议"是马林生提出来的，而非齐怀远提的，而且假设句中表结果的后分句是顺着前分句的意思说下来的。例（4）让步前分句是由"即使"引导，内容是"自己和孩子都穿着旧衣裤"，照此推理家里经济应该很拮据，长辈们的生活估计好不到哪去，实际情况却不是这样，依然给老人"添置新衣、新裤、新鞋袜"，没有顺着让步前分句的意思说下来，从"自己和孩子穿旧衣服"转到"给老人添置新的"，分句间的转折语义关系还是可以体会得到。因此从分句间语义关系的顺应性或者一致性来判断，就可以区分假设复句和让步复句之间还是存在较为明显的差异。

2.1.3　让步复句的典型性问题和区分判别让步复句的原则方法

2.1.3.1　让步复句的典型性问题

让步复句的典型性问题涉及让步复句如何判定，涉及让步复句和与之有纠缠的其他复句的区分。什么样的复句才是让步复句，这在 2.1.1 中就给出了界定，但是语言的实际情况远比一个定义要复杂得多，这里有必要对让步复句的典型性做出说明。

复句的关联标记主要由两类词语组成，即连词和关联副词。在使用关联标记构成复句时，存在四种最简单的情况："连词 Cl_1，连词 Cl_2"、"副词 Cl_1，副词 Cl_2"、"连词 Cl_1，副词 Cl_2"和"副词 Cl_1，连词 Cl_2"。第一种情况如表示因果关系的"因为 Cl_1，所以 Cl_2"；第二种情况如表示并列关系的"又 Cl_1，又 Cl_2"；第三种情况如表示让步关系的"尽管 Cl_1，也 Cl_2"；第四种情况不是常用搭配，可以将其看作是第三种情况的变体，如"也 Cl_1，尽管 Cl_2"，除此之外还有分句既使用连词同时又使用关联副词的情况，或者两个分句只有一个分句使用了关联标记，那样的关联标记模式就更加复杂。

让步复句在语义关系上主要强调和突出"让步"的意思，因此典型的让步复句无论从形式上还是语义上都是围绕这个要求来构建让步复句。让步关联标记在让步复句的构建上无疑是最重要的关系标志，让步复句的结构通常是前分句是由让步关联标记引导（如：即使、尽管、虽然、纵然等），表示"退一步"的让步意思，后分句为了延续让步的语义而选择使用关联副词"也"来引导，也就是"即使／尽管／虽然／纵然 Cl_1，也 Cl_2"这样一个关联标记模式，才是让步复句的典型代表，为了更加直观和准确地说明这个问题，我们使用表 2-1 来进一步解释。

表 2-1 让步复句典型性鉴别表

	形式		语义		
	"也"标记	"但"标记	让步性	转折性	顺应性
转折复句	−	+	−	+	−
让转复句	+	+	+	+	−
让步复句	+	−	+	+	−
假设复句	−	−	−	−	+

借助表 2-1 可以看到，关联副词"也"的有无可以帮助我们将转折复句和让步复句区分开来，通过"但"类转折标记的有无可以帮助区分让转复句和让步复句，通过分句间语义的顺应性来区分让步复句和假设复句。而诸如"即使 Cl$_1$，但／却 Cl$_2$，"、"虽然 Cl$_1$，但是 Cl$_2$"这样的复句并不能作为典型的让步复句的代表，因为这类复句兼有转折复句和让步复句的特点，既不是典型的转折复句更不能看成是典型的让步复句。

2.1.3.2 区分判别让步复句的原则方法

从上面的分析我们可以得到如下几条可以认定和区分让步复句的原则和方法：

方法一：通过关联标记比较，前分句使用让步连词，后分句使用关联副词"也"的复句是让步复句；前分句使用让步连词，后分句使用"但"类转折连词的复句是转折复句（让转复句）。

方法二：通过分句意义关系比较，让步复句的前后分句之间存在转折关系，而假设复句的分句间语义关系是具有前后相继的顺应性或者说是广义性因果关系的。

根据表 2-1，可以通过"转折性"成分的"隐现"将让步复句和让转复句区分开来；借助是否表示"让步"语义和分句间语义关系是否"一致"让假设复句和让步复句有了判别的依据。

2.2 让步复句的语表构件特征与标记原则分类

复句是由两个或两个以上的分句构成的，而这里的让步复句的语表构件指的就是构成让步复句的分句，首先我们将对这些分句的语表形式进行调查，看看让步复句的分句都是哪些句法成分和句法单位构成的，这些构件成分对让步复句又有怎样的影响，这里着重在分句的层面展开探讨。关于让步复句的标记原则分类，所谓"标记原则分类"是指依照语表形式中使用的关联标记来对复句进行类别确定的一种操作方法，在考虑语义关系的同时，尽可能多的依据形式要素来处理关系问题。

2.2.1　让步复句的语表构件

让步复句的语表构件分析将主要关注两个分句的关联标记后所接成分的句法构造有哪些，即类似"即使 Cl_1，也 Cl_2" [①] 这样前后分句的" Cl_1、 Cl_2"都由哪些句法成分充当。我们将全面分析让步连词"即使"之后的" Cl_1"都由那些成分构成，以及关联副词"也"后接的" Cl_2"分句是哪些成分构成的。首先考察的是"即使"前分句的情况。

2.2.1.1　让步前分句的语表构件

2.2.1.1.1　"即使 + AP"句

"即使 + AP"指的是让步连词"即使"引导的分句是由形容词或形容词性短语这样的谓词性成分充当，作为整个复句"让步"的内容。如：

（5）党性体现在坚持党的原则上，希望《长江日报》在这方面再走一步，即使艰难，也要往前走。（华师复句语库）

（6）且不论这种解释通不通，即使通，"玩耍"也不是男女恋爱的全部内容呀！（华师复句语库）

（7）其实，她说这些话是毫无意义的，不要说和子的丈夫没有那么丑，即使丑，和自己又有什么关系呢？（百合《哭泣的色彩》）

例（5）的"即使艰难"是对办报过程中坚持党的原则会遇到的各种各样情况的一种让步，有的情况较容易处理，有的属于一般情况，句中将情况退让到较深的"艰难"程度；例（6）的第一分句就怀疑"解释"的解释力，后面做出让步，承认能够解释"通"，这里的"通"是对上一句"且不论通不通"的让步。例（7）中承担让步意义的是形容词"丑"，从前一句中认为"和子的丈夫没有那么丑"到"即使丑"，

---

① 为了表述的方便，这里使用"即使 Cl_1，也 Cl_2"来代替所有的"即使"让步分句，让步分句"即使 Cl_1"只代表了关联标记"即使" + "让步分句"这一种情况，另一种情况是"即使"是让步分句的句内成分。我们将这两种情况都用"即使 Cl_1，也 Cl_2"表示。

也即从和子的丈夫"不丑"退一步到承认他"丑"。从上面的分析可以发现，例（6）和（7）中的"即使"分句在表示让步时，前面有分别使用了以"且不论"、"不要说"引导的分句，充当后面让步复句的预设。

2.2.1.1.2　"即使＋PP"句

"即使＋PP"指的是让步连词"即使"引导的分句是由介词短语充当，作为整个复句"让步"的内容。如：

（8）即使主题不谈革命，而有从革命所发生的新事物藏在里面的意识一贯着者是；否则，即使以革命为主题，也不是革命艺术。（鲁迅《中山先生逝世后一周年》）

（9）长得单薄这可不是一朝一夕能改变的，即使从现在起就牛肉牛奶地暴饮暴食；换出一身牛力气也得寒暑几载。（王朔《我是你爸爸》）

（10）即使对于文科原有的体系，我们也还知之不多，知之不深，没有真正透彻的理解，就很难在实践中鉴别分析，而超越自身还必须以精通原知识体系为前提。

（11）确定的根据仅仅只是血脉与"家族"，是心灵的异同……推而广之，不仅是战争，即使在平时，在和平年代，在生活和工作中，在一切的场景一切的时代，这种胜利者和失败者的区分也依照着同一种原理……我呆呆地望着自己的结论。（张炜《柏慧》）

例（8）的"以革命为主题"，例（9）的"从现在起就牛肉牛奶地暴饮暴食"，例（10）的"对于文科原有的体系"，例（11）"在平时，在和平年代，在生活和工作中，在一切的场景一切的时代"，分别是以介词"以"、"从"、"对于"、"在"这些介词引导的介词短语来充当整个让步分句的主体构件。例（11）中更是使用了"在平时"这样的四个介词短语，四个介词短语在语义上存在着递进和泛化的关系，但综合起来就是对所有的场景和时代发生情况的让步，让步的层级性在这里得到了反应。

2.2.1.1.3　"即使＋VP"句

"即使＋VP"指的是让步连词"即使"引导的分句是由动词或动短语充当，作为整个复句"让步"的内容。如：

（12）孔庚接了电话，起初不以为然，且不说家里无此财宝，即使有，盗贼也不敢择此时辰贸然下手。

（13）股票办理"过户"后，即使遗失、损毁，也不会丧失股东权益，只须向企业声明作废，即可申请企业补发。

例（12）中，让步分句"即使"后接的是表示存现的动词"有"，句中的"有"是对上文"家里无此财宝"的一种让步；例（13）"即使"后接的动词是"遗失、损毁"，这些动作都是对"股票过户后"可能出现或发生情况的假设和让步。"即使"后面除了只使用动词之外，还后接动词短语。如：

（14）即使要进行处罚，片警们也不像以前一人便说了算，而是翻出各种条例，一一对照地向被处罚人逐条解释说明。

（15）我们代表团在商店买东西、吃饭都得交税，8%的地方政府税和7%的国税，即使买一个钥匙小牌、胸针等小小的纪念品，同样也得交税。

例（14）中"即使"后面紧接的是由一个助动词"要"和两个动词"进行"、"处罚"构成的动词短语，例（15）中"即使"后接的是由动词"买"构成的动宾短语。

2.2.1.1.4　"即使＋PR"句

"即使＋PR"指的是让步连词"即使"后接的是指示代词作为让步分句的主体，使用诸如"如此、这样"之类的代词回指前面提及的内容。如：

（16）那个老得直不起腰来的许逸民也来了，他由两个年青人挽着，手里还拄着一根拐杖，即使如此，他的头也只能离地二尺多一点。（陆文夫《人之窝》）

（17）它们往往是轻轻的小心翼翼的，即使这样，女店员也能从中判断简氏姐妹离群索居的每一个生活细节。（苏童《另一种妇女生活》）

上面两例中即使分句中的主要成分分别是指示代词"如此"、"这样"，这里的指示代词都是回指前面的内容，如例（16）的"如此"指的是"有两个人挽着、手里拄着拐杖"，例（17）的"这样"指代的是"它们轻轻的小心翼翼的"。如果需要表示让步的内容较多，而将"即使"放置在句首，势必将影响到整个句子意思的准确表达，而使用指示代词回指之前的一个分句甚至是几个分句的语义，这样就能够保持语义的连贯和顺畅。

2.2.1.1.5　"即使＋Cl"句

"即使＋Cl"指的是让步连词"即使"后接的是一个或几个结构完整的小句，作为让步分句的主体，承担表示"让步"的内容。如：

（18）过去，在比较艰苦的环境里，即使生活苦一点，工作累一点，职务晋升慢一点，干部们也都少有怨言，正是因为有了这一条。

（19）在国内时，即使她有那么几个好朋友，也常常是觉得孤独寂寞，觉得自己和别人格格不入，生活在不同的世界里。（百合《哭泣的色彩》）

（20）退一步说，即使这个罪犯真的是个神经病，即使这个罪犯是在撒谎吹牛，那他也肯定清楚这些细节的来源。（张平《十面埋伏》）

例（18）的"即使"后接三个表让步内容的分句，都是形容词短语作谓语的主谓谓语句，几个分句共同受到让步标记"即使"的影响和制约；例（19）和（20）中的"即使"后接的都是主谓宾齐全的小句，而且例（20）两个"即使"分句连用，使得让步和假设的语义得到凸显和加强。

2.2.1.1.6 "即使+'是'字结构"句

在以"即使"为让步分句标记的句子中，"即使"后接由"是"字引导的表示让步的"是"字结构使用很频繁，"是"字结构主要有三种情形，分别为"是+词"、"是+短语"、"是+小句"。如：

（21）用汉语写作，主要就看作家的汉语感觉了，即使是翻译，语言的出彩与否，与原文无关。（王朔《美人赠我蒙汗药》）

（22）他想狠狠地咒骂敌人一顿，但是又觉着这时候任何的咒骂，即使是天下最毒辣的咒骂，也显得不仅太迟了，而且软弱无力。（欧阳山《三家巷》）

（23）而这个坏眼一旦瞪起来，别说那些小孩子了，即使是那些大人们看见了，顿时便能让你魂飞魄散，六神无主。（张平《十面埋伏》）

例（21）中"即使是"后接动词"翻译"，例（22）中的是"天下最毒辣的咒骂"这一偏正短语，例（23）的"即使是"后接"那些大人们看见了"这一小句。如果将上面三例中"即使是"中的"是"省略掉，在让步语义的表示上不会有很大影响，但是"是"字所起到的强调语气和突显成分的功能就无法体现出来，因为"是"在这里起到了"强调标记"[①]的作用。在实际的文本中，"即使是"的使用频率是比较高的，这可以通过我们的统计来说明。我们对张平的《十面埋伏》一书中的"即使"让步句中"即使"后接的句法成分类型进行了统计和分析（详见表2-2）。

---

① 石毓智（2005）对判断词"是"在句中所起的"焦点、强调和对比"的句法功能和使用条件进行了分析，本书讨论的"即使是"中的"是"主要起强调的功能。

表 2-2　《十面埋伏》中"即使"后接的句法成分分类表

即使＋Cl	即使＋VP	即使＋NP	即使＋PR	即使＋PP	合计
14	33	2	5	0	44
即使是＋Cl	即使是＋VP	即使是＋NP	即使是＋PR	即使是＋PP	
7	11	15	1	16	50

《十面埋伏》中共有"即使"让步复句 92 例[①]，"即使"的后接成分有指示代词、名词短语、动词短语、介词短语和小句，没有出现形容词和形容词短语的用例。在 94 例分句中，"即使是"后接其他成分的例句有 50 例，超过 50%，占有相当大的比重。当然这可能与作家的语言风格和词语选择习惯有关，但也反映出"即使＋'是'字结构"是让步分句中非常重要的句式。

以上分别总结和讨论了"即使"分句中充当让步内容的一些句法成分，除了上述的一些结构之外，还有诸如"的"字短语之类的一些结构，这里不再一一列举。简单让步复句是由表示让步的前分句和让转的后分句组合而成，在分析了让步前分句常见句法成分之后，接下来关注的是让转后分句的情况。对让转后分句的考察仍将是以"即使 Cl_1，也 Cl_2"[②]句式为主要考察对象。

2.2.1.2　让步后分句语表构件

2.2.1.2.1　"也 VP"句

让步后分句"也 VP"指的是让步复句的表示让转的分句是由关联副词"也"和动词、动词短语构成。如：

（24）我没有卷入那件事件里去，即使把我抓去，也榨不出什么油水。（戴厚英《流泪的淮河》）

（25）清算出地主和一部分反动富农的粮食，虽然解决了一些暂时的困难，可是距离麦子成熟还有段时间，即使那种得不多的麦子下来，也解决不了多大问题。（冯德英《迎春花》）

[①]　小说中"即使"引导的让步复句是 92 例，其中有 2 例中是出现了 2 个"即使"引导的让步分句，其余 90 个例句中各有 1 例"即使"分句，因此表让步的"即使"分句合计共有 94 个。

[②]　为了表述的方便，这里使用"即使 Cl_1，也 Cl_2"来代替所有的"即使"让步分句，实际让转后分句"也 Cl_2"只代表了关联副词"也"＋"让转后分句"这一种情况，另一种情况是副词"也"是让转后分句的句内成分。这两种情况都采用"即使 Cl_1，也 Cl_2"来概括。

副词较常见的用法就是修饰动词或动词短语，上面两例中，关联副词"也"后接的表让转的成分就都是动词短语。还有一种情况是"也"常后接表示情态、能愿的助动词再加动词短语的用法，如：

（26）有党的领导，有胜利信心十足的群众支持，环境即使再残酷，也能坚持下去，搞出个名堂来。（冯志《敌后武工队》）

（27）只是有二点，撕大字报的人决不敢把开头的毛主席语录撕掉，撕掉毛主席语录就是政治问题，就是反革命，即使你穷得叮当响，也可以打断你的穷骨头。（陆文夫《人之窝》）

例（26）中的"也"后接的是"能VP"，例（27）后接的是"可以VP"。让转后分句中"也"与助动词的组合使用较为常见，有"也得/会VP"、"也应该VP"等。让转后分句中助动词的大量使用与让步复句本身的主观性有关，同时也同这些词语具有表达主观情态和能愿的句法语义功能有关。

2.2.1.2.2 "指示代词＋'也'字"句

这一类型的让转后分句有一显著特点，就是使用"这、那"等指示代词充当分句主语。如：

（28）即使他们有进攻美国的敌意，那也是采用恐怖主义的方式，而对付这种恐怖主义，布什的导弹防御系统是派不上用场的。（《人民日报》2001年5月9日）

（29）十几个大男人围攻一个年轻的小姐，你想想，即使赵先生真是她打死的，这也是正当防卫，法院判不了她的罪。（《长江日报》1996年5月8日）

例（28）让转后分句指示代词"那"充当句子的主语，"那"这里指代的是"即使"引导的让步前分句；例（29）中让转后分句的主语是指示代词"这"，句中它回指的是让步前分句中的"赵先生真是她打死的"这一事件。让转后分句使用指示代词"这、那"充当主语，回指让步前分句所表达的主要内容，使得让步前分句的让步内容再次得到复现和强调，对语气的连贯也有一定的帮助作用。

2.2.1.2.3 "也"字内含式让转后分句

"也"字内含式让转后分句指的是"也"字既是让转后分句中的副词，同时也承担一定的关联作用。如：

（30）这样，我们即使歼灭了敌人，捉上七八百俘虏，我们也要伤亡二三百。（杜鹏程《保卫延安》）

（31）说穿了就是高大成不容许你等，即使高大成暂时容你，日本鬼子也不给你这么长的时间。（李英儒《野火春风斗古城》）

例（30）、（31）中的副词"也"都是包含在让转后分句当中，例（30）的让转后分句如果没有主语"我们"，就不清楚是敌人"伤亡二三百"还是我们"伤亡二三百"，如果说例（30）中都是围绕"我们"的活动展开的，理解起来没那么困难，而例（31）的让步前分句和让转后分句分别陈述的是两个不同的情况，让步分句是"高大成暂时容你"，让转分句是"日本鬼子不给你这么长的时间"，这种情况下，"也"只能是在句内而不能放在分句的句首。

2.2.2　让步复句的标记类区分

让步复句无论是从语义关系上还是句法形式上都是较为复杂的，因此这里首先就从形式上，主要是从让步关联标记角度对让步复句进行简单分类。现代汉语的让步关联标记从语音上看有单音让步标记和双音让步标记，从词形结构上看有"不"类、"即"类、"就"类、"虽"类、"纵"类五组主要的关联标记（详见表2-3），下面将对这五组关联标记引导的让步复句逐一举例说明。

表2-3　让步关联标记分类表

	单音	双音
"即"类	即	即使、即令、即让
"就"类	就	就算、就是、就令、就使
"虽"类	虽	虽然、虽是、虽说
"纵"类	纵	纵然、纵使、纵令、纵饶
"不"类		不管、不论、无论

2.2.2.1　"即"类让步复句分句间语义关系与语用功能分析

"即"类让步复句主要指的是以关联标记"即使"为代表的让步复句，其中让步前分句常用的关联标记有"即"、"即便"，使用较少的如"即令"、"即让"、"即或"等，后分句使用的关联副词有"也"、"还"、"都"、"又"等。

2.2.2.1.1　单音关联标记"即"

是具有关联功能的连词，主要意思是"就、便"，用于句首时相当于"即使、就算"。如：

（32）不但如此，即在地主买办阶级营垒中间，也不是完全统一的，由于中国过去是许多帝国主义互相竞争的结果，产生了各国帝国主义在中国的互相竞争的卖国贼集团，他们中间的矛盾与冲突，党亦应使用许多的办法使某些反革命力量暂时处于不积极的反对反日战线的地位。（毛泽东《中国共产党在抗日时期的任务》）

上例中，让步前分句都是由"即"引导，后分句中使用关联副词"也"，构成"即Cl_1，也Cl_2"的搭配模式。例（32）"即在地主买办阶级营垒中间"实际上是对"地主买办阶级"这一新话题的引进，在此之前文章分别论及了"工人阶级与农民"、"广大的小资产阶级群众和革命的知识分子"、"一部分民族资产阶级与军阀"都是抗日的中坚力量，逐步讨论到"地主买办"，并认为"地主买办"也不完全统一，后接的"由于"等分句是对这一结论的解释说明。如果只看"即在地主买办阶级营垒中间，也不是完全统一的"，将"即"省略，就会得到下例。

（33）在地主买办阶级营垒中间，也不是完全统一的。

此时就可以看到整个让步句是一个由"在……中间"这个介词短语充当主语，后接成分充当谓语的单句。由于这样的句子与本书讨论的让步复句有很密切的联系，因此在我们的用例和分析中将这种情况也视为需要考察的内容。"即Cl_1，也Cl_2"这一表示让步的用法在白话文时期的作品中使用较多，如：

（34）即要研究，也必先由老师宿儒，先加一番改定工夫。（鲁迅《谈"激烈"》）

（35）对不起，你的两眼的责罚，是我所甘受的，你即用了你柔软的小手，批我一颊，我也是甘受的，我错了，我昏了。（郁达夫《还乡记》）

上面两例中都使用了"即……，也……"句式。例（34）中的"即要研究"用现在的话说就是"就算/即使要研究"，也不是一般的人可以做，要"老师、宿儒先改定一番"；例（35）中说到"用手打脸"，按照常理一个人被别人打脸，应该是生气愤怒的，但是例中"你用柔软的小手，批我一颊"，结果是"我也是甘受的"，有别于一般的情况。

2.2.2.1.2 　"即使"

是"即"类让步关联标记中最常见的一个双音词，通常与"也"搭配，构成"即Cl_1，也Cl_2"。如：

（36）我永生不忘，永生不忘，即使我给她偿了命，我家里人也要给她烧香磕头。（戴厚英《流泪的淮河》）

（37）娄红四处打量着客厅的摆设，仿佛一个迎面的大浪冲向了她发热的头脑：即使她对这个客厅的全部记忆都被冲刷掉，她也能对眼前所见做出判断——这是一个被严重破坏过的客厅。（皮皮《比如女人》）

例（36）中的"即使我给她偿了命，我家里人也要给她烧香磕头"是典型的"即使 Cl_1，也 Cl_2"的句型，让步前分句由"即使"和后接的一个小句构成，让步前分句是一个主谓结构完整的句子，让步后分句也是主谓结构完整的小句，而且两个分句主语不同，前分句的主语是"我"，后分句的主语是"我家里人"。例（37）中让步复句的两个分句都是由句法结构相对完整的小句所构成，按常理"全部记忆被冲刷掉"，导致的结果应该是什么都忘记，在例中的结果却是"她也能对所见做出判断"，显示出让步复句的让步前分句与让步后分句之间语义关系不一致。

上面分析的是前后分句都是句法结构完整的小句，有的时候，让步复句的前后分句存在句法成分共享（elements sharing）的情况，也就是说，一个句法成分出现在一个分句中，另一个分句也受到该句法成分的制约和影响，包括关联标记共享和分句成分共享两种情况。如：

（38）这声音，即使离得再远一些，说得再轻一些，他也会听得很清楚的。（孙犁《风云初记》）

（39）即使太阳自天边升起，立在他的东边，月亮自天边升起，立在他的西边，来反对他，他也要创立新宗教，为真主作证。（苏雪林《棘心》）

例（38）让步前分句由"即使"后接"离得再远一些"、"说得再轻一些"两个分句组成，虽然第二个分句与第一个分句之间有标点符号隔开，但是"即使"也能对其产生影响，可以认为两个分句共享"即使"这一个关联标。例（39）中"即使"直接后接的是"太阳自天边升起，立在他的东边"，而与后接分句对应的分句是说"月亮"如何，前面没有使用关联标记，在理解或是分析这个句子的时候，我们都会认为"即使"不仅仅只与第一个分句发生句法上的关系，第二个分句同样在分享句首"即使"这一让步关联标记。

上面两例是让步关联标记共享的情况，还有一种情况就是让步复句分句间的一些句子成分存在共享的情况。如：

（40）我当时还做出了一个肯定：即使我长大了，也不会和他一样高大健壮；即使我长大了，也永远打不过他。（陈染《私人生活》）

（41）即使从经典中找不到理论根据，我也不愿意压抑自己心灵的呼声了。（戴厚英《人啊，人》）

例（40）中有两个存在并列关系的让步句，我们看其中的一个，"即使我长大了，也不会和他一样高大健壮"，让步前分句是"即使＋我长大了"，"我长大了"是一个小句，让步后分句是由关联副词"也"＋"不会和他一样高大健壮"，这里没有出现主语，是因为在让步后分句与让步前分句共享"我"这个主语。例（41）的让步前分句是一个没有主语的句子，而让步后分句是一个"主谓宾"齐全的分句，主语"我"既充当后分句的主语，同时也被让步前分句共享。

让步复句常见的语序是"让步关联标记＋Cl_1，也＋Cl_2"，"让步关联标记＋Cl_1"在前，"也＋Cl_2"在后。但有时候"让步关联标记＋Cl_1"会在"也＋Cl_2"之后，出现在句末。如：

（42）光天化日之下，再如何亲昵的气氛，他们也没胆有什么逾矩，即使四下无人。（席绢《女作家的爱情冒险》）

（43）就在沙雷在华盛顿与克林顿会晤的同一天，以色列总理拉宾还在以议会上宣布，他绝不接受叙的撤军条件，即使这会造成严重后果。（华师复句语库）

例（42）中"即使她出语伤人"出现在句末，例（43）是"即使这会造成严重后果"，如果按照一般的让步复句分句的语序应该是下面这样的情况。

（44）光天化日之下，再如何亲昵的气氛，即使四下无人，他们也没胆有什么逾矩。

（45）就在沙雷在华盛顿与克林顿会晤的同一天，以色列总理拉宾还在以议会上宣布，即使会造成严重后果，他（也）绝不接受叙的撤军条件。

从分句语序改变前后的对比可以看到，例（42）中的"即使四下无人"是对"他们也没胆有什么逾矩"的解释，即"即使"句放在句末是对前一分句所述内容补充说明。而且在例（42）中，可以看到"再如何亲昵的气氛，他们也没胆有什么逾矩"出现了紧缩让步复句才会出现的"再……也"结构。例（44）中将语序位置改变之后，得到"再如何亲昵的气氛，即使四下无人，他们也没胆有什么逾矩"这样的句子，居中的"即使四下无人"由于所处位置的变化，其与前后分句的关系也发生了变化，首先"即使四下无人"是对前一句"再如何亲昵的气氛"进一步的举例说明，其次它与后接的分句构成表示让步关系的复句。

2.2.2.1.3　"即令"与"即让"

"即令"、"即让"与"即使"都有着相同结构，都是由副词"即"和"使役动词"构成。所不同的是相对于"即使"的广泛使用，"即令"和"即让"用于让步复句充当关联标记的用法相对要少很多。但是在一些作品中，并非"即使"一定就占据优势，在对姚雪垠先生的《李自成》检索中发现，"即使"为标记的让步复句数量就比"即令"为标记的复句数量少，而"即让"被认为是中原官话中的一个让步关联标记，《汉语方言大词典》收录了该词。如：

（46）胡雪岩认为从正面设词规劝，与在私底下说人短处不同，即令密语外泄，亦是"台面上"摆得出去的话，并无碍于自己的名声，因而决定下一番说词，促成左、李的合作。（高阳《红顶商人胡雪岩》）

（47）这两句慰勉的话使卢象升深深感动，觉得即令自己粉身碎骨，也没法报答皇上的"知遇之恩"。（姚雪垠《李自成》）

（48）即让有手枪该能怎么？（姚雪垠《牛全德与红萝卜》）

（49）即让他一时鬼迷心，想来辞行，他的部下也不敢放他来。（姚雪垠《李自成》）

例（46）中的"即令"与"亦"搭配，显出一些文言的特点，例（46）和（47）的让步复句之前的分句中有两个动词分别是"认为"、"觉得"，显示出让步复句在很大程度上与人的主观性认识存在一定的关联。例（48）、（49）都是《汉语方言大词典》中"即让"的例证，姚雪垠先生是河南邓州人，用例应该能够印证"即让"的方言用法，而且"即让"的用例不常见，在《李自成》中"即让"也仅有两例。

2.2.2.2　"就"类让步复句分句间语义关系与语用功能分析

"就"类让步复句主要指的是以关联标记"就是"、"就算"为代表的让步复句，其中让步前分句常用的关联标记有"就"、"就是"，"就算"、"就使"、"就令"、"就要"等，后分句使用的关联副词有"也"、"还"、"都"、"又"等。

2.2.2.2.1　单音让步关联标记"就"的用法分析

"就"是一个词性和用法都很丰富的词语，它既可以充当动词、副词或是介词，同时它还是一个能够表示让步关系的单音节连词。如：

（50）你就送来，我也不要。（《现代汉语词典》）

（51）"当初全厂大多数人反对。那也不行，市场要你动大手术，你就忍痛也得动。"郑俊怀这样说。（北大语料库）

例（50）中前分句的"就"和后分句的"也"搭配在一起，构成让步复句，这里的"就"与双音的"就是"、"就算"的意思和用法是相同的，之间可以互换。例（51）是一个紧缩的"就"字让步复句，如果将原句进行扩展，就可以得到"你就忍痛，你也得动。"这与例（50）的情况基本相同，只不过例（50）中是"你"对"我"让步，而例（51）是自己对自己要做出让步。

2.2.2.2.2 双音让步关联标记"就是"、"就算"的用法

对于"就是"的研究较多，张谊生（2002）对"就是"的篇章衔接功能及其语法化历程进行了分析和研究；杨艳（2005）分析了"就是"在让步句中主观量的表达问题；刘灿群（2008）针对"就是"开头的一些句子的语用功能进行了分析。"就是"是由副词"就"与系动词"是"组合而成的，据张谊生（2002）考察这种用法在宋元时期就已出现，是一个起到判断作用的偏正短语，表示让步关系的让步连词的用法在元明时期才出现。"就是"除了充当让步连词之外，与之形式相同的"就是"出现在"不是 Cl_1，就是 Cl_2"这一句式中，但是句式中"就是"的句法成分判定存在争议，邢福义（2001）认为"不是 Cl_1，就是 Cl_2"表示选择关系，但当 Cl_1、Cl_2 为名词时"是"充当句子的谓语中心，应被分析为判断动词。因此从已有的研究成果来看，"就是"已经从当初的"副词＋系动词"的短语固化为表示让步的关联标记，而表示选择关系的"就是"仍然处于"半凝固"的短语状态。"就是"、"就算"用于让步复句充当关联标记的用法请看下例。

（52）我做菜很有一套，即：一概油炸，肉、鱼、土豆、白薯、馒头，统统炸成金黄，然后浇汁蘸糖，绝不难吃。就是土坷垃油炸一下，我想也会变得松脆可口。（王朔《空中小姐》）

（53）后来人家是这样安慰王仙客的：不要急，慢慢地找。照你说的这个样子，无双小姐年龄很小，你就是把她迎了回去，顶多就是做个童养媳，离圆房还早着哪。（王小波《寻找无双》）

（54）"不行。"年轻警察笑着摇头，"就算我放了你，你也进不去，里边还有好多层岗呢，他们也不会放你。"（王朔《我是你爸爸》）

（55）她愣了一下说：你说话可要算话呀。这话使我又发了一阵子愣，它说明女人没有幽默感，就算有一点，也是很有限。（王小波《未来世界》）

例（52）中先是列举了"肉、鱼、土豆、白薯、馒头"这些食物油炸过后好吃，

后来逐步退到"土坷垃"上来，并料想"油炸土坷垃也好吃"，之前所说的事物是为后面的让步表述在做铺垫。

例（53）中出现了两个"就是"，"你就是把她迎了回去"和"顶多就是做个童养媳"两个分句中的"就是"虽然形式上一样，但实际上二者是有区别的，第一个"就是"是让步关联标记，而第二个"就是"是由副词"就"和判断动词"是"构成的一个短语，第二个"就是"所在的分句可以进行一些句法操作，如添加"也"，变为"顶多也就是做个童养媳"，或者同时进行添加"也"和删除"就"或者"是"分别得到"顶多也是做个童养媳"、"顶多也就做个童养媳"，分句的意思基本没有什么变化，如果在前一分句也进行这样的添加或删除操作，整个句子的意思就发生了变化。

例（54）和（55）都使用了"就算"充当让步关联标记引导让步前分句，例（54）让步前分句中"我放了你"与"他们也不会放你"形成一种比较关系，在比较中显示出"我"在"是否放行"这一问题上做出了让步。例（55）"就算"引导的让步前分句前有一个判断句——"它说明女人没有幽默感"，这句话否认女人有幽默感，但是紧接着又说"有一点"，对前一句进行补充和修正，一种让步性的修正。"就算"与"就是"存在相同的情况，"就算"除了上面两例中的让步关联标记用法，还存在类似"就是"那种"副词＋判断动词"的用法，这一点将在第 3 章有专门章节论述"就算"的语法化问题。

2.2.2.2.3　"就＋使役动词"类让步关联标记

与"即"类让步标记相比，"就"类让步标记同样有使用"副词＋使役动词"构成让步标记的用法，即由副词"就"与使役动词"令"、"使"组合而成的"就令"、"就使"，这两个词与"即令"、"即使"一样，可以用在句子中标示让步关系。如：

（56）能做事的做事，能发声的发声，有一分热发一分光，就令萤火一般，也可以在黑暗里发一点光，不必等候炬火。（鲁迅《热风·四十一》）

（57）周后这时已经坐在一把椅子上，对着太子责备说："你是龙子龙孙，金枝玉叶，今日已为长哥，日后就是天下之主，怎么能同奴婢们摔起跤来？皇家体统何在？你虽然年纪尚小，也应该处处不失你做太子的尊严。就令是别的皇子，就令是尚未封王的皇子，也应该知道自己是龙子龙孙！"（姚雪垠《李自成》第二卷）

（58）我们对日抗战，当发挥自力，不能依赖某某强国，请他帮助。就使有时想列强帮助，也不能向他作乞怜语，更不能许以丝毫权利，只是埋头干"弱小民族

联盟"的工作，一眼觑着列强的沙锅，努力攻打。（李宗吾《厚黑学》）

（59）倘若你在场时，就使你不憎恶军阀，但至此时恐怕也要向被压迫的工人洒一掬同情之泪了。（蒋光慈《少年漂泊者》）

例（56）与（57）是"即令"的让步关联标记用法，例（56）中"有一分热发一分光"是一句整体的、一般性的陈述，"即令萤火一般"就从一般情况让步到"莹虫"这样细微光亮的事物上来。例（57）中周后原本在训斥太子，后来从"太子"退一步降到"皇子"再降到"尚未封王的皇子"，说出"就令是别的皇子，就令是尚未封王的皇子，也应该知道自己是龙子龙孙！"这样的语句，"就令"后接的让步成分都是"是＋NP"构成的谓词性短语，使用"是"能够对让步对象起到突出和强调的作用。

例（58）和（59）都使用了"就使"充当让步关联标记。例（58）的让步复句之前的句子讨论的是"抗日当发挥自力，不能依赖某某强国"，但是紧接着就对这句话做出让步，让步的内容是"有时想列强帮助"，从"不能依赖"到"想列强帮助"，态度和行为发生了软化和让步。例（59）是一个关系较为复杂的复句，第一个分句由假设连词"倘若"引导，第二个分句由让步关联标记"就使"引导，由分析可以看出让步意思的表达是在"假设情况"存在的前提下发生的。

2.2.2.3 "虽"分类让步复句分句间语义关系与语用功能分析

"虽"类让步复句主要指的是以关联标记"虽"、"虽然"为代表的让步复句，其中让步前分句常用的关联标记有"虽"、"虽是"、"虽说"等，后分句使用的关联副词有"也"、"还/还是"。

2.2.2.3.1 让步标记"虽"的用法分析

现代汉语中的"虽"是个单音让步连词，引导让步前分句。如：

（60）据说当年分家时为争一块好山峦曾闹过纠纷，结果王唯一的父亲有官势，所以王东芝的父亲吃了亏，自此两家虽一墙之隔，感情已很淡薄了。（冯德英《苦菜花》）

（61）至于孙子辈的，虽比不得谢家玉树，也个个聪颖韶秀，并没有出现一个小流氓。（宗璞《熊掌》）

例（60）中"两家一墙之隔"，俗话说"远亲不如近邻"，照常理邻里关系应该比较和睦，但是因为纠纷的缘故，导致"感情已很淡薄"，与常理相悖。例（61）中"虽"后接一个表示比较的动补短语"比不得谢家玉树"，后接的分句"退一步"

说，"也个个聪颖韶秀"，认为尽管比不上"玉树"，实际情况也还不错。

2.2.2.3.2　让步标记"虽然"的用法分析

除了"虽"还有双音让步连词"虽然"，"虽然"的情况较为复杂，在一些教科书或是语法专著中，诸如"虽然，但是"这样的搭配被认定为转折复句，而有的将其划归在让步复句当中。而实际上我们需要对"虽然"以及与其搭配的其他关联成分的使用进行详细的分析，才可以得到一个较为合理的解释。首先来看"虽然"与不同关联成分的搭配使用情况。

A. "虽然 Cl_1，也 Cl_2"

相对于"即使，也"的众多研究成果来说，"虽然 Cl_1，也 Cl"句式的关注相对较少，实际上这一让步复句的搭配模式也是较常见的。如：

（62）这样，他觉得他是和他们打成一气，大家都是苦朋友，虽然他一言不发，也没大关系。（老舍《骆驼祥子》）

（63）他完全有理由让人误会，他对每本书的理解虽然不敢说在人家作者之上，起码也是各有千秋。（王朔《我是你爸爸》）

（64）她像是忽然触电一般，顿时血液都跑到她的脸上来了，脂粉虽然涂得很厚，也掩盖不住那一股红潮。（周而复《上海的早晨》）

（65）虽然有小阿姨陪妈睡在客厅里，我还是不断起身到客厅里看望她，见她安详地睡着，便有了很实在的安慰。（张洁《世界上最疼我的那个人去了》）

例（62）中"虽然"后接让步前分句"他一言不发"，在与周围人交往的时候，一言不发不合常理，而实际情况"他"的一言不发，又由于"都是苦朋友"，因此即便是"一言不发"，由于近乎相同的遭遇使得"此时无声胜有声"，"他"与周围人的关系并未因此受影响；例（63）中让步前分句在讨论"他"对小说的理解，"虽然不敢说在人家作者之上"就已经表示出"让步"的意思，让步后分句"起码也是各有千秋"是对让步前分句的一个补充。例（64）"虽然"引导的让步前分句陈述"脂粉涂得很厚"，因此可以导致脸上看上去很红，可是后分句陈述的情况是"掩盖不住那一股红潮"，尽管很厚的脂粉也没能掩盖涌上面部的热血造成的红晕；例（65）"虽然"后接的让步前分句是一动宾短语，小阿姨陪母亲睡在客厅，已经有人照料，按理"我"就不用再担心，实际情况让步后分句是"我还是不断起身到客厅里看望她"。

"虽然 Cl_1，也 Cl_2"这一句型在语义关系表达上，让步语义关系是其主要表达的语义关系，虽然带有一定的转折意味，但是整体上以表示让步为主。

B. "虽然 Cl_1，却 Cl_2"

"却"是一个表示转折的副词，但是我们可以从"却"的动词用法中获得某些启示，因为"却"用作动词时，其意思是表示"后退"、"使退却"的意思，这与"让步"存在一定的关联。如：

（66）北平虽然作了几百年的"帝王之都"，它的四郊却并没有受过多少好处。（老舍《四世同堂》）

（67）宛如一个七零八落的旧货摊改称为五光十色的古玩铺，虽然实际上毫无差异，在主顾的心理上却起了极大的变化。（钱钟书《围城》）

例（66）"虽然"分句承认"北平做了几百年的帝王之都"，而实际情况北平周边的四郊未能因为靠近京城而"受过多少好处"，整个句子的意识是即便是"帝王之都"的四郊也并不能受到多少好处，这是对"帝王之都"影响力的一种让步表述；例（67）中的让步句有一个背景，就是第一个分句所说的"七零八落的旧货摊改称为五光十色的古玩店"，虽然有了变化，形式上从"七零八落"到"五光十色"，而实际上是"毫无差异"，形式的变化不能影响实际，可退一步说，它影响到"顾客的心理"。对例（67）的分析让我们想到对语言的分析，形式和意义之间的复杂关系，形式上的变化可能会引起意义的变化，但也不尽然，就如例（67）改称为古玩店的旧货摊，形式不同了，实际还是一样的。

C. "虽然 Cl_1，可（是）Cl_2"

让步连词"虽然"和"可"、"可是"的搭配使用也是较为常见的，"可"、"可是"一般都将其看作是表示轻度转折的连词。如：

（68）方鸿渐虽然不至于怕教书像怕死，可是觉得这次教书是坏运气的一部分，连日无精打采，对于远行有说不出的畏缩，能延宕一天是一天。（钱钟书《围城》）

（69）虽然他只是小羊圈这一带的巡长，可是他总觉得整个的北平也多少是他的。（老舍《四世同堂》）

例（68）"虽然"后接的让步前分句是"不至于怕教书像怕死"，表示方鸿渐对于教书的恐惧还比不上对死亡的恐惧，"可是"后分句对为什么会有前面的恐惧的进一步说明，虽然达不到"死"的程度，仍然认为"教书是坏运气的一部分"。例（69）"虽然"后接的让步前分句承认"他只是小羊圈这一带的巡长"，"可是"

后接的分句"他总觉得整个北平也多少是他的"就有较为明显的转折意思。"虽然 Cl_1，可是 Cl_2"这个句子表述的意思重点都在后分句，而且具有较显著的转折意味。

D. "虽然 Cl_1，但是 Cl_2"

"虽然 Cl_1，但是 Cl_2"是一个句型，对这句型的观点有两种，一是部分语法专著或教材认为这是转折句的典型代表，还有一种看法认为它是转折类复句中的让步句。先来看几个例子，如：

（70）虽然他的想法一开始就是错的，但是他还要自我坚持，想从中弄出点儿个性来。（王朔《美人赠我蒙汗药》）

（71）这期间，虽然我在社会上沉默、冷静、很坚强，但回到家里就软弱下来。（冯骥才《一百个人的十年》）

例（70）是王朔评论陈凯歌的一句话，首先陈述"他的想法一开始就是错的"，这种评论性的语言主要是表明说话人的一种态度和意见，并没有表达出让步的意味，"但是"分句是表意的重点，尽管我认为他是错的，但是"他还要自我坚持"，这里的转折意思非常明显。例（71）中"虽然"后接的分句是说"我在社会上沉默、冷静、很坚强"，这也是一种认定和判断，转折连词"但"后接的是"回到家里就软弱下来"，这与前分句形成了鲜明的对比，从而也表现出前后分句之间存在的落差，从"冷静、坚强"转变为"软弱"。

现代汉语中常见的让步连词还是双音连词"虽然"，它常见的搭配是与"但/但是"、"可/可是"、"却"等转折连词的搭配使用，这里我们倾向于将诸如"让步标记 Cl_1，转折标记 Cl_2"这一类的复句划归到"转折复句"当中去。虽然让步复句中有转折意味，但是这种转折从一开始的情况就表现出是"无标"转折，是不使用转折标记的。关系标记的使用是对其所标示关系的凸显和强调，因此我们将"虽然"引导的复句分两种情况来考虑，第一类是"虽然"与一些关联副词，如"也"、"还"、"仍然"等搭配的看成是让步复句；第二类是"虽然"与转折连词"但/但是"、"却"搭配的看作是转折复句。

复句关系的确定有很多因素在起作用，从语义方面考虑或是从形式方面考虑，或者将二者结合起来考虑。在有标复句的分析中，由于关联标记的使用使得层次划分相对容易一些，因此主要依靠关联标记的类型来确定复句关系，当看到"一边"、

"一面"这一类的句子时，很容易想到这些可能是并列复句，看到"因为"、"所以"就会想到这是表示原因和结果的复句。这里用并列和因果来说明，是因为这两种关系的复句相对于其他复句要容易确定一些，而本书讨论的让步复句，情况就复杂一些，无论是在逻辑语义关系还是在关联标记的使用方面。

因此在关系确认上，我们还是按照关联标记的类型以及语义特点来进行区分。综合上面对"虽然"句的分析，我们可以综合形式和意义两方面的因素，为表示让步的"虽然"句进行排序。

$$虽然\ Cl_1,\ (也)Cl_2 > 虽然\ Cl_1,\ 却\ Cl_2 > 虽然\ Cl_1,\ 可(是)Cl_2 > 虽然\ Cl_1,\ 但(是)Cl_2$$

让步　　　　　　　　　　　　⟶　　　　　　　　　　让转

从上面的排序可以看到，以"虽然 Cl_1，也 Cl_2"为关联标记的复句主要是表示让步关系，而"虽然 Cl_1，但（是）Cl_2"为关联标记的复句既有让步语义，同时转折的语义也非常明显，介于两端之间的"虽然 Cl_1，却 Cl_2"、"虽然 Cl_1，可（是）Cl_2"两个关联标记的复句属于渐变的状态，是从让步向转折过渡的中间状态，它们在表示一定的让步语义的同时，转折语义逐渐得以增强。

设立这样一个排序，能够对以"虽然"类为主要关联标记的复句分析和划分起到一定的帮助作用，因为一直以来，"虽然 Cl_1，但（是）Cl_2"所代表的关系没有找到较为有效的解决方法，利用上面的排序，可以很清晰地看到"虽然"类复句之间存在较为明显同时也是非常重要的形式标记，那就是"虽然"既与关联副词搭配构成复句，同时也与其他的连词联合使用，让步连词"虽然"与关联副词"也"的搭配使用，是"虽然"类复句中典型的"让步复句"代表。而"虽然"与转折连词"但是"的组配我们认为这是既含有让步又含有转折关系，而且转折关系明显的转折复句。这样我们可以利用形式标记来区分哪些是让步复句，哪些是转折复句，这一规则的制定，对中文信息处理，尤其是有标复句关系的确定是非常实用的，"虽然 Cl_1，也 Cl_2"可以很明晰地划归为让步复句，而介于"让步"、"转折"之间的"虽然 Cl_1，但（是）Cl_2"就可以依照"但是"的转折关系属性归到转折关系复句。

还有一种情况，就是"也"与"却"、"但（是）"、"可（是）"连用的情况。例如：

（72）如今只写一个故事，虽然仅是一个小村子里的事情，但也可以看出晋绥解放区人民在八年抗日战争中，艰苦斗争的轮廓。（马烽、西戎《吕梁英雄传》）

（73）这时候的李家庄，虽然比不上老根据地，可也像个根据地的样子了。（赵树理《李家庄的变迁》）

（74）杨钰莹的带子再次上榜证明了新时代影音公司选择得正确，虽然她的声线未必适合北方听众的口味，却也在稳稳地占领着半壁江山，且有乘风北上之势。（《人民日报》1993 年 6 月 5 日）

例（72）中让步连词"虽然"后跟"仅是一个小村子里的事情"，就已经表示出描写和说明的不是什么大地方，也不是很多地方，而仅仅是一个小村子，在规模和范围上做出了让步表述，而后分句中的"但"、"也"连用使得后分句的句子语气要比单用"但"要舒缓一些；例（73）中"李家庄"是讨论的中心，首先是将"李家庄"和"老根据地"进行比较，得出"李家庄比不上老根据地"让步说法，"可也"后跟的"像个根据地的样子"是对让步前分句的补充和修正；例（74）"虽然"后接的是"她的声线未必适合北方听众的口味"，就已经是让步的表述，"却也"后面并没有顺着前分句的意思说"不适合北方"，而是说"稳稳占领着半壁江山"，既有让步也有一定的转折。

后分句中如果出现"但（是）"、"可（是）"这样的转折连词，而且和关联副词"也"同时使用，一方面原来含有转折关系的意思依然存在，另一方面由于"也"的使用，转折的语义关系受到一定的影响，因为"也"在语义和语气等方面都对"转折"起到了软化和舒缓的作用。

2.2.2.3.3　让步标记"虽是"与"虽说"的用法分析

"虽是"是由让步连词"虽"和判断动词"是"组合而成；"虽说"是由连词"虽"和动词"说"组合而成。"虽是"是一个结构相对复杂的词语，因为有些句子中的"虽是"可以看成是一个让步连词，而有些句子中只有"虽"才是让步连词，而"是"既是句子的判断动词同时也是起强调作用的一个成分。如：

（75）马明笑道："虽是队长指挥得好，也是政治指导员决心下得对！（欧阳山《苦斗》）

（76）所以我方才说，献策虽是一个江湖术士，也确有非你我所及之处。（姚雪垠《李自成》第二卷）

（77）他虽是个老百姓，还爱关心点国际大事，加林正好这方面又懂得多，常给他说这个国家那个国家的事，把个高明楼听得半夜不回家。（路遥《人生》）

例（75）中"虽是"后接的让步前分句承认"队长指挥得好"是退一步说，目的是为下一句"政治指导员决心下得对"做铺垫。例（76）中的"虽是一个江湖术士"在分析时可以有两种情况：第一种是"虽/是一个江湖术士"，在"虽"和"是"之间分开，"是"可以看成是对"一个江湖术士"表示强调的成分；第二种是"虽是/一个江湖术士"，将"虽是"分析为一个让步连词，"一个江湖术士"是后接的让步成分，上面两种理解都是能够成立的。例（77）中"他虽是个老百姓"，这里的"虽是"就不能看成是一个让步连词了，而只能有一种分析结果，即"他虽/是个老百姓"。

"虽说"是由连词"虽"和言说动词"说"组成的让步标记，这里的"说"已经不是指具体的言说动作或行为，而是类似于"我说"这样的话语标记，动词"说"和"虽"组合之后整体充当让步标记。如：

（78）刘文彬虽说拿着一本书，眼睛并没有看书上的字，脑子转转悠悠地也在考虑破坏敌人征麦的计划。（冯志《敌后武工队》）

（79）不能叫那些小户指着鼻子骂朱延年，虽说骂朱延年，她听到也是心痛的。（周而复《上海的早晨》）

上面两例中的"虽说"后接的都是表示让步的句子，例（78）"拿着一本书"原本就应该看，而实际上"眼睛并没有看书上的字"，而是以此为掩护，"脑子转转悠悠考虑破坏敌人计划"，"虽说拿着一本书"也是让步的表述。

2.2.2.4 "纵"类让步复句分句间语义关系与语用功能分析

"纵"类让步复句主要指的是以关联标记"纵然"、"纵使"为代表的让步复句，其中让步前分句常用的关联标记有"纵"、"纵是"、"纵使"、"纵令"、"纵饶"、"纵得"等，后分句使用的关联副词有"也"、"还"、"都"、"又"等。

2.2.2.4.1 让步关联标记"纵"与"纵是"的用法分析

"纵"是一个词性和用法都很丰富的词语，它既可以充当动词、形容词，同时它还是一个能够表示让步关系的单音节连词，"纵是"与"就"类让步标记中的"就是"构词方式类似，都是由"让步连词"＋"是"构成。如：

（80）纵将军十载汗马功高，亦难免逮入京师，斩首西市，为一贯骄玩跋扈、纵兵殃民者戒。（姚雪垠《李自成》第二卷）

（81）你纵不为国家民族着想，也要为自己的下场打算。（李英儒《野火春风斗古城》）

（82）纵是早不做指望，可肖济东还是很兴奋，毕竟是国家级学术期刊，况且也是自己近十年的努力成果。（方方《定数》）

（83）即使有人真想学，社会上的知识，浩如烟海，五行八作，一个人纵是精力无限，能废寝忘食，学到老也是学不完的。（《人民日报》1999 年 12 月 22 日）

前两例都使用了单音让步关联标记"纵"，例中的"纵"意思与双音的"纵然"、"纵使"的意思相当，起着标记和引导让步前分句的句法功能。例（80）中"纵"与文言的"亦"搭配使用，就历史小说而言显得更符合历史情境。例（81）"纵"与"也"配合使用，"纵"引导的让步前分句"为国家民族着想"与让转后分句"为自己的下场打算"存在比较，比较之后的结果是"要为自己的下场打算"而不是"为国家民族着想"，从国家民族大义退到了自私自利的钻营和苟且。

例（82）与（83）中使用了"纵是"充当让步标记，让步连词"纵"与动词"是"已经紧密结合成为一个词，例中"纵是"引导的让步前分句的停顿是"纵是 / 早不做 / 指望"、"一个人 / 纵是 / 精力无限"，而不会将"纵是"从中间断开。例（82）"纵是"后接分句是"早不做指望"，都已经没有念想不指望，可见"让步"的程度很深。例（83）"纵是"让步前分句是一个假设性的让步，是针对现实情况"一个人不可能永远精力无限、废寝忘食"以及前面句子交代的一些信息，而设定一个理想状态表述让步的意思。

2.2.2.4.2　双音让步关联标记"纵然"的使用情况

让步连词"纵然"通常与副词"也"配对使用，构成让步复句。如：

（84）那只手纵然象葵扇般大，也只能软软地下垂着；那两腿纵然能踢翻一头水牛，也只能蹒跚着走路。（欧阳山《苦斗》）

（85）运煤车轰轰的开过来了，由于挂的煤车过多，纵然列车另挂一个机车推行着，前边的机车还是嘶嘶喳喳的像累得喘不过气来似的。（知侠《铁道游击队》）

例（84）中"手象葵扇般大"理应很有力气，结果却是"软软地下垂着"；"两腿能踢翻一头水牛"，理应强健有力，结果是"只能蹒跚着走路"，由这两例子可以看出，根据"纵然"所在的前分句所陈述的事情可以推导出的情形，即"理应怎样"并未出现在后分句当中，而是出现了与推论情形相反相对的结果。

2.2.2.4.3　双音让步关联标记"纵使"、"纵令"的用法分析

与"即"类和"就"类让步关联标记一样，"纵"类让步关联标记也出现了由

让步连词"纵"和"使役动词"组成的让步标记"纵使"和"纵令"。如：

（86）"共产党员也有爹有娘呀，纵使不为自己打算，也得可怜你们老太太嘛……"特务们最得意的时刻，是抓住善良人的辫子。（李英儒《野火春风斗古城》）

（87）也许在既往的演出实践中，观众的反应纵使不是心有灵犀，掌声响起来，最起码也有点风度，如此无礼哄闹，实在是大出艺术家的意外。（《人民日报》2001 年 2 月 13 日）

（88）但目前夺取西安不易，无法据守关中，纵令袭破西安，亦必受四面围攻。（姚雪垠《李自成》第一卷）

（89）如果不采取多种形式建房，调动各方面的积极性，挖掘各种潜力，纵令150 万平方米经济试用房按计划完成，也难以实现住房达到小康的目标。（《长江日报》1994 年 4 月 12 日）

例（86）的让步复句内容与上面例（81）的情况类似，在"为谁打算方面"，在敌人的威胁家人安全的情况下，不为自己打算，也得退一步为老太太考虑。例（89）是报刊上的内容，"纵令"引导的让步前分句是"150 万平方米经济试用房按计划完成"，这个数量和规模都是相当大的，对安居工程应该有很大贡献，即便是这样，让转后分句表述却说"难以实现住房达小康的目标"，可见目标的实现并非仅仅是150 万的计划完成那么简单。以上四例，既有小说里的语句，也有新闻报道中的话语，可见这类词语在不同语体中都有使用。

2.2.2.5 "不"类让步复句分句间语义关系与语用功能分析

"不"类让步复句指的是有否定副词"不"、"别"、"无"与动词"管"、"论"构成的"不管"、"不论"、"别管"、"无论"这一类让步关联标记引导的让步复句。关于这一组关联标记，一部分学者认为"无论 Cl_1，都 Cl_2"属于条件复句中的无条件句，《现代汉语语法讲话》、《实用现代汉语语法》认为此类复句是条件复句，黄伯荣、廖序东两位先生主编的《现代汉语》以及张斌先生的《新编现代汉语》认为它是假设条件复句中的一种情况；有学者认为以"无论 Cl_1，都 Cl_2"为代表的复句是表示让步关系的复句，孙云（1983）在《谈谈即使句、宁可句、无论句》一文通过对"无论句"的分析以及与"即使句"、"宁可句"的比较之后指出"无论句"在很大程度上和"即使句"、"宁可句"在表义方面是一致的，分句间既存在让步语义关系，同时也存在转折语义关系，所不同的是"无论句"是对客观情况周遍性的让步，而"即使句"是对客观情况非周遍性的让步，"宁可句"主要反映的是主观意志方面的让步，邢福义（2001）指出"无条件句"更准确的称呼应该是"无条件让步句"。在"无论 C_{11}，都 C_{12}"这样的句子中，前分句提出或列出诸多可以选择的情况，使用让步标记"无论"对所列举的情况完全排除，分句中表述的条件在标记的作用下被否定，表明说话人还是意识到这些情况的存在，排除它们是对这些存在着的情况做出让步。

本书认为以"无论"为代表的这一类连词，在引导复句时，主要是标记前分句的无条件属性，同时也与后接分句一起表达让步的意思，属于让步复句中的一类。下面通过具体例句来说明。

（90）对这些上层人士，无论是他们遇难的时候，还是官复原职的时候，甚至到他们后来退了二线，"呼家堡"的礼数都是一样的周全。（李佩甫《羊的门》）

（91）回想在大陆时，不管和哪一级的男人坐车出去，似乎从来没有"女士优先"这一说，即便是虚情假意的谦让也没有过，更不用说给你开车门！（谌容《梦中的河》）

（92）赵庆田他俩知道：敌人不论怎么样扫荡、清剿，他控制的公路、据点和炮楼附近，也多是太平的。（冯志《敌后武工队》）

例（90）使用了关联句式"无论 C_{11}，都 C_{12}"，其中让步关联标记"无论"后接了三种情况，分别是"遇难的时候"、"官复原职的时候"、"退了二线"，一般情况下人们对处于不同身份职务的人的待遇是不一致的，"遇难"时的落井下石或是撇清关系，"复职"时的阿谀逢迎和锦上添花以及"退居二线"的人走茶凉，这些是一般情况，可是这里表达的是"礼数都是一样的周全"，与"一般情况"存在差异。一个"都"字既是对前面所述情况的总结，也对让步后分句表示意思的总体概括。实际上，例（90）的让步复句可以通过下面的推导得到，即：

（93）即使是他们遇难（的时候），"呼家堡"的礼数也一如既往的周全。

（94）即使是官复原职（的时候），"呼家堡"的礼数也一如既往的周全。

（95）即使是他们后来退了二线，"呼家堡"的礼数也一如既往的周全。

正是综合上面这三个句子所述的情况才能得到例（90）的表述，同时也能印证邢福义先生所说的前分句存在诸多可选情况确确实实是存在的。"无论"句引导的无条件让步复句经过一定的句法操作之后，就可以找到它与其他关联标记引导的让步复句之间存在的密切关系。

例（91）使用的让步关联句式是"不管 C_{11}，都 C_{12}"，让步关联标记"不管"

后接分句"和哪一级的男人坐车出去"省略了主语"我",它表述的意思也具有周遍性,是说大陆的男士很少有人有"女士优先"的意识。例(98)与一般的让步复句存在如下的转换关系:

(96)不管和哪一级的男人坐车出去,似乎从来没有"女士优先"这一说。

(97)即使和级别高的男人坐车出去,也似乎从来没有"女士优先"这一说,(更不用说其他的男人)。

例(91)中的"不管和哪一级的男人"虽然是对整体的大陆男士行为的概括,实际上主要是指社会阶层较高的男士。这可以从(96)与(97)的转换得以体现。

例(92)使用的让步关联句式是"不论 Cl_1,都/也 Cl_2",让步关联标记"不论"后接的是让步前分句是"怎样扫荡、围剿",这是对敌人行为的让步,"不论"引导的也是表示周遍性让步,"不论怎样"就是对所有敌人能使出来的伎俩进行让步,而且在程度上也有表示程度较深的意思。"不论 Cl_1,都/也 Cl_2"与一般让步复句之间也可以进行转换,如:

(98)敌人即使再怎么样扫荡、清剿,他控制的公路、据点和炮楼附近,也多是太平的。

(99)敌人不论怎么样扫荡、清剿,他控制的公路、据点和炮楼附近,也多是太平的。

例(98)的"即使再怎么样"与例(99)的"不论怎么样"在整体上表示的都是对敌人行为的让步,但是二者还是存在细微区别,"不论怎么样"包含各种各样的情况,而"即使再怎么样"虽然也表示各种情况,但倾向于对程度较深的情况做出让步。

2.3 让步复句的语义关系特点

2.3.1 让步复句语义关系研究回顾

让步复句的分句间语义关系多是表示转折,即让步后分句没有顺着前分句的意思说下来而是转到别的方面去了。关于"转折"问题,王维贤先生在《论"转折"》(1982)、《论转折句》(1991)、《现代汉语复句新解》(1994)等论著中都论及转折关系和转折复句。郭志良的专著《现代汉语转折词语研究》（1999）对汉语的转折词语以及转折复句也进行了详细的讨论和研究，邢福义先生（1992）分析了汉语的转折句式，《汉语复句研究》（2001）将"转折"类复句划归为复句的三种类型之一。

《论"转折"》和《论转折句》两篇文章深入讨论了汉语的转折句，认为"虽然 Cl_1，但是 Cl_2"、"Cl_1，但是 Cl_2"以及"即使 Cl_1，也 Cl_2"三类句型中"虽然 Cl_1，但是 Cl_2"是核心，是典型的转折句，文中使用了逻辑推导的方式对转折句进行了变换分析，这其中涉及了让步连词"虽然"、"即使"及其引导复句的相关内容。

邢福义（1991）指出汉语的复句格式对复句语义关系有反制约的关系，邢先生从"虚和实"、"顺和逆"等角度分析了复句格式对语义关系的制约作用。邢先生同时指出复句语义关系具有二重性，即"既反映客观实际，又反映主观观点，有时则不完全等同，而不管二者是否等同，在对复句格式的选用中，起主导作用的是主观观点"。这也正如我们前面提到的，之所以将"让步标记＋ Cl_1，Cl_2"划归让步句，而将"让步标记＋ Cl_1，转折标记＋ Cl_2"划归让转复句或转折复句，正是受到这一论断的启发。

在对汉语复句的分析和研究中，分句语义关系同该复句使用的关系标记是互为表里的，正如邢先生说的"起主导作用的是主观观点"。人们在使用表述复杂语义复句的时候，在对关联标记模式的选择问题上，选择的模式应该是最能表示自己主观意思的。

2.3.2　让步复句的语义关系特点和让步复句语气类型

2.3.2.1　让步复句的语义关系特点和类型

让步复句，顾名思义是表示让步语义关系的复句，因此对让步语义的表述是让步复句的主要功能。我们将从分句间的逻辑语义关系入手来分析和考察让步复句的语义关系类型和特点。

首先是关于让步前分句的虚实问题，也就是让步前分句陈述的是事实还是假设。前面提到邢福义和梅立崇两位分别对实言"即使"句和假言"即使"句进行了考察分析，综合两位的研究成果可以发现"即使"既可以表示"实言"让步，也可以表示"假言"让步，并不是只表示对假设虚拟情况的让步。如：

（100）那些拉着买卖的，即使是最漂亮的小伙子，也居然甘于丢脸，不敢再跑，只低着头慢慢的走。（老舍《骆驼祥子》）

（101）假如说碰到认为感情就是不合的，没有爱情的婚姻是不道德的，即使有如此充足的理由，第三者还是要受到道德指责，他们会说都这样子会影响社会安定。（《王朔文集》）

例（100）中的"即使"句就属于"实言"让步句，例中"最漂亮的小伙子"是"那些拉着买卖的"的一部分，是真实存在的，而且后分句是"居然甘于丢脸"，这些都说明例中的"即使"句不是假设的情况，而是对真实事件的让步。例（101）中的"即使"句是一个"假言"让步句，整个句子以"假如说"开始，因此整个句子的基础就是建立在假设情况之上的，"即使"所引导的让步复句也是对一种可能的、假设的情况做出的让步。

那么"即使"引导的让步复句为什么会给人表示假设让步的感觉和印象呢？这与"即使"让步复句的使用倾向有关，我们统计了一些作品中的"即使"让步句，详见表2-4所示。

表2-4　部分作品中"即使"事实让步句与假设让步句比较

	《骆驼祥子》	《李自成》	《王朔文集》	琼瑶作品
事实性让步	13	3	14	18
假设性让步	44	18	20	44

在统计的作品中，只有《王朔文集》中的两种类型的复句数量相近，其他作品中，表示"假言"的即使句是"实言"即使句的两到三倍，《李自成》（一、二）中二者的比例更是悬殊。这说明在语言的实际使用中，"即使"句倾向于用来表示假设情况的让步，这也可以看作是一段时期将"即使"句划归假设复句的主要原因。

让步关联标记"虽然"是怎样的情况呢？首先来看两个例子：

（102）在那许多血肉相连的援兵之中，三姑和六婶虽然身上有病，也豁出了性命，拿着菜刀和柴刀，对着敌人猛冲。（欧阳山《苦斗》）

（103）他身上的血涌到脸上来，虽然微微低着头，也隐藏不住脸上惭愧的表情。（周而复《上海的早晨》）

上面两例中"虽然"后接的分句"身上有病"和"微微低着头"都是对实际情

况的陈述和描写，是事实让步复句。

让步复句的语义关系类型主要有时间让步复句、空间让步复句、物品让步复句和事件让步复句。

时间性让步复句是指对某事件的时间做出让步表述。如：

（104）应用这种罗盘，即使在阴云密布以及黎明或傍晚看不到太阳的时候，也不会迷失方向。（王谷生《眼睛与仿生学》）

（105）他也真怪，即使在最晴朗的日子，也穿上雨鞋，带着雨伞，而且一定穿着暖和的棉大衣。（契诃夫《装在套子里的人》）

上面两例中"即使"后接的让步前分句都是由表示时间的介宾短语充当，例（104）、（105）的两个让步前分句除了表示让步之外，也含有一定的条件关系。同时通过对时间分析可以看到，"阴云密布"、"傍晚看不到太阳"、"最晴朗的日子"，这些都是比较极端或是特殊的情况，尤其是"最晴朗的日子"已经是让步让到了极限。

空间性让步复句是指对空间、地点等做出让步表述。如：

（106）水从悬崖上像条飞练似的泻下，即使站在十里外的山头上，也能看见那飞练的白光。（碧野《天山景物记》）

（107）在重庆，即使在热闹的街区，也难得看到骑自行车的人，因为骑自行车爬坡实在太困难了。（陈汉元《从宜宾到重庆》）

上面两例中让步关联标记"即使"后接的是表示地点或范围的分句构成让步前分句，这里的空间既可以是具象的，如例中的"十里外的山头上"、"热闹的街区"，也可以是虚拟的，如："即使在梦中"、"即使在心里"，这些都属于抽象空间让步。

事物性让步复句是指对人物或事物等做出让步表述。如：

（108）由俭入奢易，由奢入俭难，大手大脚花惯了，那条劳动所得的防线也不见得就是马其诺防线，即使是马其诺防线，也是可以被自己的贪欲攻破的。

（109）即使像马克思、恩格斯、列宁、斯大林这样伟大的人物，也只能在共产主义事业中做好一部分工作。

例（108）"即使"后接的是"马其诺防线"，这里不是指真实的军事防御工事，而是比喻精神防线，虽然表面上是对物质的物件做出让步表述，而实际上指向的却是精神层面。还有就是例（109）中"即使"后接分句陈述的人物，这是对这些人物事迹的让步。

事件性让步复句是指对发生的一些情况和事件做出让步表述。如：

（110）鸽具备强烈的回巢本能，即使被带到遥远的地方，仍能飞越陌生的原野，甚至穿过大城市，而回到原巢。

（111）马林生笑着离开屋。他虽然脸上笑着，心里着实感到不舒服。（王朔《我是你爸爸》）

例（110）"即使"后接分句是"被带到遥远的地方"，这里交代的是一个动作性的事件，而让步也正是针对这一事件的让步。例（111）"虽然"后接的分句"脸上笑着"既可以看成是动作，也可看成是一种持续的状态，但都具有动态性。

这四种类型的让步复句，最主要的是事件性让步复句，因为其他三种类型的让步复句可以看成是事件性让步复句省略或隐去某些句子成分而得到，如果将这些成分还原补充出来，其他三种类型的让步复句可以变为事件性让步复句。

2.3.2.2　让步复句常用语气类型

复句与单句一样，同样拥有语气，所不同的是单句只有一个语气，而复句由于是由分句组合而成，分句语气的不同导致复句的语气较单句的语气复杂。

"陈述＋陈述"型让步复句，即组成让步复句的两个分句都是陈述语气。如：

（112）有个资料室主任要到内地去，我介绍你顶他的缺，酬报虽然不好，你可以兼个差。（钱钟书《围城》）

（113）即使你了解了全部事实，你也没法得出正确的结论。（王朔《我是你爸爸》）

例（112）的"报酬虽然不好"和"你可以兼个差"都是在陈述事实，两个分句都是陈述语气；例（113）的两个分句也都是陈述语气。

"陈述＋疑问"型让步复句，即让步前分句是陈述语气，后分句是疑问语气。如：

（114）春申君说："这是猫头鹰呵，生来就有其特别的习性，不可更改，即使用梧桐的果实来饲养它，又有什么用呢？"（《读者》合订本）

（115）我何世昌虽然不敢说是好汉，难道我连一条好狗都不如吗？（刘流《烈火金钢》）

例（114）中的让步复句，"即使"引导的前分句是陈述语气，让步后分句"又有什么用呢"是一个具有疑问语气的分句。例（115）中让步前分句是陈述语气，后分句是由疑问词"难道"引导的具有疑问语气的反问句。这一类型一般是通过后分句的疑问语气词来体现，如果是书面语则通过语气词或者标点符号体现出来。

"陈述＋感叹"型让步复句,即让步前分句是陈述语气,后分句是感叹语气。如:

(116)有朱老忠穿的,就有你穿的,你虽然是个庄稼人,是有英雄气的!(梁斌《红旗谱》)

(117)贾春明动情地告诉我们:"今生今世,我跟凤英即使找到了小非非,也是注定跟那些丢失了的孩子们分不开了!"(北大语料库)

例(116)中让步前分句"你虽然是个庄稼人"是陈述语气,后分句"是有英雄气"则是带有评论性的感叹语气。例(117)"即使"引导的让步前分句是陈述语气,后分句"注定跟那些丢失的孩子们分不开了"则是对"与那些丢失的孩子们"关系的感叹。后分句的感叹一方面通过句子的意思体现,另一方面书面语中让步后分句使用的感叹词也是一种语气提示。

如果让步复句的分句超过两个,那么情况就更复杂,这里仅举一例做一说明。如:

(118)他说完马上后悔失言,心想糟糕,马任之尽管不拿架子,他究竟是社长了呀,怎么还把他当作姚謇的助手呢!(杨绛《洗澡》)

例(118)的让步前分句是"马任之尽管不拿架子",是陈述语气,之后的两个分句,"他究竟是社长了呀"是一个带有感叹语气的分句,而"怎么还把他当作姚謇的助手呢"是带有强烈反问意味的疑问语气分句。

2.4 让步复句的共时语法化分析

2.4.1 复句语法化问题研究简介

关于汉语复句的语法化研究,目前的研究成果并不多见,周刚(2002)在《连词与相关问题》一书中论及复句和关联词语的演变问题。马清华(2003)对并列连词语法化轨迹给予了说明和研究,并指出该演变轨迹具有普遍性。李晋霞、刘云(2007)从共时角度出发,对汉语的几类复句的关系演变进行了分析,得出了并列类复句、因果类复句和转折类复句的演变方向,即"并列类＞因果类＞转折类"。当然还有更多的研究涉及复句发展演变,其中最多的是关于复句关联标记语法化的研究,如王霞(2003)对转折连词"不过"的语法化分析、李敏(2005)对并列连词"不说"的历时考察、席嘉(2006)对近代汉语的连词的研究、曾晓洁(2006)对"即使"类连词的源流考察、邢福义和姚双云(2007)对连词"为此"进行的历时和共时分析、金鑫（2009）对近代汉语并列连词"一头"的历时演变分析。在外文文献中 Hopper & Traugott（1993、2003）的"语法化学说"中对跨从句的语法化有专章论述，给出了"并列结构"、"主从结构"、"从属结构"的从句组合斜坡，即"并列结构＞主从结构＞从属结构"，并就三类结构的相关属性进行了分析。Zygmunt Frajzyngier（1996）以乍得语为对象，研究了乍得语中的复句语法化问题。陈国华（2000）对英语中的让步标记语法化问题进行了研究，讨论了英语的让步标记的来源，演变的过程和语法化机制等问题。

　　语法化研究中，重新分析（reanalysis）和类推（analogy）被认为是语法化发生的重要机制。重新分析人们更多的是将其运用在结构分析上，一个结构经过重新分析后，出现的就是一个有别于之前的新结构，由此产生新的意义和具备新的功能，而类推更多的是将其放在语义或功能层面去考虑。这里还需要提到的是语法化的动因（motivations），语法化的动因常提及的有三个，分别是"儿童语言习得"、"语言接触"和"语用推理"。语用推理（pragmatic inference）是近些年来研究和讨论较多的问题，语用推理中有两个重要的推理类型或模式，即"隐喻"和"转喻"。隐喻是基于象似性和类推，用一个与之相似的概念来表达某一个概念；转喻则是在联想和重新分析的基础上，用一个相关的概念来指称另一个概念，这两种推理方式都是语法化的重要推动因素。

2.4.2　让步复句语法化问题分析

　　在分析"虽"类让步关联标记时，我们使用了下面这一图标对相关问题进行说明，在分析让步复句的共时语法化问题时，仍将需要这一图标的帮助。

$$虽然\ Cl_1，也\ Cl_2 > 虽然\ Cl_1，却/也\ Cl_2 > 虽然\ Cl_1，但/可（是）Cl_2$$

让步　　　　　⟶　　　　　让转

　　让步复句的两个分句之间存在着相反、相对的关系，但是我们的实际语言中出现了几组有趣但是有规律的与让步关联标记有关的关联标记模式。

表 2-5　让步复句共时语法化分析表

	"即使"句	"尽管"句	"虽然"句
阶段一	即使 Cl_1，也 Cl_2	尽管 Cl_1，也 Cl_2	虽然 Cl_1，也 Cl_2
阶段二	即使 Cl_1，却/但＋也 Cl_2	尽管 Cl_1，却/但＋也 Cl_2	虽然 Cl_1，却/但＋也 Cl_2
阶段三	即使 Cl_1，却/但 Cl_2	尽管 Cl_1，却/但 Cl_2	虽然 Cl_1，却/但 Cl_2

表 2-5 为了简练只列举了"即使"句、"尽管"句和"虽然"句的前后分句的搭配关联模式，而其他的让步关联标记也都有类似的看似巧合，实则是内含规律的搭配模式。

我们知道语言意义和语言形式之间的关系是密切而复杂的，什么样的语义选择怎样的表达方式来表达，而不同的句法形式对语言意义的传递起到的影响也各不相同。正如邢先生指出的复句格式对语义关系存在反制约，由此可以知道，让步复句的格式对让步语义关系有反制约。既然有"反制约"，那么就应该有"制约"，那就应该是让步语义对让步复句的格式产生制约作用。

语义是内在的隐含的，需要合适的形式外化出来，让步语义对复句格式的制约就是要求让步复句格式能够很好地将让步语义准确地传递出去。让步复句最首要的是将让步语义传递出来，因此阶段一中的"即使 Cl_1，也 Cl_2"、"尽管 Cl_1，也 Cl_2"和"虽然 Cl_1，也 Cl_2"由"即使"、"尽管"和"虽然"这些让步关联标记引导的复句格式能够很好地将让步语义表达出来[①]。前面多次提到让步语义关系中同时含有转折关系，既然是含有，因此这一关系或多或少都会在语表上通过一定的形式表现出来，因此可以看到阶段二中的"即使 Cl_1，却 / 但＋也 Cl_2"、"尽管 Cl_1，却 / 但＋也 Cl_2"和"虽然 Cl_1，却 / 但＋也 Cl_2"这样的复句格式，一方面关联副词"也"的使用表示两个分句间业已存在的关联，而转折副词"却"、转折连词"但"则是将内在的转折语义通过具体的词汇形式外化出来。

上面这两个阶段的推理反映出让步关系和转折确实存在着相关性，也就是说让步关系和转折关系是相邻的，让步复句后分句中转折关联标记的出现正是这种让步关系和转折关系相关性的一种体现，这种转折语义是从让步语义关系中联想出来的一种语义关系，这种联想出来的语义关系在句法层面上得到了体现，使得隐含着的关联语义从内部外化出来，进而使得结构发生变化，产生了重新分析，当我们将关联副词"也"省略的时候，就得到了最后一个阶段，"即使 Cl_1，却 / 但 Cl_2"、"尽管 Cl_1，却 / 但 Cl_2"、"虽然 Cl_1，却 / 但 Cl_2"。从阶段一到阶段三是让步复句向让转复句语法化的过程，这个过程中间，让步关系和转折关系的相关性为这一类句式的语法化提供了得以实现的前提条件，也即转喻在这一演变过程中起到了关键作用，

---

① 这里需要交代的后分句的关联副词"也"的使用有三种情形：第一种是用在后分句句首，第二种是在后分句内，第三种是不使用，这里为了表示前后分句的关联而做了统一处理。

因此，基于这一点，我们可以将让转复句看成是让步复句语法化之后产生的一类新的复句。

2.4.3 让步复句的实际使用分析

我们通过上面的分析，弄清楚了让步复句和让转复句之间存在的关系，再来看看让步句在具体作品中的使用情况，表 2-6 是以让步关联标记"虽"为搜索词，对一些现当代作品所做的让步句统计。

表 2-6 现当代作品"虽"字句的使用情况比较

	老舍	钱钟书	周而复	汪曾祺	王小波	王朔	琼瑶
虽 Cl_1，（也）Cl_2	88	60	105	28	25	24	25
虽 Cl_1，但也 Cl_2	15	0	1	1	2	5	3
虽 Cl_1，但 Cl_2	350	19	338	40	40	75	94

从表 2-6 可以看到，绝大多数作品中的让转复句数量比让步复句的多，有的高达三四倍，但是也有例外，钱钟书先生的《围城》中，让步复句的数量却是让转复句数量的三倍，从总体情况分析，这可能与个人语言习惯有关系，还有一种可能是钱先生不喜欢用公式似的复句格式来行文表述。这里还有一点，虽然表 2-6 和本书中一直使用"但"作为后分句转折连词的代表，而实际上在老舍和王朔的作品中，更多的时候后分句使用的是"可是"，尽管都是转折连词，二者之间还是有区别的。

表 2-6 是现代汉语中的让步关联标记和让步复句的情况，从数据看似乎是让转复句的数量要比让步复句的大，比例也要高。那么现代汉语中的让步关联标记在历时的发展情况又是怎样，历时发展过程中的让步复句和让转复句的数量谁多，哪个比例更高？这些问题将在第 3 章给出答案。

2.5 小　　结

本章首先对让步复句进行了定义和说明，并从结构形式和语义关联两个方面对与让步复句有牵连的转折复句、假设复句进行了比较和分析，总结出区分这几类复句的一些条件。在前分句使用让步关联标记的前提下，依据后分句关联标记是"但"类转折关联标记还是关联副词"也"来区分让转复句和让步复句，即前分句由让步关联标记引导，而后分句使用转折关联标记的复句为让转复句，前分句使用让步关联标记，后分句使用关联副词"也"的分句为典型让步复句。

其次，以让步关联标记"即使"引导的让步复句的分句句法结构进行了分析，发现除了句法结构完整的小句可以充当分句之外，其他的一些谓词性句法结构和体词性句法成分也都可以充当让步复句的分句构件。本章依照让步关联标记自身构词特点对"即"类让步关联标记、"就"类让步关联标记、"虽"类让步关联标记等几组关联标记引导的让步复句进行了逐类考察和分析。

再次，对让步复句的句法语义关系进行了说明，让步复句的语义关系类型主要有时间让步复句、空间让步复句、物品让步复句和事件让步复句这几种情况。在让步复句的语气类型上，常见的语气组合类型是"陈述＋陈述"型让步复句、"陈述＋疑问"型让步复句和"陈述＋感叹"型让步复句。

最后，对让步复句的共时语法化演变给出说明，由于让步关系中包含一定的转折关系，加之语义关系和句法形式之间的相互制约作用，典型的让步复句在句法结构和语义关系上都受到内含"转折"关系的影响，因此在句法层面上通过相应手段来表达这种关系，让步后分句的转折关联标记的出现和使用正是这一影响的体现。让步关系和转折关系的相关性为典型让步复句的语法化提供了便利，正是在二者相关性的基础之上，从让步语义关系中生发出转折关系的语义联想，而后分句的转折标记的出现和使用，正是转折义得以语义化的形式体现，让步复句因此在结构上得以重新分析，让步复句在转喻语用推理的机制下进一步语法化为让转复句。

第 3 章　汉语让步复句的历时演变与路径依赖理论

第 2 章对现代汉语中的让步复句及其相关问题进行了分析和研究，古代汉语和近代汉语中的让步复句又是什么样的情况，在关联标记的选择和使用上有什么特点，有哪些常见的关联组合形式，关联标记模式又是怎样，古代汉语让步复句的关联标记以及标记模式有多少一直延续到今天的现代汉语当中，而又有哪些现代汉语中已无踪迹而只在古代汉语中出现过，众多让步关联标记在引导复句方面有哪些相同和不同的地方，这些问题都是本章将要探讨和分析的问题。

3.1　汉语让步复句的历时发展与演变

由于历时演变难免涉及关于古代汉语分期的问题，而关于整个汉语的历史分期，学者们的论断多种多样，这里选取几种有代表性的观点做一简要说明，第一种是王力先生（1958）提出的"四分"，上古、中古、近代和现代，也就是说将现代汉语之前的分为"三个时期"；第二种是吕叔湘先生（1985）以晚唐五代为分界线，之前的划归古代汉语，之后的认定为近代汉语，现代汉语被包含在近代汉语之中。向熹先生（1993）与王力先生一样也是四分，只是具体的时间界限不尽相同，蒋绍愚先生（1994）是三分，分别是"古代汉语"、"近代汉语"和"现代汉语"，即现代汉语之前有两个分期。孙朝奋先生（1996）的分期是四分，古代汉语、中古汉语、早期官话和现代汉语。荆贵生先生（1997）将整个汉语的发展演变分为五期，分别是远古期（殷商）、上古期（周秦两汉）、中古期（魏晋至宋）、近古期（元明清）

和现代五个时期。石毓智、李讷（2004）在《汉语语法化的历程》一书中对汉语的分期是四期，古代、中古、近代和现代。以上各家的分期都有各自得以确立的标准和理由，对本书将要研究的让步复句的历史演变提供了分期的参考，我们将按照三个时间段进行调查和研究：第一段是古代汉语，这一段主要是对先秦文献中的让步句进行分析；第二段是中古汉语，这一时期考察两汉、六朝和隋唐五代时期的让步复句；第三段是近代汉语，这一期从两宋至清。通过第一阶段可以对让步复句的早期使用情况有一定的了解；而在第二段的中古时期可以就佛经中的让步复句和其他文献的让步复句使用情况做比较分析；第三阶段自两宋之后的话本以及章回体小说逐渐增多，通过对部分作品中的让步复句的使用来分析关联词语的选择和标记搭配模式的情况。

3.1.1 古代汉语中的让步关联标记和让步复句

3.1.1.1 甲骨文金文中的让步关联标记和让步复句

李曦先生在《殷墟卜辞语法》一书中专章研究了殷墟卜辞中的复句问题，在该书中李先生指出"卜辞复句数量多，结构富于变化，层次表现丰富，它上承先殷汉语，下启西周汉语，是我们先秦汉语复句最真实、最丰富的原始资料"①书中对复句关系进行了分类，主要有八种，其中让步复句是其中之一。

（1）妾弗其以，｜有取。（——妾以，有取。）（9075）（＜即使＞妾不致贡，也会有"取"＜的情况发生＞＜—即命人去取＞。）

（2）不其乎多射茑，｜获。（——乎多射茑，擒。）（10951）（＜即使＞不乎多射猎鸟，也会有收获。）

（3）王勿蔑出，｜示若。（——王勿蔑出，示弗其若。）（40450）（＜即使＞王不外出，先祖也会让他顺利的。）

（以上三例转引自《殷墟卜辞语法》）

上面三例是李曦先生根据句义和联系上下文认定的殷墟卜辞中的复句，从这里可以看到，这里的几例都没有使用关系标记，只能靠意会才能将其理解为让步复句，不仅仅让步复句如此，该书也显示其他关系类型的复句也极少使用关联标记来连接

---

① 李曦：《殷墟卜辞语法》，陕西师范大学出版社 2004 年版，第 114 页。

分句进而构成复句。

管燮初先生《殷墟甲骨刻辞的语法研究》、《西周金文语法研究》中句型和连词的研究内容中都涉及复句，其中仅有《西周金文语法研究》的统计中显示只有一例由让步连词"隹"引导的让步复句①

（4）女有隹小子，余令女死我家，缵司我西蹁东蹁仆驭百工牧臣妾，东载内外，母敢否善。(见《师毁簋》，译文：你虽然是年轻人，我任命你主持王家，管理我两偏下属人员：仆、驭、百工、牧、臣、妾，董裁里里外外的事情，不得敢有玩忽。)

例中的"女有隹小子"是一个事实判断句，"女"（你）是处于"小子"（年轻）的状态，例中说"虽然是年轻人"，反映出说话人并未因为年龄的原因而不任用"小子"，因为通常认为年轻人做事不稳重不踏实，而句中的让步句就是在这方面做出让步，从而"令女死我家"。例中的"隹"在有的著作中被认为是"惟"②，这里暂不论"隹"与其他金文文字的渊源，仅就例（4）来说，将其理解为让步连词"虽然"是合适的。

张玉金先生《甲骨文语法学》一书也专章研究了复句，书中在分析假设复句时，按照分句间的语义是否一致将假设复句分为两类，其中一类的"假设复句"在理解时可以添加关联标记"即使"。如：

（5）庚戌卜：今日狩，不其擒抑？（合集 20757）（此例是说：今天即使狩猎，也不会擒获吗。）

（6）王勿蔑出，示若？（合集 40450）（此句是说：大王不应该出去吗，即使神主会顺助？）

（以上两例转引自《甲骨文语法学》）

例（5）从该句译文来看是对狩猎结果的占卜，全句表达的是一种虚拟的假设让步；例（6）与前面的例（3）是同一句卜辞，而且两位学者都将其认定为可以在理解时使用"即使"来关联，所不同的是，例（3）中"即使"添加在前分句，而例（6）的理解将"即使"加在后分句中，从这里可以看到，甲骨文金文中的让步复句主要是通过"意合"的方式来表现让步语义的。

---

① 管燮初：《西周金文语法研究》，商务印书馆 1981 年版，第 9、190 页。
② 钱宗武：《今文〈尚书〉语法研究》，第 359 页：金文中用以表示判断之"隹"字，就是今文《尚书》中帮助表示判断的"惟"字，陈初生先生《金文常用字典》"隹"条曰："'隹'字金文为鸟之象形。罗振玉曰：卜辞中词语之'惟'、'唯'与短尾隹同为一字，古金文亦然。"

　　此外我们还翻检了秦永龙先生的《西周金文选注》，注文中使用了让步连词而且也可以依照让步复句来理解的句子共有四例，《大盂鼎》、《不其簋》、《朕匜》和《狱簋》这四篇铭文中各一例①。请看：

　　（7）在于御事取酒无敢湛，有柴烝祀无敢忧。（<武王之所以成功>在于办事的人手中有酒而不敢醒醉，即便是逢有柴、烝一类<允许喝酒>的祭祀也不敢多饮。）

　　（8）白氏曰：不其，<u>女小子，女肇诲于戎工</u>。（伯氏又说，不其，你虽然是个后生小辈，可是你敏达于军事。）

　　（9）我义便女千，黥劓汝。今我赦女，义便女千，黜劓汝。今大赦女，便女五百，罚女三百锊。（译文：本应罚你鞭刑一千，同时对你施以黑蔑黑屋之刑。即便我宽大你，<也还>应该罚你鞭刑一千，同时对你施以黜劓之刑，现在大赦你，只罚你鞭刑五百，罚你三百锊。）

　　（10）王曰：有，佳余小子，余亡空，昼夜巫拥先王，用配皇天，簧嚣朕心，坠于四方。（译文：王说："唉，我虽然年轻，但我不敢安闲放逸，日夜遵循、维护先王的政德，用以合于伟大的天意；广推我的恩义，达于四方<臣民>。"）

　　例（7）是《大盂鼎》中的文字，"有柴烝祀无敢忧"是一个紧缩的让步复句，在"即便是逢有柴、烝一类<允许喝酒>的祭祀也不敢多饮"这句译文中，承前省略了"不敢多饮"的主语"御事"之人。例（7）是《不其簋》铭文中的一句话，是"白氏"对主人公的褒奖之词，在"女小子，女肇诲于戎工"两个分句中，前分句退一步表示"你还很年轻"，紧接表扬"不其对军事很敏达"。例（8）是《朕匜》上的铭文，"今我赦女，义便女千，黜劓汝"，这句在理解时使用了让步连词"即便"，从整段话的内容来看，刑罚从一开始的"鞭一千下并受严酷的墨刑"到"鞭一千下并受墨刑"再到"鞭五百，罚钱三百锊"处罚的程度一次比一次轻，后一次比前一次都有较大的让步。例（10）开始的一句话，"佳余小子，余亡空"，如果将"佳"理解成与例（4）中"佳"相同的让步连词"虽然"，首先承认是"小子"，年轻一般会与贪图安逸、经验不足等联系在一起，而实际上后接的"余亡空"表明"王"没有如料想的那样，而是"亡空"（没有安享闲适），之后的几个分句都是对这句话的进一步说明。

　　①　秦永龙：《西周金文选注》，北京师范大学出版社 1992 年版，第 91、125、187 页。

例（10）中"隹余小子，余亡空"译为现代汉语是"我虽然年轻，但我不敢安闲放逸"，这里我们觉得在翻译时，尽量按照原文的格式来操作，在前分句中出现了"隹"，管燮初（1981）认为"隹"既是关联副词又能够充当连词，本例中的"隹"综合句法位置和语义关系可以将其认定为一个连词，尽管"隹余小子"与"余亡空"这两个分句之间存在语义上的偏转，但是从全句的表述来看，是"王"在做让步表述。这里的分析不是说使用"让转"关联标记模式不可以，而是如果理解为"我虽然年轻，我也不敢安闲放逸"也能很好地表达愿意并且不需要用到转折连词。

从上面的这些例子可以看到，所列举的句子在翻译分析时可以添加让步连词，但是实际上这些所谓的"让步复句"还是无法从形式标记上得到进一步的确证，而且即便是例（4）、（10）的"隹"是否是让步连词"虽（雖）"也没有定论，张玉金《西周汉语语法研究》对这两例有另一种观点，他认为"有余隹小子"和"余有隹小子"这两个前分句中的"有"是表示转折关系的关联词语。

甲骨卜辞和金文中的复句认定是非常困难和复杂的事情，尽管李曦（2004）指出在卜辞的可释复句中简单复句有 7 872 例，占全部复句的 72.3%，可实际上多数是依靠意合的方式来做出判断，其中 12 例的让步复句也是同样如此，因此在这一阶段的让步复句尽管我们认为是存在的，也都是以没有确切关联标记标示的方式存在和使用着。当然，这里也不排除随着科学考古的进行和发掘，再加上对已有甲骨卜辞以及铭文的深入探索和研究，获得新的资料和证据从而得出新的结论的可能性。

3.1.1.2　春秋战国时期的让步关联标记和让步复句

这一时期由于文献资料相较于前一阶段要丰富和完整，因此无论是对文学研究还是语言学研究都是非常重要的有利因素。无论是文学滥觞的"诗三百"还是老庄、孔孟的道德文章以及诸子百家的争鸣之作都有大量的复句使用。单句与复句相比较，表意方面就显得有限，而复句在这些典籍中的运用，一方面可以更好地传递著者复杂而深刻的思想，同时也为后人研究他们的思想和当时的语言状况提供了丰富语料。仅就本书的让步复句而言，三百余篇的《诗经》中出现了典型的让步标记和让步复句，其他文献中也是如此。

对这一时期文献的语言研究成果众多，如杨伯峻、何乐士两位主编的《古汉语语法及其发展》中相当多的篇幅关注的就是这一时期的语言现象和语法问题，专章研究了古汉语的复句问题，也讨论和分析了让步复句，李佐丰（2004）也有专章内容讨论分析了古代汉语的复句问题。此外，通过"读秀学术搜索引擎"，以"复句"为搜索词进行搜索后得到的数据中，对诸子文献中全部或某一类复句进行研究的硕士学位论文共有 8 篇[①]，其中有关《孟子》的 3 篇，《国语》的 2 篇，《晏子春秋》、《韩非子》、《吕氏春秋》的复句研究各一篇，赖江（2005）、陈顺成（2007）对《晏子春秋》和《孟子》中的各类复句进行了研究，也有章节涉及让步复句。

这一阶段出现了以"虽"、"纵"为主要关联标记的让步复句，并且产生了一些表示让步语义的关联格式，下面举例说明。

"虽"类让步复句指使用让步连词"虽"作为关联标记的复句，这类复句的句法关联结构方式有两种情况：第一种是"虽 + Cl_1，Cl_2"，即前分句有让步关联标记"虽"来引导，后分句只是一般的分句；第二种是"虽 + Cl_1，关联副词 + Cl_2"，即一方面前分句有让步关联标记"虽"来引导，另一方面后分句使用一些关联副词起到引导和标记的作用，关联副词的句法位置有时候在分句前，有时候则是在分句内，既充当后分句的句子成分，同时对语义关系和句子语气产生影响。

"虽 + Cl_1，Cl_2"类型的让步复句在《诗经》、诸子的作品以及《左传》这样的史书中都很常见，例如：

（11）虽有兄弟，不如友生。（《诗经·棠棣》）

（12）颜渊曰："回虽不敏，请事斯语矣！"（《论语·颜渊》）

（13）缘木求鱼，虽不得鱼，无后灾。（《孟子·梁惠王上》）

例（11）是一个比较性的让步复句，如果先不考虑让步标记"虽"就得到"有兄弟，不如友生"这样一句话，这是一个比较句，是"有兄弟"和"（有）友生"之间的比较，经过比较之后认为"有兄弟不如朋友亲"，而使用让步标记"虽"更能突显比较之后对"有兄弟"（依靠亲兄弟）这一观点的让步。例（12）中颜渊在让步前分句中说"回虽不敏"，自谦说自己不聪明，虽然不聪明，也要遵照老师的教导来行事，说自己不聪明是谦让的说法，同时符合儒家要求的"温、良、恭、俭、让"中的行事准则。例（13）是有三个分句构成的一个复句，对"缘木求鱼"的评

---

① 张春泉（2000）《〈孟子〉中的条件复句》、黎氏秋姮（2002）《〈孟子〉因果类复句研究》、陈顺成（2007）《〈孟子〉复句研究》、苏振华（2007）《〈国语〉因果类复句研究》、王娜（2009）《〈国语〉假设关系复句研究》、赖江（2005）《〈晏子春秋〉复句研究》、洪琰（2008）《〈吕氏春秋〉有标记的条件复句研究》、周会娟（2009）《〈韩非子〉有标复句研究》。论文统计的时间段是从 1997 到 2009 年 12 月份。

论，第一个分句"缘木求鱼"可以看作是讨论的话题，第二个分句紧接着对所谈话题做出让步——"虽不得鱼"，第三分句"无后灾"是对"不得鱼"的后果的陈述。由于缘木求鱼这一行为究竟是真是假不得而知，仅从例子出发在理解和翻译时，"虽不得鱼，无后灾"就可以有两种情况，第一种是真有人上树求鱼，"虽然没捉到鱼，也没有遗患"，还有一种情况是假设有人上树求鱼，"即使没捉到鱼，也没有遗患"。

其实这里"虽"的理解不仅仅是这一个例子的问题，研究过程中翻阅先秦的这些文献的现代译著就发现同一句话，不同的学者在翻译时选择的关联标记就不一致，我们就《论语》的译著做了一下调查，选取《论语浅解》（钱逊 1988）、《论语新解》（钱穆 2002）、《论语译注》（金良年 2004）对《论语》中的 31 句"虽"字句翻译做了对比分析，其中完全相同的不足 10 例，其余的虽然大多翻译为让步连词，在"虽然"和"即使"的选取上存在较大差异。《论语译注》中只有 24 例使用了"即使"，7 例使用的是其他连词；《论语浅解》则有 15 例使用的是"虽然"，16 例选择了其他让步连词，虽然这可能与翻译者的用词习惯有关，但是同样关键的是对让步内容的把握和判断，对内容的判断和把握对让步关联标记的选择有重要的影响作用。

"虽＋Cl_1，关联副词＋Cl_2"这一结构类型的复句因关联副词的不同而显得数量众多，在这一时期与"虽"配对使用的关联副词主要是"亦"和"犹"。如：

（14）鱼在于沼，亦匪克乐；潜虽伏矣，亦孔之炤。（《诗经·正月》）

（15）子曰："富而可求也，虽执鞭之士，吾亦为之。如不可求，从吾所好。"（《论语·述而》）

（16）观从谓子干曰："不杀弃疾，虽得国，犹受祸也。"（《左传·昭公十三》）

（17）……是故三代虽亡，治法犹存，是官人百吏之所以取禄职也。（《荀子·荣辱》）

前两例是"虽"与关联副词"亦"的搭配使用，例（14）"潜虽伏矣，亦孔之炤"①指的是"鱼儿虽然潜伏在深水里，也看得清楚"。例（15）是孔子追求富裕的指导思想，在"富而可求"的前提下，即使"执鞭"这样的卑贱之事，我也愿意做。例（16）、（17）是"虽"与关联副词"犹"的搭配，例（16）"虽得国"中的"得

---

① 程俊英在《诗经译注》中认为"潜虽伏矣"是"虽潜伏矣"的倒文。

国"指的是"子干已经获得权力成为楚国国君",使用让步连词"虽"引导"得国"是表示对"子干成为国君"这一情况的让步,因为不杀死掌握军权的"弃疾","犹受祸也"(国家还会遭受灾祸)。例(17)中"三代虽亡,制法犹存"指的是"虽然夏商周三代已经灭亡成为历史,(三代)治理国家的法律条文仍然还在"。上面四例中只有例(14)的两句可以看作是单独的让步复句,其余的三例中的让步复句都是多重复句中的一重,如"富而可求也,|虽执鞭之士,‖吾亦为之"就是二重复句,其余两例也是如此。

"虽"除了和单音的关联副词搭配之外,还与别的一些单音的副词搭配使用,如"见齐衰者,虽狎,必变。见冕者与瞽者,虽亵,必以貌。"(《论语》)"小大之狱,虽不能察,必以情"(《左传》)中的"必",这一句式在这一阶段属于常见句式。

上面的是单音的让步连词"虽"引导的让步复句,这一时期还有两个"虽"类双音让步连词"虽则"、"虽使",仅在《诗经》就有7例之多,"虽则"、"虽使"的用法与"虽"的用法大致相同,一般也都是用在让步前分句句首引导让步复句。如:

(18)虽则云然,尚猷询兹黄发,则罔所愆。(《尚书·秦誓》)

(19)虽则如燬,父母孔迩。(《诗经·汝坟》)

(20)从许子之道,则市贾不贰,国中无伪;虽使五尺之童适市,莫之或欺。(《孟子·滕文公上》)

(21)子墨子曰:"虽使我有病,何遽不明?"(《墨子·公孟》)

例(18)中"虽则云然"如果翻译为现代汉语就是"虽说这样",是对前面所谈内容的让步,"尚猷询兹黄发,则罔所愆"的意思是"仍然要向老人(臣老)咨询,才不会失误";例(19)的意思很复杂,各家的解释也都不一致,这里选用《诗经译注》(程俊英,2004)中的解释,"如燬"是指虐政像火烧,虽然时局不好,生活艰难,后分句则是说"父母很近莫忘掉",整个意思就是虽然生活时局不好,赡养双亲不能忘。"虽则"一词中的"则"虽然没有什么实际意义,可以近似将其看成是凑足双音节词的一个语缀。例(19)中的"虽使"既可以认为是一个表示让步关系的关联标记,即"虽使+五尺之童适市,莫之或欺"(即使/虽然五尺的孩童去集市买东西,也不会有人欺骗他)。还有一种情况是让步标记"虽"+"使",即"虽+使五尺之童适市,莫之或欺"(即使/虽然让五尺的孩童去集市买东西,也不会有人欺骗他),例(21)

中"虽使我有病"理解时"虽使"可以翻译为"即使"（即使我生病，怎么就能认为鬼神不圣明呢？）。关于让步标记"虽使"，第 4 章中有单独章节分析讨论它的发展演变。"虽则"和"虽使"是这一阶段少有的两个双音让步关联标记，就出现时间的早晚而言，"虽则"出现的时间要比"虽使"早，"虽则"早在《诗经》和《尚书》中就已出现，而"虽使"多是出现在战国时期的一些文献之中。在之后的发展过程中，越来越多的双音让步连词不断涌现。

"纵"类让步复句指使用让步连词"纵"作为关联标记的复句，这类复句的句法关联结构方式是"纵＋Cl_1，Cl_2"，即"纵"引导让步前分句，后接让步后分句。如：

（22）纵我不往，子宁不嗣音？（《诗经·子衿》）

（23）子疾病，子路使门人为臣。病间，曰："久矣哉！由之行诈也，无臣而为有臣。吾谁欺？欺天乎？且予与其死于臣之手也，无宁死于二三子之手乎？且予纵不得大葬，予死于道路乎？"（《论语·子罕》）

（24）纵夫子骛禄爵，吾庸敢骛霸王乎？（《吕氏春秋·慎大览》）

例（22）是《诗经》名篇《子衿》中的一句诗，让步标记"纵"后接分句"我不往"是说"纵使我没去找你"，而实际情况是女子在城门楼上久等而男子未出现，因此这里"纵我不往"是一种让步的表述。例（23）的这一段文字出现了"与其，无宁"这样的选择复句，也有"纵"引导的让步复句，"不得大葬"是孔子假设的一种情况，也是一种让步的说法。例（24）"夫子骛禄爵，吾庸敢骛霸王乎"两个分句是表示比较的句子，而前分句使用"纵"引导之后，让步的意味就表达出来了。

综观上面几例，发现"纵"引导的这几例让步复句都是问句，例（22）是一般疑问句，其余两例是反问句，通过对这一时期其他文献中让步标记"纵"的使用情况的调查来看，"纵"在语用选择方面存在与疑问句共现的倾向，显示出"纵"的独特语用价值。

3.1.2　中古汉语中的让步关联标记和让步复句

中古汉语的时间段是从两汉开始到隋唐五代结束，这一时期的让步复句无论是在让步关联标记的产生发展方面还是关联标记模式方面，较前一时期有很大的变化和发展。首先是双音的让步关联标记逐渐增多，关联标记模式也有新的变化。关于这一时期的研究成果如：程湘清先生（1985）主编的论文集，其中何乐士先生对《史记》与《世说新语》进行了比较研究，其中包括对两书中复句的对比分析；白兆麟先生（2003）对《盐铁论》的句法进行了系统研究，其中包含各类复句的研究。

3.1.2.1　两汉时期的让步关联标记和让步复句

古代汉语中表示让步关系的标记如"虽"、"纵"等词语仍然在使用，如"明犯强汉者，虽远必诛"（《汉书·傅常郑甘陈段传》）、"纵江东父老怜而王我，我何面目见之？"（《史记·项羽本纪》），"虽则"一词就我们检索的语料这一时期没有用例。而秦及两汉时期出现了一些新的或是之前较少使用的让步关联标记，如"惟（唯）"、"自"和"即"，它们一般都是用在让步前分句句首或主语之后，引导标记让步复句。如：

（25）（韩信）曰："大王自料勇悍仁强，孰与项王？"汉王默然良久，曰："不如也。"信再拜贺曰："惟信亦以为大王不如也。"（《史记·淮阴侯列传》）

（26）相如使时，蜀长老多言通西夷不为用，唯大臣亦以为然。（《史记·司马相如列传》）

（27）高祖不修文学，而性明达，好谋，能听。自监门戍守，见之如旧。（《汉书·高祖纪》）

（28）吾爱士，虽吾子不能过也；及其犯诛，自吾子亦不能脱也。（《吴越春秋·勾践二十一年》）

（29）公子即合符，而晋鄙不授公子兵，而复请之，事必危矣。（《史记·魏公子列传》）

例（25）是韩信和刘邦的对话，韩信让刘邦自己与项羽做一比较，刘邦自认"不如也"，韩信则说"惟信亦以为大王不如也"（即使我韩信也认为大王不如项王），例（27）的"唯大臣亦以为然"也是"唯，亦"这种结构的常见用法，这里的两个例子都可以看作是"惟"、"唯"引导的紧缩让步复句。例（25）、（26）的"惟"在句法功能和语义关系上与"虽"接近，除了在前面有学者从文字学角度对此有一些分析和解释之外，还有从汉藏语之间的关系给出了解释，蒲立本《古汉语语法纲要》（2006：176）中指出"虽"是古汉语中常见的表示让步的小品词，它跟前古汉语中的系词"惟"有密切的联系。"惟"很可能是个古老的、跟汉藏语中的前缀 *s- 相关的使成形式。*s- 的意思是"让他是……"，由这个意思出发很容易产生出"尽管它是……"的意思。

例（27）、（28）两例的"自监门戍守"、"自吾子亦不能脱也"中"自"一般用让步关联标记"即使"来翻译和理解，例（27）是个简单让步复句而例（28）是紧缩复句。"自"用作让步标记，可以看到让步的程度和范围，例（27）的让步程度降低到"监门戍守"都很熟识。从例（28）可以很直观地看到"虽吾子不能过也"与"自吾子亦不能脱也"这两个分句在结构和语义关系方面的相似，后一分句可以比照"虽吾子不能过也"，可以推知"自"具有让步关联标记的用法。

例（29）"公子即合符"中的"即"可以理解为"就是"、"即使"，表示假设的让步，"即"的这种表假设让步的用法并不普遍。

3.1.2.2 魏晋南北朝时期的让步关联标记和让步复句

这一时期的汉译佛经语言研究是中古汉语研究重要的组成部分，这一方面已有诸多研究成果，而以复句或连词为专门研究内容的并不多见，徐朝红（2008）对中古本缘部汉译佛经的连词进行了全面系统的分析和研究，其中有专章讨论让步连词，除了"虽"、"纵"这些常用的让步连词之外，这一时期也出现一些新的让步连词，主要是单音让步连词"便"、双音让步连词"虽复"、"假"类让步连词和"设"类让步连词，在讨论这一时期的让步关联标记和让步复句时，将佛经中的让步复句和非佛经文献的让步复句放在一起分析。

关于"便"充当让步连词的用法，出现在下面这一语段当中，为了便于分析，现摘录于此：

（30）妇言："不为我求奴婢者，我当自到死耳。"婿言："宁杀我身不欲令汝死也。"婿言："汝欲令我行者，当给我资粮。"妇言："便去，无有资粮。"婆罗门自办资粮涉道而去。（圣坚《太子须大拏经》）

这段文字是"妇"让"婿"去替她向太子求奴婢的对话，其中"便去，无有资粮"的"便"用在动词"去"之前，一方面与前一句能够连贯起来，同时也传递出"妇"的一种情绪，那就是要求丈夫即刻、马上就走，这里的"便"与"即"、"就"的意思相当，例中的"便去"与现代汉语口语对话中的"就来"、"就去"应属于同一种情况，将其理解为"即"、"就"要更为合适一些。

"假"类让步连词主要是以"假"及其与使役动词组合而成的双音词如"假令"、"假使"、"假设"等构成，这几个词语一方面可以充当假设复句的关联词语，同时也可以充当表示虚拟假设的让步复句的关联标记。如：

（31）如是集时。其夜正半。虚空无明。虽复有月及以众星光并不现。甚大黑闇。假令有眼亦无所睹。唯见大火起疾猛风声大可畏。大地震动四海悉沸。（阇那崛多《佛本行集经》）

例（31）这段文字中出现了两个让步关联标记，"虽复"和"假令"。"虽复有月及以众星光并不现"是一个以"虽复"为让步关联标记的紧缩复句，如果将紧缩的部分添补出来就是"虽复有月及以众星光，（月及以众星光）并不现"，由于之前有一句"虚空无明"的背景交代，所以"虽复"在这里可以理解为"虽然"。

"假令"句也是一个紧缩复句，将原句补充完整得到"假令有眼，眼亦无所睹"，这里的"假令"某程度上可以理解为"假如"，将整个句子理解为假设复句，但是从整个语段和想表达意思的意思来看，将"假令"理解为让步连词"即使"更为合适，因为这一句之前也有一句交代背景的句子，即"甚大黑闇"，在此情况下，使用让步义的关联标记来引导"有眼亦无所睹"更符合整个语段的意思表述。

"设"类让步连词主要有"设"、"设复"、"设令"、"设使"，几个词既可以充当假设复句的关联标记，同时也引导让步关系复句。如：

（32）车匿又白："太子生来长于深宫，身体手足皆悉柔软，眠卧床褥无不细滑，如何一旦履藉荆棘，瓦砾泥土，止宿树下。"太子答言："诚如汝语，设我住宫，乃得免此形荆棘之患，老病死苦会当见侵。"（释僧祐《释迦谱》）

（33）若无有佛出现世间，终无人能读此偈者，设复有读，亦不能解此之偈意。（阇那崛多《佛本行集经》）

（34）（车匿）垂泪而言："我闻太子如此志愿，举身颤掉，设令有人心如木石，闻此语者亦当悲感，况我生来奉侍太子，闻此誓言而不感绝。"（释僧祐《释迦谱》）

（35）我深惭愧故，舌亦不能言，设使有所说，天下谁复信。（昙无谶《佛所行赞》）

例（32）是车匿与太子的一段对话，车匿陈述的是太子生活的真实情况，太子对此做出让步解释。使用关联标记"设"，首先太子承认车匿的话"诚如汝语"，紧接着对此做出让步，"设我住宫"中的"设"不能理解为假设连词"假如、假设"，因为前面所说的都是真实的，因此这里的"设"只能按照让步关联标记"即使、就算"来解释，"即使住宫中，免受荆棘之苦，也还是会遭受老病死苦"。

例（33）是一个较复杂的句子，前两个分句是构成假设复句，而且充当后面两个分句的背景材料，假设复句是"如果没有佛出现在世间，那么就没有人能读偈子"，在此论断基础之上后接的句子进行了让步陈述，"设复"引导的句子就是让步前分句，"设复有读，亦不能解此之偈意"意思是说"即使/就算有人能读，也不能理解偈子的意思"，这个让步复句是在前面一个论断性假设复句作为前提条件下做出的让步。"设复"虽然在有些情况下是表示假设，但在这种情况下是充当让步关联标记。

例（34）中车匿之前听到太子立下的志愿而被感动，说出这一段话，"我闻太子如此志愿，举身颤掉"，这里首先是自己的感受——举身颤掉，进而从自己这个有血有肉、有情有义的人的角度退一步，退到"木石心肠"的人那里，即"设令有人心如木石"，这里的"设令"是表示假设的让步，可以理解为"即使"，整个让步复句的意思是"即使有人心如木石，听到这些话也会感到悲感"。"设令"在同时期的非佛教文献中也有使用，如"欲举兵西诛不当摄者，选宗师子孙而立之。设令时命不成，死国埋名，犹可以不惭于先帝"（《汉书·翟方进传》），"郁泡则难练，茧污则丝散，瘢痕则绪断。设令无雨，蓬蒿簇亦良"（北魏《齐民要术》），以上两例中"设令时命不成"、"设令无雨"中的"设令"都可以理解为"即使"，表示假设让步关系。

例（35）前两个分句的内容为后面两个分句构成的让步复句起到衬托作用，"我深惭愧故，舌亦不能言"首先承认自己舌不能言，在此基础上做出让步，"设使"引导让步前分句"有所说"，即使说了一些东西，结果是"天下谁复信"。非佛经文献中也有"设使"的让步连词用法，如"公曰：'设使成帝复生，天下亦不可得，况诈子舆者乎？'"（袁宏《后汉纪·光武帝纪二》），例中虽然是表示假设的情况，但是传递的是一种让步的说法。"设使"在两例中都是表示假设让步。

除了上面提到的"便"类和"设"类让步关联标记之外，"就"类让步关联标记在这个时期也出现并有少量使用，这一时期出现的有单音让步标记"就"以及双音让步关联标记"就使"、"就令"。详见下例：

（36）就有所疑，当求其便安，岂有触冒死祸，以解细微？（《后汉书·霍谞传》）

（37）若先自寿终，不失员外散骑之例外。就不蒙赠，不失以本官殡葬也。（《晋书·习协传》）

例（36）和（37）中的"就有所疑"、"就不蒙赠"中的"就"的意思就是"即使"、"即便"，表示让步关系。"就"类双音关联标记是"就"与使役动词（假设连词）"使"和"令"组合而成的"就使"和"就令"。如：

（38）（孙）和既正位，适庶分定，就使才德不殊，犹将义不党庶，况（孙）霸实无闻，而和为令嗣乎？（裴松之注《三国志·吴主五子传》）

（39）士人无私相偷四十匹理，就使至此，致以明罚，固其宜耳，并何容复加哀矜。且此辈士人，可杀不可谤，有如诸论，本意自不在此也。（《宋书·王弘传》）

（40）就令足下处偏平之地，依德义之主，居有泰山之固，身为乔松之偶，以义言之，犹宜背彼向此，舍民趣父也。（《三国志·董昭传》）

（41）有其法者，则或饥寒，无以合之，而富贵者，复不知其法也。就令知之，亦无一信者。假令颇信之，亦已自多金银，岂肯费见财以市其货物。（《抱朴子·黄白卷第十六》）

　　例（38）是裴松之评论孙权和五个儿子的话语，前两个分句"和既正位"、"适庶分定"是背景和前提性的语句，这里是说"孙和已经被（孙权）选为继承人，（孙和、孙霸）嫡庶已经名分确定"，"就使"所引导的分句表述的内容就是对这一情况认定的让步，"就使才德不殊"，这里的"使"已经不再是使役动词，而是同前面的"就"一起构成表示主观的假设和让步的关联标记，整个让步前分句的意思是"即使（孙和）他才能和德行没有什么特殊和突出"，"犹将义不党庶"是指朝中大臣（按照君臣、嫡出庶出的大义）也不应该"党庶"（与孙霸结党）。例（39）第一个分句"士人无私相偷四十匹理"是陈述一种情况和事实，"就使至此"（即使到了这个地步）是对"无私相偷四十匹理"的让步表述，这里的"就使"意思与"就算"、"即使"的意思相同。

　　例（40）中"就令"可以有两种分析，一个是"副词/单音让步标记"＋"使役动词"的状中结构，"令"这一使役动词的动作对象是"（足下）处偏平之地，依德义之主，居有泰山之固，身为乔松之偶"，即"就令足下处偏平之地"的结构是"就/令/足下处偏平之地"，"就令"可以理解为"即使让、即便使得"。还有一种就是将"就令"看成是表示让步的关联标记，"就令足下处偏平之地"就是"即使足下您处在偏平之地"、"就令知之"就是"即使（他们）知道这些"。而从这两例的上下文来看，"令"表示使役、使令的意思不明显，以（41）为例，首先"有其法者"的情况是"饥寒、无以合之"，紧接着"富贵者"的情况是"不知其法"，在此基础上第三种情况是对"不知其法"的让步，就是"就令知之"一方面可以理解为"即使让（不知者）知道这事"，还有一种理解，即这里的"知之"应该是指"知之者"，整个意思就是"即使知道这事"，

"亦无一信者"（也没有一个人相信这事）。

本节虽然以讨论佛经中的让步复句为主，同时也兼顾了魏晋时期的非佛经文献中的让步复句的关联标记和句式，从语料反映的情况看，佛经和其他文献中的让步复句既保持使用已有的让步关联标记"虽"、"纵"等词语，同时也使用"设"类让步关联标记，有了新的变化和发展。

"设"字由于有"假设"、"设想"、"猜测"的意思，因此很多时候是用于引导假设复句，表示对时间的推测和假设，但是由于让步复句既有对现实情况的让步，也有对虚拟事件的让步，因此"设"类连词既可以表示假设关系，也可以表示让步关系，这与"设"类词语的词义有一定关系，也与具体的复句直接相关。

3.1.2.3 隋唐五代时期的让步关联标记和让步复句

这一时期的一些常见的让步关联标记如单音的"虽"、"纵"、"设"，双音的让步关联标记如"纵使"、"虽然"在之前的时期就已出现，但是使用并不很广泛，而在这一时期有较多使用，因此将其放在这一时期来分析和讨论。此前太田辰夫（1987：313）指出单音词"任"在唐代开始用于表示"纵予"关系，并且还有各种复合形式；志村良治（1995：289-302）对唐代的纵予连词"从渠"[1]进行了细致分析，指出"从渠"是一个从唐代才开始使用的让步关联标记，主要是表示虚拟情况的让步；吴福祥先生《敦煌变文语法研究》的连词部分就涉及众多纵予和让步连词[2]，如"设使"、"纵然"、"纵令"、"纵虽"、"虽然"、"虽则"等。同时也有一些新的让步连词出现，如"遮莫（不）"、"直饶"、"假饶"等，"遮莫（不）"用于表示假设让步复句之中，而且在唐代以及宋元时期较为常用，"直饶"的让步连词在《五灯会元》中有大量使用，据此推测它应是唐宋时期口语中表示让步的一个常用词语，"假饶"由于还有假设连词的用法，因此其表示让步关系的用例并不常见。

单音连词"纵"此时已经和使役动词"令"、"使"组合成为表示让步关系的双音关联标记"纵令"、"纵然"、"纵饶"、"纵使"。通过检索《全唐诗》，包含"纵令"、"纵然"、"纵饶"的诗句各有 10 余例，含有"纵使"的诗句有 30余例。如：

---

① 《说连词"纵渠"——唐代的纵予表现》，详见志村良治著，江蓝生、白维国译：《中国中世语法史研究》，中华书局 1995 年版。

② 管燮初：《西周金文语法研究》，商务印书馆 1981 年版，第 9、190 页。

（42）终朝举善道，敬爱当行之。纵令误所见，亦贵本相规。（王建《求友》）

（43）纵令啄解丝绦结，未得人呼不敢飞。（章孝标《饥鹰词》）

（44）章台柳，章台柳，颜色青青今在否？纵使长条似旧垂，也应攀折他人手。（韩翃《寄柳氏》）

（45）云泥虽隔思长在，纵使无成也不忘。（朱庆馀《上翰林李舍人》）

例（42）中"纵令误所见，亦贵本相规"是说"即使（别人的）意见是错误的，也要肯定他（出于帮助）规劝指正自己（的良好用心）"；例（43）中"纵令啄解丝绦结，未得人呼不敢飞"是说"即使老鹰啄解开束缚它的丝绦结，没人呼唤它也不敢飞"，这里的"纵令"可以用"即使、就算"这样的让步标记来理解。

例（44）的"纵使长条似旧垂，也应攀折他人手"，"纵使"后接让步前分句"长条似旧垂"，整个诗句的意思是"即使长长垂落的柳条依旧，攀折它的人已是别人"；例（45）的两句可以看作是紧缩让步复句，"云泥虽隔思长在"意思是指作者朱庆馀与李舍人二人虽然地位相差悬殊，作者还是常会想到李舍人，"纵使无成也不忘"是说"即使无成也不会忘记"。

"纵"类连词的让步关联标记语法在先秦就已有单音的"纵"，魏晋南北朝时期双音的"纵"类连词开始出现，如"纵令遥寄弹指，远近低头，形去心留，身移意往"（徐陵《谏仁山深法师罢道书》），"纵使得仙，终当一死"（颜之推《颜氏家训》）。

3.1.2.4　关于让步关联标记"即使"的产生分析

"即使"、"虽然"等现代汉语常用的让步关联标记在魏晋南北朝和隋唐时期逐渐形成并最终词汇化为双音连词，尤其是南北朝出现的个别语例现在看来是处于"即"与"使"的初期融合阶段，而且使用范围较小和使用频率也较低。如《汉语大词典》上"即使"的早期用例引用的是裴松之注的《三国志》中的一段文字"丁掾，好士也，即使其两目盲，尚当与女，何况但眇。"原文为：

（46）（太祖）闻仪为令士，虽未见，欲以爱女妻之，以问五官将。五官将曰："女人观貌，而正礼目不便，诚恐爱女未必悦也。以为不如与伏波子楙。"太祖从之。寻辟仪为掾，到与论议，嘉其才朗，曰："丁掾，好士也，即使其两目盲，尚当与女，何况但眇？是吾儿误我。"（裴松之注《三国志·魏书十九任城陈萧王传》）

此处"即使"是否确已成为表示让步关系的关联标记值得商榷，首先假设"即使其两目盲，尚当与女"是由"即使"引导的让步复句，那么"即使其两目盲"的切分是"即使／其两目盲"，凌瑜（2008）对此提出疑义，指出"即使其两目盲"存在第二种切分方法，即"即／使其两目盲"，认为"即"是假设连词而"使"是使役动词，"即"在这一时期确已有假设连词的用法，但是"使"在这里理解为"使役动词"又有点难解，是"谁"能"使得丁仪双目盲"呢？

我们认为该句确实可以有两种切分，"即使"可以分在一起，直接将其看成让步连词。还有就是第二种切分方法，只是在理解上略有不同，"即／使其两目盲"，"即"理解为副词"就"，而"使"认定为表示假设关系的假设连词，整个句子的意思为"就假使丁掾他的双目失明了，都该把女儿嫁给他，何况只是一只眼睛失明"，这样就能够较好地还原句子的意思，又从结构上做出了合理说明。与之类似的还有一例，如：

（47）今若基宇不修，仍同丘畎，即使高皇神享，阙于国阳，宗事之典，有声无实。此臣子所以匪宁，亿兆所以失望也。（《魏书·李崇传》）

例（47）中"即使高皇神享"在理解时，也有两种切分，但是我们倾向于在"即使"之间切分，得到"即／使高皇神享"，"即＋使"只能理解为"副词＋假设连词"，因为"高皇神享"是人们无法使役的，整个让步复句的意思为"就假设高皇的神灵来享用，（由于）国都南郊缺祭坛，宗庙祭祀之事，（也是）有名无实"。

由此可以看到，唐以前的"即＋使"的结构并不能确定其已经构成表示让步关系的关联标记，二者的结合紧密程度还比较低。"即使"充当让步关联标记的用法我们认为是从隋唐时期开始的，详见下例：

（48）三年七月，上谓宰臣曰："四海之广，唯在得贤。卿等用人，多作形迹，护避亲知，不得尽意，甚为不取。昔祁奚举子，古人以为美谈。即使卿等儿侄有才，亦须依例进奉。"（杜佑《通典·选举典》）

例（48）是太宗对大臣说的话，其中"即使卿等儿侄有才，亦须依例进奉"我们认为可以看作是由"即使"引导的让步复句。首先在此句之前有"昔祁奚举子，古人以为美谈"作为一个背景或者前提（祁奚举贤对内不避亲、对外不避仇），在此基础上，"即使"作为让步关联标记引导"卿等儿侄有才"表示让步。

这里之所以这么认定，基于以下几点原因，首先例（48）中这个复句是有前面的句子提供让步前提的，太宗的话语传递出让步的语义和信息，例（47）的例子则没有这种情况；其次例（48）的"即"这里就不太适合单独理解为"就"，因为其前面两句的意思已经表达完整，没有例（47）的"即"与其前面句子的语义关联较之密切；再次我们看到"即使"与后分句的"亦"构成了一组搭配，不论是从形式结构上还是语义关系理解上，同现代汉语的"即使 Cl_1，也 Cl_2"句已没有什么大的差别。这一书例在另一文献中也有记载，现摘录于下：

（49）三年，太宗谓宰臣曰："朕今孜孜求士，欲专心正道，闻有好人，则抽擢驱使。而议者多称彼皆宰相亲故，但公等至公行事，勿避此言，便为形迹。古人内举不避亲，外举不避雠，而为后代称者，以其举得贤故也。卿等但能举用得才，虽是子弟，及有雠嫌，不得不举。"（《唐会要·卷五十三》）

例（49）与（48）记载的都是同一件事情，只是在表述和用词上存在差异。其中最后一句"卿等但能举用得才，虽是子弟，及有雠嫌，不得不举"，第一个分句"卿等但能举用得才"是一个前提条件，也可以看成是太宗提出的希望和要求，"虽是子弟，及有雠嫌"是让步复句的前分句，"虽是"①这里按照"虽然"来解释似乎不太通顺，按照"即使"就能将意思表达得较为准确，原句就是"即使自家的子弟或者（与你们）有仇恨、嫌隙的人，都必须举荐上来"。综合（48）与（49）来看，"即使"与"虽是"都可以认定为表示让步的关联标记。

在唐宋时期的文献中"即使"的语例逐渐增多，无论是"副词"＋"使役动词"的用法、"副词"＋"假设连词"的用法还是让步关联标记的用法，这里再举三例"即使"的让步关联标记用法进行说明。

（50）臣闻采尺璧者，弃其微瑕；录大功者，不论细过。西行诸将，虽无大功，君集、万均，克平寇乱，不辱国命，跋涉艰阻，来往二年，考其勤劳，与在家者不异，即使人无怨读，亦不可劝勉将来。（魏徵《谏西行诸将不得上考疏》）

（51）由此观之，即使周公果有是书，亦已不传于后世。（欧阳修《问进士第一》见《欧阳修集·补遗附录四》）

（52）虽然，在位非其人，而恃法以为治，自古及今，未有能治者也。即使在位皆得其人矣，而一二以法束缚之，不使之得行其意，亦自古及今，未有能治者也。

---

①　"虽是"在《汉语大词典》被解释为"虽然"，援引的语例是"虽是你们的好情分，只是我心去意难留"（《水浒传》第三十二回）。而在《全唐诗》、《全唐文》、《贞观政要》等文献中都可以发现"虽是"的连用用法，如"虽是寒轻云重日，也留花簟待徐摛"，当然"虽是"也可以看成是由让步标记"虽"和判断动词"是"组合而成的结构。无论何种理解对例中的"虽是"是表示让步关系的词语没有影响。

（王安石《上仁宗皇帝言事书》）

例（50）中"上考"是指对官员的考评列为上等，而当时对"西行诸将"是不得评为上等，是魏征就"西行诸将不得上考"一事上疏的一段文字。句中"考其勤劳，与在家者不异"是指对这些西行诸将的考绩与"在家者"（在朝廷内）不采取差别对待，"即使人无怨读，亦不可劝勉将来"我们认为是由"即使"引导的让步复句，"即使"引导的让步前分句是"人无怨读"，是表示假设让步，是说"即使/就算西行诸将（对不得上考）没有怨言"，这样的结果可能会导致"不可劝勉将来"。例（51）是一句结论性的话语，"由此观之"是对前面的总括，进而得出让步性的结果"即使周公果有是书，亦已不传于后世"，"即使"后接让步前分句"周公果有是书"，并且让步后分句由关联副词"亦"引导，与例（48）情况相似。

例（52）是王安石的上书，例中分述了两种情况，第一种情况是"在位非其人"，这种结果是"特法以为治，自古及今，未有能治者也"；第二种情况是"在位皆得其人矣"，结果是"一二以法束缚之，不使之得行其意，亦自古及今，未有能治者也"。从假设"在位非其人"导致社会"未有能治者"到"在位皆得其人矣"，可以看到王安石在表述上做出了让步，可是由于"以法束缚之"、"不使之得行其意"，其结果与"在位非其人"的情况仍是一样。"即使"在例中充当让步关联标记引导整个让步复句。

从上面的分析可以看到"即使"让步关联标记的演变过程大致经历了三个阶段：

阶段一：副词"即"＋使役动词"使"；

阶段二：副词"即"＋假设连词"使"（让步连词"即"＋使役动词"使"）；

阶段三："即使"。

前两个阶段有的情况可以很清楚地区分开来，但有一些语例有交织的情况，存在两可的说法和理解，隋唐之前是前两阶段共存。"即使"的让步关联标记用法从唐宋时期基本就已确立了，之所以将"即使"词汇化之前的"即"、"使"按照副词"即"＋假设连词"使"和让步连词"即"＋使役动词"使"两种情况分析，是基于语言的实际情况做出的。如：

（53）令既至，百人同声大叫，收得冢中三人。坟上二人遂得逃走。棺未坏，令即使人修复之。（陶潜《搜神后记·卷六》）

（47'）今若基宇不修，仍同丘墟，即使高皇神享……

（48'）即使卿等儿侄有才，亦须依例进奉。

上面三例中都出现了"即使"这一结构,例(53)"令即使人修复之"是一个主谓句,其中:主语是"令";"即"是副词位于句子谓语之前,可理解为"立即"、"就";"使人修复之"是谓语部分,是一个由使役动词"使"构造而成的双宾结构。例(47')第一个分句就是由假设连词"若"引导的分句,因此整个句子表示的都是假设的意思,如果将第三分句"即使高皇神享"中的"即"理解为副词"就","使"理解为假设连词,那么就能与前面分句表示的意思很自然地关联起来,而且还保持假设语义的一致性。(48')中"即使卿等儿侄有才"中的"卿等儿侄有才"按照常理是没法"使役"的,因此"使"字已不能看成是动词,而且联系上下文,假设让步的语义很明显,所以这里的"即使"已经词汇化为让步关系标记。

为了对应上面划分的三个阶段,这里我们以箭头指向的方式标示"即使"词汇化为让步关联标记的路径。

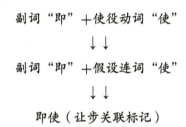

尤其是阶段二,将"使"看作是假设连词能够对"即使"主要引导虚拟和假设情况下的让步复句做出一定的解释和说明。

3.1.3　近代汉语的让步关联标记和让步复句

经过漫长的发展,近代汉语中的让步关联标记以及让步复句在中古时期都已基本出现,主要有"即"类、"就"类、"设"类、"虽"类与"纵"类,这其中既有单音词,也有双音词。自两宋至清,众多让步关联标记一方面承担着表示让步关系的任务,同时它们之间也存在相互竞争的情况,如果从现代汉语的情况作为终点来看,那么有相当一部分让步词语不再使用或是很少使用,一些让步连词则在竞争中胜出,成为常用的让步关联标记。

在明清的一些作品中,通过对语料的统计和分析,发现这一时期仍然有新的让步关联标记出现,如"即令"。

（54）兼臣罢县守阙，及今二年有馀，老幼未尝宁宇，方欲就任，即令赴阙，实于私计有妨。（王安石《王安石集·卷四十》）

（55）上皇谕："虏请和非伪，慎勿疑阻。朕需少物作人事，汝归为朕取来。朕得南还，即令朕守祖陵，或为庶人，朕亦甘心。"（郑晓《今言·卷四》）

（56）即令心地不明，胸中有数百篇文字，口头有十万首诗书，亦足以惊世而骇俗。（李贽《与友人书》）

例（54）"即令赴阙"中的"即"和"令"是两个单独的词，"即"是副词，"马上、立即"的意思，而"令"是使役动词"命令、责令"，其后省略了宾语"臣"，完整的句子是"即令臣赴阙"（立即让我赴阙上任）。例（55）"即令朕守祖陵"中的"即令"如前面的"即使"一样，可以有两种理解，一种将其看成让步关联标记，按照"即使"的意思来理解，"朕守祖陵"这个主谓结构充当分句，还有一种就是如例（54）的分析，将二者分开来看，"即"理解为让步关联标记，而"令"是使役动词，"令朕守祖陵"这个动宾结构充当分句。例（56）中的"即令心地不明"，"令"如果看作是使役动词，那就是"令心地不明"，而一个人"心地是否明"与使役动词"令"之间搭配显得不是很合适，而将"即令"看作是表示让步的关联标记，后接让步前分句"心地不明"更加准确。

还有"虽"类让步标记除了在后分句与"也"搭配之外，常出现"虽也"、"虽然也"这样的用法。如：

（57）今仲纠合诸侯，虽也是尊王室，然朝聘贡赋皆是归己，而命令皆由己出。（朱熹《朱子语类·卷四十四》）

（58）他果然做了七八样的果品，虽也不是那上等精致的东西，也都还搪塞得过。（西周生《醒世姻缘传》）

（59）谁知飐大舍道这班人肩膀不齐了，虽然也还勉强接待，相见时，大模大样，冷冷落落，全不是向日洽浃的模样。（西周生《醒世姻缘传》）

（60）因此张太太虽然也见过几次，知道名儿，只不知那个名儿是那件上的，所以不敢易上筷子。（文康《儿女英雄传》）

前两例的"虽也"与后两例中的"虽然也"在表示让步语义关系的时候是相同的，这里如果将其后的"也"字省略，如"虽也是尊王室"说成"虽是尊王室"，"虽然也还勉强接待"说成"虽然还勉强接待"，意思没有什么变化，由此可见这里的"也"

主要是起到舒缓语气、在韵律节奏上起一定的调节作用。

随着语言的发展，让步关系的表达不再是简单的让步前分句加让步后分句，出现了在让步关系中包含并列，递进等其他关系的复句。如：

（61）长老合无斁说道："虽然做了梦，这梦也虽然灵异，但怎便这等信得真切？毕竟要等他善终。（西周生《醒世姻缘传》）

（62）只见三不知在那心坎叮了一下，虽然不十分疼，也便觉得甚痛，解开布衫来，只见小指顶大一个蝎子，抖在地上，赶去要使脚来蹋他，那蝎子已钻进壁缝去了。（西周生《醒世姻缘传》）

例（61）"虽然做了梦，这梦也虽然灵异，但怎便这等信得真切？"其中就有两个分句都有让步标记"虽然"，前两个分句可以看成是两个让步句的并列，之后与第三个分句构成让转复句。例（62）中"虽然不十分疼，也便觉得甚痛"，从句子的词语选择可以看到"虽然 Cl_1，也 Cl"这一句式与让步语义之间的紧密关系，前分句使用的是"十分痛"，表示 100% 的强度，而到后分句则是"甚痛"，相比较而言程度也有所下降。

为了对让步复句的关联标记的使用情况有更直观的了解，对其关联标记模式有准确的把握，我们使用华中师范大学语言学系开发的语料库，对明代的一些作品进行了检索和统计[①]，得到一些数据，详见表 3-1 所示。

表 3-1 明代部分作品中"虽"字句使用情况统计表

	警世通言	醒世恒言	喻世明言	初拍	二拍	三国	西游记	水浒	金瓶梅	醒世姻缘传
"虽"字句	204	397	237	267	313	392	221	334	117	426
虽，也	19	42	27	16	36	24	16	38	16	96
虽，但也	9	28	8	9	11	0	20	6	3	20
虽，但	32	74	34	71	60	48	86	37	10	55

从表 3-1 的统计可以看到，在"虽"句的后分句关联方式选择上，相当多的后分句是没有关联标记，无论是关联副词，抑或是转折连词，只有《西游记》中的"虽"

---

① 主要是以"虽"为关键词进行查询，这样就将"虽"类让步关联标记引导的一般复句和紧缩复句都包括在内，并对得到的例句按照后分句是否使用了关联标记又再次细分为三类：使用关联副词"也"、"亦"为一类；单独使用转折标记（转折连词和转折副词）为一类；转折标记和关联副词连用的为一类。

类让步复句在后分句的标记使用上超过一半，占全部"虽"类让步句的55.2%，最低的是《三国演义》的"虽"类让步复句，后分句是用关联标记的占全部的18.4%，其他作品中让步后分句的有标比例占整体的四分之一或三分之一，如果将"也"、"亦"在后分句充当句子成分的情况剥离出来，那么这个比例就还要降低。仅就"虽"类让步复句而言，前分句使用让步关联标记"虽"或"虽然"引导让步前分句，后分句不使用其他关联标记构成让步复句是让步复句的主要表现形式，也就是"居端依赖式"是"虽"字句的主要关联标记模式，而"虽"与其他关联标记，如关联副词"也"、转折连词"但"组合而成的前后配套式也有一定比例，这一时期的居中粘接式极为少见。

从表3-1可以知道"虽"字句的后分句使用关联标记并不是很多，尤其是与转折连词搭配使用，也从另一面支持了我们在第2章中提出的观点，那就是典型的让步复句是"让步关联标记＋Cl_1，（也）Cl_2"，一旦后分句使用表示转折关系的副词或是转折连词，那么该复句就不再适合称为让步复句，而应该称为让转复句，此时复句无论是从语义关系方面还是从关系标记方面都明确地显示前后分句之间存在的转折关系。

为了对"虽"类让步句的使用变化做对比分析，我们还对清代的一些作品中的"虽"类复句按照同样的方法进行了检索和分析，详见表3-2所示。

表3-2　清代部分语料中"虽"字句使用情况统计表

	《红楼梦》	《儒林外史》	《儿女英雄传》	《官场现形记》	《老残游记》	《二十年目睹之怪现状》	《孽海花》
"虽"字句	773	111	310	590	611	347	146
虽，也	138	19	63	72	7	48	6
虽，但也	46	15	16	12	2	23	6
虽，但	189	34	72	206	12	200	57

表3-2统计的作品时间跨度从清代中前期到晚清，这一时期的"虽"字句在关联标记模式上发生了一些变化，多数作品中的统计数据都支持这样一个结论，那就是前后搭配式的关联标记模式较前一时期增多，《二十年目睹之怪现状》中"虽"字句的前后分句关联标记搭配比例高达78.01%，最低的是《老残游记》的34.43%，其余的比例大多在50%左右。

清代的统计数据还传递出一个重要信息，那就是"虽"类让步关联标记与"转折关联标记"搭配而成的"让转复句"在整个"虽"字句的比例也有较大幅度的提升，在明代的统计数据中，"让转复句"在"虽"字句中的比例，最高的是《西游记》中的让转句，占到整体的38.91%，最低的是《金瓶梅》的让转句，只占全部的8.54%，总体的平均比例在20%以下，而在清代的"虽"字句中，这种情况有很大变化，《二十年目睹之怪现状》的让转复句占整个"虽"字句的57.64%，《老残游记》的让转复句比例较低只有19.67%，其余的都在20%—30%，总体平均在30%左右。

刘百顺（2008）讨论了"虽然"和"然虽"的异同，并就"虽然"句的后接分句关联标记使用情况做了统计，在唐代以前几乎是没有使用转折词呼应，到了五代、两宋后分句使用转折词的用例才逐渐出现，《敦煌变文》中"虽然 Cl_1，却 Cl_2"仅1例，《欧阳修集》中"虽然 Cl_1，而 Cl_2"见2例，宋代笔记后分句使用"但"呼应的也仅1例，《朱子语类》中后分句使用"然"、"却"呼应的共有8例。

从这些统计到的数据来看，在近代汉语这一时期内，"虽"类句中的典型让步句，也即"虽 Cl_1，Cl_2"的发展呈现出由最初的绝对主导地位逐步在缩减比例，随着语言的发展，后分句出现关联标记尤其是转折关联标记的用例逐渐增多，让步复句原本靠语意维持的转折关系逐渐在被转折标记所替代，实现了"语意形式化，关系标记化"的历时演变。

3.2 "路径依赖"视角下的让步复句历时演变分析

3.2.1 "路径依赖"故事的说明

"路径依赖"（Path Dependence），也有人将其翻译为"路径依赖性"，这一术语指的是人类社会中有关的制度或技术的变迁或演进存在着类似物理学中"惯性"这样的特性，即某种制度或技术，一旦进入某一路径，在发展演进过程中，就或多或少对已选择的路径产生依赖，这一点有如物体运动时产生的惯性，惯性会使物体继续保持运动状态，而制度或技术的发展与初始状态的关系与之类似，受到初始状态的影响。

关于"路径依赖"，对其进行经典诠释的例子就是航天飞机助推火箭的大小与马车轮距宽度以及两匹马的屁股宽度之间存在的路径依赖关系。这里将它们之间看似简单、实则复杂的关系进行必要的说明。

现代铁路两条铁轨之间的标准距离是四英尺又八点五英寸①（约 1.435 米），外国如此，中国的铁轨也是如此②。采用这样一个标准得追溯到早期铁路和火车的建造上去，最早的铁路是由当时的电车技术人员设计和制造的，而四英尺又八点五英寸正是电车技术人员熟悉的轮距标准，于是他们按照电车的标准设计了铁轨和火车。电车的标准又是根据什么来确立的呢？造电车使用了造马车的相关技术和经验，所以电车的轮距标准是沿用马车的轮距标准。马车的轮距标准可以上溯到数千年前，因为古罗马人军队战车的轮距宽度就是四英尺又八点五英寸。原因得最终归结到牵引战车的马匹身上，因为这个宽度是牵引一辆战车的两匹马屁股的宽度。这一个版本的故事可以得出这样一个推导等式，即火车轨距＝电车轨距＝马车轨距＝两马屁股宽度。

此外还有另一个关于轨距宽度的版本，第二个版本仍然认为火车的轨距与战车存在关系。原因是在公元前 55 年，罗马人在 Julius Caesar（恺撒）的率领下入侵大不列颠，并一直占领了大约 500 年，而当时古罗马的战车装配的就是轮距为四英尺又八点五英寸的车轮，后来不列颠人纷纷仿制了这样的二轮战车用作马车，经年累月大不列颠各地的道路上都深深地留下了宽度为四英尺又八点五英寸的车辙。随着时代的发展和进步，随后出现的四轮马车为了避免改造引起的不合旧辙可能引起的车辆损毁和交通隐患，就继续沿用按照轮距设计四轮马车，沿着古老的车辙行驶。工业革命开始以后，人们开始发明制造出了火车，当时的技术工人和设计者沿用了旧标准，按照四轮马车的轮距设计出铁轨轨距。

两个版本的故事大致内容接近，不同的是第一个版本中多了电车这一环节，真实的情况是电车的出现要晚于火车，第一个版本的说法显然有漏洞。从第二个版本中可

---

① 1810 年，英国人斯蒂芬森开始自己动手制造蒸汽机车，此后斯蒂芬森在达灵顿到斯托克顿的铁路上采用了长 4.57 米的锻铁铁轨，两根轨道之间的距离为 1.435 米（标准轨），该条铁路 1825 年建成通车，这是世界上第一条采用机车牵引并同时办理客运和货运业务的铁路，这条全长约 32 千米的铁路开创了世界铁路发展的历史。

② 各国铁路的轨距各不相同，窄的为 610 毫米、762 毫米、891 毫米，中等的有 1 000 毫米、1 067 毫米、1 372 毫米、1 435 毫米，宽的甚至达到 1 524 毫米、1 880 毫米、2 141 毫米。1937 年，国际铁路协会做出规定：1 435 毫米的轨距为国际通用的标准轨距（为了纪念被誉为世界"铁路之父"的英国人斯蒂芬森），1 520 毫米以上的轨距是宽轨，1 067 毫米以下的轨距算作窄轨。

以知道火车轨距依照的是四轮马车的轮距，四轮马车轮距沿袭了罗马战车的轮距。

上面是国外的情况，那么中国古代的交通工具的轮距宽窄又是怎样呢，我们搜集到下面一段资料：

殷商遗址的轮距为 2.40 米、2.20 米、2.00 米；陕西老牛坡遗址的车辙宽度为 2.25 米；陕西周原齐家村的轮距为 2.00 米；甘肃秦安上袁家秦墓的车轨宽度为 1.80 米；秦国霸城遗址测得的车轮轮距为 1.50 米；西安北郊一处遗址中的车辙宽度为 1.50 米。洛阳东周王城遗址中的车辙间距为 1.10 米；河北井陉天门关车辙宽度为 1.40 米；长沙浏城桥出土的车轮距为 1.39 米；云南曲靖古道上的车辙宽度为 1.40 米；辽宁朝阳一处城门，留有宽度为 1.40 米的车辙印痕。这么多尺寸中，给人印象最深的，莫过于好几个宽度为"1.40 米"的车辙了。（陈景元《兵马俑真相——俑坑的主人不是秦始皇》）

陈景元先生这里所列出的车轨宽度的数据应该是对一些考古报告和资料中有关中国古代交通工具的轮距跨度的汇总。从数据看殷商时期的轮距有三个，且都较宽，周秦时期的轮距宽度有所缩小，正如陈先生所说，河北井陉天门关车辙、长沙浏城桥、云南曲靖古道、辽宁朝阳一处城门这四处的车辙宽度相同。四个地方的地域跨度是非常大的，抛开车轨宽度偶然性相同的猜测，这里假设将原因归结于秦始皇当年推行的"书同文，车同轨，行同伦"[①]政策。"书同文"是废除六国文字而统一使用小篆，而推行的小篆文字大多数直接承袭了秦篆，即使其中有些简省的文字，也同样来源于早已存在的秦国文字。由此推测"车同轨"的车也主要依据秦国的车或者是当时较为通行的车，因而轨距才可以对接。后世的马车也只有按照这个宽度作为标准来生产制造，否则无论过宽或过窄都存在"掉沟里"的危险。避免这一情况发生主要有两种选择，一种是设计新轨距的马车，废弃已有的车道，另一种是沿用已有的马车和车道。

欧洲的车轨沿袭故事众说纷纭，而中国的"车同轨"是确有其事。美国的经济学家，新制度经济学著名代表人物道格拉斯·诺思（Douglass C. North）是较早将"路径依赖"理论引入经济学研究，使该理论广为接受并被广泛运用到社会经济发展研究当中，诺斯在《制度、制度变迁和经济绩效》[②]一书中运用"路径依赖"理论全面而又成功

---

① 与之类似的说法出现在《礼记·中庸》中，即"今天下，书同文、车同轨、行同伦"。

② Douglass C. North .Institution, Institutional change and Economic Performance, Cambridge University Press 1990；刘守英译，《制度、制度变迁和经济绩效》，上海三联书店出版社 1994 年版。

地探讨了人类迄今为止为了便利相互交往所设置的各种各样的制度的制约形式，由于这一贡献加上之前的诸多研究成果，道格拉斯·诺思于1993年获得诺贝尔经济学奖。

3.2.2 "路径依赖"相关概念的介绍

对技术和制度的研究不能只关注它的现状，它是怎样发展演变到现阶段这一问题同样非常重要，因此"路径依赖"理论为这个问题提供了一套分析和研究的框架和模式，能够很好地分析现在的状态与之前的情况存在的关系，并且能够解释过去的技术和制度是如何影响现在和将来的。

"路径依赖"较多地出现在经济学以及经济史学的著作和研究论文中，因此这里关于"路径依赖"的定义和分析主要来自于经济学及相关领域。David（1985）是最早给"路径依赖"做出界定的学者，他认为路径依赖的经济变革顺序是：对结果产生重要影响的是由时间上稍前的事件（包括偶然因素引发的偶然事件）所引发的。Liebowitz & Margolis（1995）认为路径依赖是指一个微小不起眼的长处或者一个与技术、产品或标准关系不那么重要的事件对最终的市场产生重要的、不可逆的影响。Swell（1996）指出路径依赖就是先前发生的事情对紧随其后发生的顺序性事件的结果可能起到影响作用。Sydow（2005）将路径依赖定义为一个前后相继的过程，该过程在正反馈机制 (positive feedback) 的作用下，凭借偶然因素、个人喜好或是局部搜索而进入正反馈、自强化阶段。Ebbinghaus（2005）对"路径依赖"进行了分类，认为一种是"乡间小路"，随机选定后被人重复而形成，随机性是其主要特性；另一种是"丛林道路"，在每个岔路口必须选择一条继续往前走。

经济学中存在着一个"路径依赖"的分析框架，刘元春（1999）指出"所谓的路径依赖分析框架是利用动态非线性随机模型来分析路径依赖现象的理论方法"，该框架包含五个主要的分析步骤：第一步是确定系统的性质，第二步是确定"正反馈机制（positive feedback system）"，第三步是确定随机因素，第四步分析系统演进的过程与性质，第五步是确定退出闭锁的条件和作用机制。

从众多的分析可以看出，"路径依赖"强调的偶然性的变化发生后，紧随其后的重复而导致的强化以及发展进程中的反馈，致使后续的事物在属性和特点上，仍然同最初的状态有着天然的联系。这里"路径依赖"主要集中在技术和制度层面，"车同轨"就是制度层面路径依赖的具体体现。那么我们的语言生活中是否存在"路径依赖"的情况呢？答案是肯定的，让步复句的历时发展和演变就体现出"路径依赖"的特点。

3.2.3　"路径依赖"视角下的让步复句演变分析

这里我们借用路径依赖分析框架，来对汉语让步关联标记和让步复句的演变进行简要说明和分析，这里首先介绍一下路径依赖分析框架几个步骤的主要内容。

3.2.3.1　路径依赖的基本分析框架

第一步确定系统的性质，这里的确定系统性质是指确定系统是否具有"正反馈"机制。"正反馈"在不同领域和学科的界定存在差异，李曙华（2002）指出"正反馈"是一种破坏原有稳定状态，使系统趋向于不稳定的反馈。一般的理解"正"就应该是积极的、好的，怎么"正反馈"竟然会导致系统的不稳定，原来"正反馈"是一个从输出端反馈到输入端的反馈信号并逐渐增加系统输入效应的过程，这样导致的结果就是输出量会越来越大，最终导致系统不稳定。

这里联系到语言系统，具体到让步关联标记，从目前研究的成果来看，甲骨文和金文中是没有使用让步关联标记的，这也就类似于上面提到的"原有稳定状态"。而"虽"、"纵"等让步关联标记的出现尤其之后的广泛使用可以看成是在语言系统内部启动了"正反馈"机制。这种"正反馈"不像"核能"的"正反馈"那样具有强大的破坏能量，就语言系统的演变和发展而言，这种正反馈具有积极的推动作用，是一种建设性的反馈，首先它打破了旧有系统的稳定性，而在持续的正反馈过程中能够继续推动系统向前发展。从让步关联标记的发展来看语言系统中存在对这一标记的发展起正反馈作用的机制。

第二步确定"正反馈机制"是指找到"正反馈机制"的根源和作用方式。自然科学中的正反馈作用主要是通过确认耗散结构、混沌系统、自催化机制来完成的。而在社会科学中，则将其定义为导致"收益递增"（increasing return）的机制。收益递增机制简单来说就是指"一种趋势"，是领先者更加领先，失去优势者进一步丧失优势的一种机制。

第三步确定随机因素，随机因素是指一些外部事件的影响，常常是人们无法预知的突发性事件或偶然性事件。

第四步分析系统演进的过程与性质，在初始稳定状态被打破之后，正反馈机制启动，系统进入一个新的发展演进阶段。在演进过程中会呈现出一些显著特点，其中包括"多重均衡"（multiple equilibria）、"锁闭"（lock in）和"路径依赖"等特点。

第五步确定退出闭锁的条件和作用机制是进行路径替代，之前的"多重均衡"实际上是包含了多层次的发展途径，退出锁闭就是从较低层次的路径依赖中退出来。

3.2.3.2 路径依赖分析框架下的让步复句分析

首先是系统问题，这里牵涉到对语言的认识。语言就是一个系统，语言是以语音为物质外壳、以语义为意义内容的、音义结合的词汇建筑材料和语法组织规律体系的符号系统。这个系统中存在着正反馈的机制，这个可以从母语习得或是二语习得的具体实践中感受到。让步关联标记也是经历了从无到有，从简单到复杂的一个漫长过程。

第二是路径依赖的"正反馈"机制，秦汉时期产生的几个单音让步标记在语言系统中慢慢地发展，在"正反馈"机制的作用下不断发展完善和发展，在语言整体的双音化的影响下从单音节逐步发展出众多的双音让步标记，从早期的"虽"、"虽则"发展到后来的"虽然"、"虽使"、"虽说"；从仅有的"即"扩充出"即使"、"即令"、"即便"；从单音的"纵"派生出"纵然"、"纵令"、"纵使"、"纵或"等等，充分体现正反馈机制作用下出现的"收益递增"。这也是"自强化"（self-reinforce）的体现，因为语言系统一旦确定这些词语为让步关联标记，在接下来的语言演进中，这些关联标记会跟随语言整体的发展趋势先前发展，让步关联标记的双音化就是自我增强的表现，而且自增强也伴随成员的分工，如"虽"类主要是表示事实性的让步，而"即"类让步标记倾向于表示假设情况的让步。

让步关联标记系统演进的过程与性质，整个让步关联标记的演进过程呈现出"多重均衡"的特点，仅就"虽"而言，除了在整个发展过程中保持着让步关联标记的用法，还与使役动词"使"、言说动词"说"等词语组合成为双音的关联标记，在多个角度推动整个让步关联标记的发展；自从秦汉时期出现的"虽"、"纵"、"即"等让步关联标记之后，随后的发展基本都是在此基础上的继续延展和生发，虽然在魏晋时期出现了一些新的让步标记，如"设"类让步标记，但是历时演变的结果是"设"类让步标记只存在了一段时期，没有像初始的那几个标记一直沿用至今，这正是"锁闭"特点的体现；而让步关联标记演进的"路径依赖"特点更是非常显著，从最初的三个单音让步标记"虽"、"纵"、"即"到现代汉语的"虽"类让步关联标记、"纵"类让步关联标记和"即"类让步关联标记，不仅仅是数量上增多，而且历经数千年的发展演变，汉语中仍然使用"虽"、"纵"、"即"这三个标记①以及由这三个标记发展出来的关联标记。

3.3　小　　结

本章对古代汉语和近代汉语中的让步关联标记和复句进行了历时考察，探求让步关联标记和让步复句的发展和演变。由于历时考察的时间跨度较大，为此我们将其分为三个主要时期：古代汉语时期、中古汉语时期和近代汉语时期，每一时期都呈现出显著特点，现总结如下：

古代汉语时期又涵盖两个时期：甲骨文金文时期和春秋战国时期。甲骨金文时期的汉语主要通过意合法的手段来表让步关系，就目前研究来看，没有确切的让步关联标记出现和使用。春秋战国时期出现了"虽"、"纵"等单音让步关联标记和"虽则"、"虽使"等双音关联标记，在这些让步关联标记引导让步前分句时，让步后分句常使用"尚"、"亦"、"犹"等副词与之呼应，从形式和语义两个层面上与前分句形成关联。

中古汉语时期包含三个时期：两汉时期、魏晋南北朝时期和隋唐五代时期。两汉时期的关联标记在发展上出现了"自"、"惟/唯"等新的让步关联标记，但只是昙花一现，两汉之后就很少再见到。魏晋南北朝时期是汉语让步关联标记发展的繁荣时期，在已有的关联标记基础上，出现新的单音和双音的让步关联标记，如"就"类、"便"类、"设"类让步关联标记，现代汉语中常用的一些双音让步关联标记如"虽然"、"即使"、"纵使"等让步关联标记都在这一时期开始出现，尽管有些在句法结构上还有待讨论、使用数量上也较少，可正是早期这样的两可用法为以后的进一步演变和发展提供了可能。隋唐五代时期让步关联标记的发展在经历前一个时期的大发展之后，相对沉寂一些，但是仍然有"任"、"纵渠"这样的让步和纵予关

---

① 这里的"三个标记"是依据让步关联标记出现时间的早晚来确定的，这三个标记基本是在先秦两汉之际的古代汉语和中古汉语早期就已经出现和确立，而"便"、"就"、"设"等在中古时期才出现让步关联标记的用法。

联标记出现，前一阶段的"即"类、"就"类、"虽"类、"纵"类的双音节让步关联标记在这一时期得到了进一步发展，结构和用法逐渐固定下来。

近代汉语时期，让步关联标记的竞争和淘汰情况开始显现出来，一些在魏晋六朝或是唐五代还在使用的让步关联标记在两宋以及之后的文献中就难觅踪迹。典型的是"虽使"，以及"设"类关联标记。"虽使"在苏辙的作品中还有使用，而两宋之后的文献语料中的"虽使"已不再是让步关联标记，而是"虽然使得"的意思；"设"类关联标记也是很少使用。

以上是让步关联标记的发展演变，在复句的关联标记模式方面，由最初的"虽 Cl_1，Cl_2"到"虽 Cl_1，亦／也 Cl_2"，再到"虽 Cl_1，却 Cl_2"以及"虽 Cl_1，但 Cl_2"，从对明清两代一些有代表性的文学作品的语料分析的数据来看，后分句不使用关联标记和关联副词"也／亦"的让步复句在明代的作品中占有主导地位，而这一情况在清代的作品中有所改变，后分句使用转折标记（转折副词、转折连词）的用例逐渐增多，比例上升，反映出让步关系内含的转折关系在形式上逐渐外化，整个让步复句的句法结构在缓慢地发生变化。

本章还运用"路径依赖"理论对汉语让步关联标记的历时演变进行分析和解释，之所以我们现今依然用着"即"类、"虽"类和"纵"类让步关联标记，词汇发展演变的"路径依赖"起到了关键作用，即从甲骨金文中没有确定的让步关联标记到先秦时期的古代汉语出现表示让步关系的关联标记"虽"、"纵"，这些早期形成并确立的让步关联标记对后来让步关联标记的发展起着重要的制约作用，虽然演变过程中出现过新的标记类型，但是总体上仍然依赖着初始状态的那几个关联标记，在它们的框架内逐步向前发展。

第4章 汉语让步复句跨方言、跨语言比较

  语言类型学（linguistic typology）简称类型学，是近代以来语言学研究的重要分支，也是近些年来语言学研究中引人关注的学术流派。刘丹青（2003）指出类型学"致力于跨语言（跨方言）的角度观察研究人类语言，通过跨语言的比较寻求或验证语言共性，再以语言共性为背景更透彻地揭示具体语言的特点并以此将众多语言归为若干类型"①。分类对于任何一个学科来说都是必须和必要的，语言研究也是如此。早期欧洲的语言学家们将世界语言按照语言结构的类型将语言分为四大类，即屈折语、孤立语、黏着语和综合语。20世纪60年代以Greenberg那篇开创性的论文为标志，语言类型学研究进入一个新的发展阶段，语序共性成为类型学研究和关注的重点，通过对多种语言语序的统计和分析，找出相关的规律和蕴含共性。

  这里简要介绍一下相关的理论和原则。首先是Dik Simon C.（1997）在讨论组构成分的顺序原则时论及"联系项"（relator），指出"联系项拥有它们喜欢（更倾向）的位置"，一种情况是联系项可以在两个被联系成分之间，还有一种情况就是联系项居于被联系成分的外围，联系项一般不进入被联系成分的内部，这也就是所谓的"联系项居中原则"。就复句研究而言，更多关注的是第二种情况，即联系项通常在被联系项的外面，充当关联标记。

  Mily Crevels（2000）研究了跨语言的让步表达，主要关注的是各类语言让步从句的语义类型，该研究将让步表述分为四个层面："content level"、"epistemic

---

① 刘丹青：《语序类型学与介词理论》，商务印书馆2003年版，第4页。

level"、"speech-act level"和"textual level"，不同的语言会选择不同的关联方式来实现这四个层面的让步语义。

刘丹青（2003）既重语言理论同时联系汉语方言实际，运用"联系项居中原则"对汉语中连词的句法位置分布进行说明，并以老上海话为例，分析了老上海话复句连词"咾"和"末"，指出"咾"和"末"是后置型连词（位于小句句末），而汉语普通话的复句连词通常是前置型连词（位于小句句首）。

储泽祥、陶伏平（2008）指出汉语复句研究有两个方面值得重视和有待深入研究，第一个方面是汉语复句关联标记的句法位置问题，第二个方面是汉语复句关联标记模式的类型学研究。他们以汉语因果复句为主要考察对象，首先对汉语因果复句关联标记模式给出归类，将关联标记模式分为三类："居中粘接式"、"居端依赖式"和"前后配套式"。以位置、停顿为标准对汉语因果复句的关联标记进行比较，该文发现关联标记的居中程度并不相同，并得到因果复句关联标记的居中程度序列。

汉语普通话之外，众多的汉语方言也是语言研究的对象，此外还有数量丰富的中国境内少数民族语言宝藏。方言以及民族语言中的复句研究相对于语音和词汇研究成果来说要少得多，但是一些方言和民族语言研究的专著还是有一些这方面的描写和说明，这为我们开展这项研究提供了条件和方便。书中还将涉及其他一些语言中的让步复句的比较分析，如俄语、法语、德语、英语、印地语和一些非洲语言。

由于印欧语系以及其他一些语言中对让步句的称呼不尽相同，有让步状语从句、让步句等名称，本书一律称为让步复句。

4.1　汉语方言的让步关联标记和让步复句

现代汉语方言中的让步复句与普通话中的让步复句主要差异体现在关联标记的使用上，方言中使用了一些普通话中未见的关联标记，其他方面基本都是一致的。

4.1.1　官话方言的让步关联标记和让步复句

北方官话汶上方言中的让步关联标记有"吗法"、"赶子"、"就打子"、"别看"[$\mathrm{pi\partial^{53}k^{\cdot}\epsilon^{31}}$]等，常见的关联搭配是"吗法 Cl_1，也 Cl_2"、"赶子 Cl_1，也 Cl_2"、"就打子 Cl_1，也 Cl_2"。如：

（1）吗法都扔唠，咱也得忍着。（就算都扔了，咱也得忍着。）

（2）赶子你来唠，我也得那样待承。（就算你来了，我也得那样招待。）

（3）就打子他不来啦，你也不能说别哩。（就算他不来了，你也不能说别的。）

（宋恩泉《汶上方言志》）

汶上方言中的让步关联标记通过前后搭配的方式构成让步复句，后分句使用关联副词"也"，只是"也"既是后分句的句内成分，同时也承担关联的作用。临清方言的让步关联标记与普通话相同，只是读音不同，如：

（4）不管［pu³¹kuɛ⁵⁵］刮风下雨从不迟到。（无论刮风下雨从不迟到）

（5）别看［piə⁵³kʻɛ³¹］老师严厉，教书还挺耐心。

（6）就（算）是［təu³¹(suɛ)³¹ʂʅ³¹］天塌唠也吓不倒。（即使天塌了也吓不倒）

（张鸿魁《临清方言志》）

此外，邢向东在《神木方言研究》（2002：691）中指出神木方言中使用"饶"（即使、就算）表示让步关系，常见关联模式是"饶 Cl_1，也 Cl_2"，如：

（7）饶你是当官的吧，也不能胡作非为。

（8）饶他把县长请来我们也不怕。

在让步关联标记的历时考察中，我们提到"饶"在中古汉语晚期和近代汉语早期就已经出现了让步关联标记的用法，而神木方言中"饶"的用法应该是该用法的延续。

4.1.2　闽方言的让步关联标记和让步复句

闽方言中的让步关联标记有"在汝［tsai⁵³ny³¹］"（不管）、"在伊［tsai⁴⁴i⁴⁴］"（不管）、"虽然讲［tsui⁴⁴yoŋ⁵³kouŋ³¹］"。

（9）在汝踔佫快，我都会逐着。（不管跑得多快，我都能追得着。）

（10）在伊有来无来，我明旦都着行。（不管他来不来，我明天都得走。）

（11）虽然讲是六月天，只悬顶故夜风凉。（虽然是六月天，这上面还是很凉快。）

（李如龙、梁玉璋《福州方言志》）

闽方言的让步复句在前后分句的组合上，后分句多用副词"都"，如例（9）、（10）。除上面列出的一些让步标记之外，还有"虽讲［sui⁴⁴kɔŋ³³］"（厦门话，如"～有钱，也着俭省"）、"虽然［tsuiɬlianˀ］"（泉州话）。

4.1.3 粤方言的让步让步关联标记和让步复句

这里介绍的是广州话中的让步复句常见的关联标记有"虽喺"［sœy⁵³hai²²］（虽然）、"虽然"［sœy⁵³jin¹¹］、"即管"［tsik⁵⁵kun³⁵］（尽管）。黄伯荣（1996）指出广州人用"虽喺"比用"虽然"多。"即管"后面常和副词"都"［tɔu⁵⁵］或"亦"［jik²²］相呼应。

4.1.4 湘南土话汝城话的让步关联标记和让步复句

汝城话的让步关联标记是"任话"［ən²o²］，相当于普通话中的"虽、虽然、虽说、尽管"。"任"［ən²］是无条件让步关联标记，相当于普通话的"不管、不论、无论"。如：

（12）任话刁，也要发肯。（虽说聪明，也要努力。）

（13）任话出日头，都要带遮子。（虽说出太阳，都要带伞。）

（黄伯荣《汉语方言语法类编》）

湖南汝城话的"任"字表示无条件让步，联系到第3章的让步关联标记历时演变，唐代"任"才开始成为表示让步的关联标记，而汝城话的这种用法可能就是那个时期语法的遗留。

4.1.5 吴方言的让步关联标记和让步复句

关于吴方言的让步复句资料比较有限，我们看到《汉语方言大词典》（许宝华、宫田一郎 1999：4157）中认为"虽故"是连词，而且认为是吴语的连词，引例为："这西门庆留心久已，虽故庄上见了一面，不曾细玩其详。"（《金瓶梅词话》①第十三回）通过检索，《金瓶梅》中的"虽故"用例多达 20 余例，也都是引导让步复句的。

（14）这韩先生揭起千秋幡，打一观看，见李瓶儿勒着鸦青手帕，虽故久病，其颜色如生，姿容不改，黄恹恹的，嘴唇儿红润可爱。（《金瓶梅》）

（15）虽故还有些抛零人户不在册者，乡民顽滑，若十分征紧了，等秤斛斗重，恐声口致起公论。（《金瓶梅》）

---

① 关于《金瓶梅》作者及语言的研究，学界意见并不统一。徐渭曾被认为是该书的作者，2009 年浙江学者陈明达考证黄岩人蔡荣名是《金瓶梅》的作者，其中很重要的一条证据就是黄岩方言与《金瓶梅》的语言有大量的地方是相同的。无论是绍兴的徐渭或是黄岩的蔡荣名，都在现今浙江省境内，都属吴语区。

上面两例中"虽故久病"、"虽故还有些抛零人户不在册者"的"虽故"都可以按照"虽然"来解释。如果考证属实，那么"虽故"就可能是近代汉语吴方言的一个让步关联标记。

从搜集的资料来看，方言复句的研究还是很薄弱，一些方言研究中复句的内容很少甚至没有，这给研究带来一定难度，但通过上面的这些语例可以看到，汉语各方言中的让步关联标记与汉语普通话中的让步关联标记还是存在着密切联系的，尤其是"虽"类让步关联标记，方言中也有使用，主要区别是在语音层面。在关联标记模式上多是关联标记的前后搭配，让步关联标记引导前分句，而后分句中使用关联副词"也"，如果是让转复句，后分句会使用表示转折的连词或副词。随着研究的继续深入，希望今后对汉语方言的复句尤其是让步复句能有更多的认识和了解。

4.2　中国境内少数民族语言中的让步关联标记和让步复句

我国少数民族众多，而少数民族的语言也很多。语言方面：55 个少数民族当中有 53 个民族有自己的语言，具体语言数量超过 80 种，使用人口约 6 000 万人；文字方面：22 个民族使用着 28 种文字，使用人口约 3 000 万人①。我国少数民族语言主要分属五大语系，汉藏语系、阿尔泰语系、南亚语系、南岛语系和印欧语系，这为我们开展跨语言的比较研究和类型学研究提供了丰富的语言材料。

少数民族语言研究的成果众多，蔚为大观的各民族语简志的出版就是很好的证明，之后对一些新近发现的语言也进行了调查和研究并出版相关成果，进入新世纪以来，民族语的研究更加深入和具体，在人类语言学、社会语言学和语言类型学等领域取得新的进展。民族语中的复句研究受到的关注相对于语音和词汇研究要少一些，下文将对民族语中的让步复句进行梳理和分析，找到民族语言的复句中的一些特点和规律。鉴于民族语简志及其他一些民族语言研究中将让步复句和转折复句有时放在一起描写和说明的实际情况，本书中也将让步复句和让转复句一并讨论，不做严格区分。

---

①　详见国家民委副主任丹珠昂奔 2009 年 7 月 29 日接受中国政府网专访相关报道。（http://www.gov.cn/zxft/ft181/content_1378322.htm）

4.2.1 汉藏语系中民族语言的让步关联标记和让步复句

少数民族语言中汉藏语系的语言数量较多，汉藏语系包括多个语族，其中有藏缅、壮侗和苗瑶等语族，在让步关联标记和让步复句上有着各自的一些特点。

4.2.1.1 藏缅语族中民族语言的让步关联标记和让步复句

通过对民族语言简志的查阅，在白语、仓洛门巴语和纳西语等语言中查找到一些让步关联标记和让步复句。一些语言中一个让步关联标记既可以表示事实性让步，同时又可以表示假设性让步，即一个词根据语境不同理解也就不同。如：

（16）roˀʌ jiɬkiʌ lokˀpeʌ senˀ ŋiˀpu（ʌ），tsuiɬpeʌte maʌsenˀtu（ʌ）naʌ.

　　　他　字　念　会　即使　写（语气）不会　（语气）

　　　他就是认识字，也不一定会写。（张济川《仓洛门巴语简志》）

（17）tɕaŋɬroˀʌ ka kumɬjeʌ ŋiˀpuʌ，ɕalmaʌ raŋ tɕikʌ maʌ-ŋoŋʌ pa.

　　　我　他（结构）认识　虽然　多（助）熟　不曾

　　　我虽然认识他，但是不熟。（张济川《仓洛门巴语简志》）

（18）uˀtuˀ koˀ hapˀturˀ tapʌ ŋiˀpu（ʌ），tamʌpeˀ reʌ maʌlaʌ.

　　　门　这　多少　关　即使　关　能　（助动）

　　　这个门怎么关也关不上。（门即使怎么关也关不上）（张济川《仓洛门巴语简志》）

从上面两例中可以看到，使用的都是连词"ŋiˀpuʌ"，在例（16）中下面对译的是"即使"，而到了例（17）下面对译的是"虽然"，例（18）在理解时类似汉语的紧缩复句，句中"关门"这个事件从句子表达的意思来看不是虚拟情况，而是实际情况，但仍然使用的是"ŋiˀpuʌ"。与汉语的让步关联标记很明显的区别就是，汉语的让步关联标记一般是在让步分句的句首或是让步分句的主语之后，而仓洛门巴语的让步关联标记在让步前分句的句末，这样的句法位置，同时满足联系项居中的两条规则，既符合联系项在被联系项外围的规则，同时也符合居于两个被联系项的中间这一规则。

纳西语中的让步关联标记是"buɬlaɬ"，在对译时理解为"即使……也"，如：

（19）xɯ˥ gɯ˩ buɬlaɬ，ŋəˀŋguˀ zuˀgvʌ tshuˀ khuˀ maˀmaʌ seˀ tɕəɹ naʌ.

　　　雨　下　即使……也　咱们　路　这条　修　完　使要

　　　即使下雨，咱们也要把这条路修完。

（20）soɬŋiˀ mɯˀthvʌ buɬlaɬ，ŋəˀ baˀlaʌ tɕhəɹˀ məˀ maʌ.

明天　　天晴　　　即使　我　衣服　　　洗不空

即使明天天晴，我也没时间洗衣服。（和即仁《纳西语简志》）

这里都是表示假设情况下的让步复句，而且关联标记的句法位置与仓洛门巴语的让步关联标记位置相同，都处于前后分句之间，起到居中粘结的作用。

较为独特是羌语的让转复句，它既有表示分句语义关系的关联标记，同时还使用别的连词来连接分句。如：

（21）ɕylzanˇ maˈʂˈɩˈ Hiˈɬ ɿʂam Hˈiˈɿ miˈ ŋaˈ koˈ, tanˈɿʂˈɩˈ tɕhiˈˈ uɛˈ Hiˈɬ rˈ khyellˈeHˈ tshyiˈˇ.

虽然　　太阳（助词）　没有（连词）但是　气候（助词）　热　厉害

虽然没有太阳，但是天气还是很热。（孙宏开《羌语简志》）

（22）ɕylzanˇ koˈlmoˈˈxuˈ　　təˈɑdioˇ　　tshyiHiˈˇ　　　　　koˇ,

虽然　　果木（后加）（前加）多　厉害（后加）　（连词）

tanˈɿʂˈ tsaˇ　xuˈ koˈlmoˈˈxuˈ　　tˈəˈ　ielliˈˈxuˈ　　ŋuɛˈ.

但是　这　些　果木（后加）（助词）　野生（后加）是

虽然果树很多，但是都是一些野生果树。

从例中可以看到 "ɕylzanˇ"（虽然）、"tanˈɿʂˈˇ"（但是）的音标与汉语中的 "虽然"、"但是" 的读音相近，这对词语是汉语借词，而 "koˈ" 是羌语中表示假设关系的连词，用在前分句句末起到关联作用，这种使用双重关联的方式来连接复句是羌语复句的一大特点，也反映出语言接触和语言融合过程中两种语言相互交融的状态。

我们还考察了藏缅语族中彝语及其方言里的让步关联标记和让步复句。彝语的让步关联标记有 "ziˇkoˈ"（虽然）、"ziˈriˈ"（纵然）等，如：

（23）tshɿˈ koˇ poˈ eˈˈɬtaˇ ɿʂˈaˇ Hˈkoˈ, tshoˈ tshɿˈ kuˇ　koˈ　thiˈ saˈ maˈ ŋuˈ.

他　身体　小　　虽然　人　他摔　某地着地　完　个是

他个子虽然小，别人都被他摔倒了。（陈士林等《彝语简志》）

（24）tshɿˈ poˈ　liˈ　poˈ toˈ ziˇkoˈ tɕheˈ liˈ tɕheˈ aˇ toˇ.

他　跑（助）跑能　虽然　跳（助）跳　不　能

他虽然跑得快，但是跳不高。（陈士林等《彝语简志》）

（25）tshɿˈ boˈ ziˈriˈ，ŋoˇ sɿˈ liˈ　pɿˈ saˇ　aˇ toˇ.

他　去　　纵然我们的柴（助）背完　不　能

纵然他去，我们的柴也背不完。（陈士林等《彝语简志》）

(26) aˡzi˥ maˡ suˡ ŋaˡ a˅ laˡ ziˡriˡ, nɯˡ koˡ iˉ a˅naˡ.

孩子 定指结构 我 不 来 纵然 你 某地 睡 （助）

孩子！纵然我不回来，你去睡就是了。（陈士林等《彝语简志》）

彝语的让步关联标记也是在前分句的句末和后分句之前，起到粘结作用，而彝语的方言中，如毕节彝语使用的是"di⁵⁵ŋi³³"（即使），双柏彝语使用的是"tˈa³³ŋɣ²¹"（即使）、凉山彝语是"zi⁴⁴ŋi³³"（即使）。如：

(27) na²¹ma²¹ɦɯ⁵⁵di⁵⁵ŋi³³, ŋʋ²¹ŋi³³sə⁵⁵.

你 不 说 即使， 我 也 知道

即使你不说，我也知道。　　　（毕节彝语）

(28) na²¹ʔe⁵⁵na²¹, kɣ⁵⁵ma²¹mu²¹tˈa³³ŋɣ²¹, ŋo²¹ŋi³³mu²¹xo²¹do²¹.

事 这事， 他 不 做即使， 我 也 做 完能

这件事，即使他不做，我也能做完。　　（双柏彝语）

(29) nɯ³³ndz¹³³a²¹ndo³³zi²¹zi⁴⁴ŋi³³, tsʰɯ³³tʰɯ³³ŋi²¹kɯ⁴⁴dzɯ³³.

你 酒 不 喝 即使， 菜 少 许 吃

即使你不喝酒，也要吃点菜。　　　（凉山彝语）

（丁椿寿《黔滇川彝语比较研究》）

三地方言中的让步标记的句法位置相似，都在前分句句末。例（26）中的"ziˡriˡ"（纵然）与例（29）中的"zi⁴⁴ŋi³³"（即使），读音相近，表意也相近，而例（27）、（28）两例中让步标记则与前两者的让步标记存在差异。

4.2.1.2　壮侗语族中民族语言的让步关联标记和让步复句

壮侗语族中的语言主要有傣语、侗语、水语和壮语等。它们在让步关系表示上，既有单用的让步关联标记，如侗语中的"laŋ⁴ɕaːŋ³"（即使）、水语中的"õn³si³"（虽然），也有前后搭配的让转关联标记，如侗语的"səi⁶laːn²..., taːn¹sl¹..."（虽然，但是）。如：

(30) laŋ⁴ɕaːŋ³ tok⁷ pjən¹, jaːu² puˑ⁶ paːi¹.

即使 落 雨， 我 也 去

即使下雨，我也去。（laŋ⁴ɕaːŋ³"即使"可以省略。梁敏《侗语简志》）

(31) õn³si³ fuŋ³sau³, ʔna³ haːi¹ laːŋ¹fai¹.

虽然 丰收 别 给 浪费

虽然丰收了，也不要浪费。　　　（张均如《水语简志》）

（32）（ɣau² va:t⁷ dai³ tam² huŋ¹）ha:n² buɯn¹ ɣeŋ⁴, ko³ bou³ la:u¹.

　　　我们　挖得塘大　　即使天旱　　也不怕

（我们挖了大池子）即使天旱，也不怕。　（韦庆稳《壮语简志》）

例（30）中的"laŋ⁴ɕa:ŋ³"在《侗语简志》中对其解释是可以省略，因此除了使用标记之外，意合法也是侗语让步关系表示的重要方式。例（31）中的让步关联标记是"ðn³si³"，是"虽然"的意思，这里后分句与前分句在语义上存在一定转折，而主要还是表示让步，因此在对后分的理解和对译方面，张均如先生并没有加上转折连词"但是"，而是选择了关联副词"也"，这样更准确地将让步意思表达出来而且也没有额外添加一个"转折标记"。例（32）是壮语中的让步复句，让步关联标记是"ha:n² buɯn¹"（尽管、即使），后分句中的"bou³"在下面的对译是"也"，而实际上"bou³"并不是"也"，而是能够连接两个动词"旱"和"怕"的否定副词"不"，但它同时又兼有关联的作用。下面是关联标记搭配使用的让步复句，如：

（33）han¹va⁶ muɯ⁴ni⁷⁸ hɔn⁴ tɛ⁴, tau⁶va⁶dai³ xau¹tsau³ xuɯn² di⁵ pai¹ au¹ fun².

　　　虽然　今天　　热很　　但是　他们　　还要去拿柴

　　　虽然今天很热，但是他们还要去砍柴。（喻翠容《傣语简志》）

（34）bau⁵va⁶　ka:n¹ hau² kaŋ⁶ pa:n¹dai¹, ko⁴ men⁶ au¹tsai¹sai⁵ ka:n¹ huɯ³ pən⁶.

　　　无论　　工作我们忙　多么　　也应该关心　　工作给别人

　　　无论我们的工作多么忙，也应该关心别人的事。（喻翠容《傣语简志》）

（35）səi⁶la:n² ho⁵ʹ la:i¹, ta:n¹sl¹ a⁵sin² pha:ŋ¹ʹ.

　　　虽然　东西好　　但是 价钱高

　　　东西虽然好，但价钱太贵。（梁敏《侗语简志》）

（36）uɬ suei˥ zan˥ plei˥ tu˥ ŋɔ˩, tan˩si˩ ts ˚en˩ su˥.

　　　他虽然　年纪　小 但是 力气　大

　　　他虽然年纪小，但是力气大。（贺嘉善《仡佬语简志》）

例（33）是傣语的让转复句，前后分句都是用了让步关联标记"han¹va⁶"和转折标记"tau⁶va⁶dai³"，例（34）是无条件的让步从句，前分句由"bau⁵va⁶"（引导），后分句使用了"ko⁴"（也）进行粘结。例（35）和（36）分别是侗语和仡佬族的让转复句，无论是侗族使用的关联标记"səi⁶la:n², ta:n¹sl¹"，还是仡佬族使用的关联标记"suei˥ zan˥, tan˩si˩"，二者都可以明显看到汉语的让转关联标记"虽然，但是"

对它们的影响。

4.2.1.3　苗瑶语族中民族语言的让步关联标记和让步复句

苗瑶语族中的一些语言中，使用的让步关联标记有布努语的"ci³"（虽然）、苗语中的"noŋ³¹"（虽然），以及拉珈语中的让转标记"sai³jɛ:n⁴, ta:n³si³"（虽然，但是）。如：

（37）cuŋ⁵ mi⁸ lu⁴ ci³ θ ɤu⁶hoŋ¹ ku³˙³ ɲu³ tau⁵.

　　　我 妈 老 虽 做 活 能 还 得

　　　我妈虽然老了，但是还能干活。　　　（毛宗武《瑶族语简志》）

（38）nen⁵⁵ moŋ¹¹ noŋ³¹ moŋ¹¹, nen⁵⁵ a⁵⁵ pu³³ ɛ⁴⁴tei¹³ ɛ⁴⁴.

　　　他 去 虽然 去 他 不 知 怎么 做

　　　他虽然去了，可是他不知道怎么办。　　　（王辅世《苗语简志》）

（39）phaŋ³³ u³⁵ noŋ³⁵ ɤu⁴⁴ noŋ³¹ ɤu⁴⁴, ta³⁵ nen⁵³ zaŋ⁵⁵.

　　　件 衣服 这 好 虽然 好 长 点儿 了

　　　这件衣服虽然好，可是长了一点儿。　　　（王辅世《苗语简志》）

（40）lak⁸ sai³jɛ:n⁴ wan² wan² pai⁴ pok⁸ koŋ¹ ta:n³si³ blau² blau² ŋjɛn⁴ ja:k⁸ sɛu¹.

　　　他 虽然 天 天 去 做 工 但是 夜 夜 还 学 书

　　　他虽然每天去做工，但是每晚还学习。（毛宗武《瑶族语简志》）

例（37）是布努语中的让步复句，让步关联标记是"ci³"，例（38）是苗语中让步复句，让步关联标记是"noŋ³¹"，苗语除了使用关联标记之外，还在句式上有不同，表示让步的分句中的谓语成分需要重叠（"V＋Cc＋V"），即例（38）的"moŋ¹¹ noŋ³¹ moŋ¹¹"和例（39）的"ɤu⁴⁴ noŋ³¹ ɤu⁴⁴"，就分别是动词"moŋ¹¹"和形容词"ɤu⁴⁴"的重叠，这与汉语中的"好是好，就是价钱贵了"、"远虽远，可路况很好"这样的表述相似。例（40）是拉珈语的让转复句，从例中的关联标记"sai³jɛ:n⁴, ta:n³si³"看出该语言中的这类标记也是借自汉语。

4.2.2　阿尔泰语系中民族语言的让步关联标记和让步复句

阿尔泰语系包括蒙古语族、满 - 通古斯语族和突厥语族等，在我国境内的语言有近二十种，其让步关系主要通过让步副动词的方式来表现。

4.2.2.1　蒙古语族中民族语言的让步标记和让步复句

蒙古语族包括保安语、蒙古语、达斡尔语等，这些语言中表示让步关系都是通过在让步分句中的谓语后面添加表示让步关系的后缀来实现，如达斡尔语的让步副动词是"tgaiʃig"、东部裕固语的让步式附加成分是"-sada/-seda/-soda"、东乡语的让步副动词的形态标记是"-sənu"。如：

（41）tasəg aa-tgaiʃig bii ʋl ai-bəi.

　　　虎　有　　我　不怕

　　　即使有虎，我也不怕。　　　（仲素纯《达斡尔语简志》）

（42）lə　mede-seda ganʃə uɣui wai（uɣuai）.

　　　不知道　　　关系　没有　是

　　　就是不知道也没关系。　　　（照那斯图《东部裕固语》）

（43）kunan keedə niye bol-soda budas kəɸulaja.

　　　困难　几个　一个成为　　咱们　克服

　　　无论有多少苦难咱们都要克服。（照那斯图《东部裕固语》）

（44）tʂu giədun kiəliə-sənu bi uliə tʂənliənə.

　　　你多少　说　　　我不听

　　　你说多少遍，我也不听。　　（刘照雄《东乡语简志》）

例（41）是达斡尔语中的让步句，让步式副动词"tgaiʃig"跟在动词后面，表示让步关系。例（42）、（43）是东部裕固语的让步句，其中让步副动词也是后接于动词之后。例（44）是东乡语的让步句，使用让步副动词"-sənu"表示让步关系。

蒙古语则使用情态词"xədiiəər"和让步式动词共同表示让步关系。如：

（45）tər sons-jɔɔʧ œœʧɔɔxgœe.

　　　那　听　理睬

　　　他即使听见了也不理睬。

（46）minii ən jim xədiiəər xœœʧʒ bɔlɔ̆bʧ ʧinii ʃinəər　ʧ sœɫ̆ixgœe.

　　　我　这东西 虽然　陈旧　成为　你　新的　也　换无

　　　我这件东西虽然旧，也不换你那个新的。（道布《蒙古语简志》）

上面两例都是蒙古语的让步句，其中例（45）中在动词"sons"（听）后接了表示让步关系的附加成分"jɔɔʧ"，例（46）除了使用了情态词"xədiiəər"来表示让步语气之外，同时在主要动词"bɔlɔ̌"（成为）后接表示让步关系的附加成分"-bʃ"共同来表示让步语气。

4.2.2.2　满-通古斯语族中民族语言的让步标记和让步句

满 - 通古斯语族的语言有鄂伦春语、鄂温克语、赫哲语和锡伯语等。其中鄂伦春语和鄂温克语使用连词来表示让步句，鄂伦春语使用连词"dʒaalɪn"、鄂温克使用的是从属连词"dʒaarɪn"。如：

（47）mitii　ɔɔki　kar tardʊ əʃi tərəərə dʒaalɪn, tammi managaaiɛɛi

咱们 无论如何 他　不 胜　　虽然　　学　完

虽然咱们无论如何也赶不上他，但还是学完吧！

（48）araki gudəgədu dʒalʊpta dʒaalɪn əʃin ʃɔkiɔrɔ

酒　　肚子　　满　虽然 不　醉

虽然喝了满肚子酒，但是不会醉。（胡增益《鄂伦春语简志》）

（49）dʒaandʒɪʃaa xata dʒaarɪn, tarǐ bɔjɔ əʃin xərəʃʃi.

说　　　虽然　那　人 注意

虽然告诉他了，但他没有注意。

（50）bii iʃiʃəəwəjə xətə dʒaarɪn əʃimi dʒaandʒɪra.

我　看　即使 不　说

即使我看了，我也不说。（胡增益、朝克《鄂温克语简志》）

鄂伦春语同鄂温克语表示让步关系的连词在词形上很接近，而且句法位置也相同，都是用在一个分句的句末，另一分句或短语的前面。从例（49）和（50）可以看到鄂温克语的"dʒaarɪn"既能理解为"虽然"，也可以理解为"即使"。

4.2.2.3　突厥语族中民族语言的让步标记和让步句

突厥语族中的民族语言有撒拉语、哈萨克语、柯尔克孜语和乌孜别克语等。这些语言中使用让步连接词来表示让步关系。如撒拉语中谓语动词后接"ʧili"（虽然，但是）或后接"də"（即使，也），哈萨克语的"øjtse de"、"øjtkenmen"（即使，也）（耿世民 1985：112；116），柯尔克孜语的"bolso da"（尽管那样，但）、"antkeni menen"（虽然那样，但）。例如：

（51）anə　uʃer-se hami dər ʧili　　　　　　　aŋa aʁərəx joχdər.

那人　看 瘦弱 是 虽然……但是……他　病　有没

虽然那人看起来身体瘦弱，但是他没病。（林莲云《撒拉语简志》）

（52）sen jeʃa-kan asson voî-sa də men daʁə olan-madʒi.

　　　你　说　　　　　是　我　还　懂

　　　即使你讲的慢，我也还没听懂。　　（林莲云《撒拉语简志》）

（53）qaraŋʁə tyn bolso da taajəʃ dʒol menen dʒyryy maʁa qəjən bolʁon dʒoq.

　　　黑暗的　夜　虽是　熟悉　路那样　走　对我苦难　成为　没有

　　　虽然是天黑，但走熟路，对我来说，没有什么困难。（胡振华《柯尔克

孜语简志》）

（54）bul qəz　bala　keede　yjyndø ata-ene sinin tilin　antja　albaj

　　　这　姑娘　孩子　有时　在家　父母　的　把话（不太）不拿

erkelep beret antkeni menen mektepte dʒaqʃə oqujt.

撒娇　　虽然　那样　在学校　好　读

这个女孩有时候在家不太听父母的话，有点娇气，尽管如此，在学校读书

很好。（胡振华《柯尔克孜语简志》）

例（51）、（52）是撒拉语的让步句，主要还是通过在中心动词后接连接词，来表示让步或让转关系，即"V-ʧili"表示让转关系而"V-də"表示让步关系。例（53）、（54）是柯尔克孜语的让步句，除了"bolso da"、"antkeni menen"表示让步或让转关系之外，还有"oʃondoj bolso da"、"andaj bolso da"、"oʃentse da"都可以表示让步关系。

乌孜别克语的让转复句使用的是前后搭配的关联词语，主要关联形式是"gærtʧi…bolmæsæ hæm"和"berʌq…balædi"，相当于汉语的"虽然，但是"，"尽管，可是"。如：

（55）gærtʧi qiʃ fæsli kirgæn bolsæ bæm, æmmʌ hæwʌ jænædæ iɬliq edi.

　　　虽然　冬季节　进入　成为是　可是　气候　还　暖和　是

　　　虽然已进入隆冬季节，可是气候还很暖和。（程适良《乌孜别克语简志》）

例（55）中的关联标记"gærtʧi"（虽然）是表示让步的连词，而"æmmʌ"（但是、可是）是表示转折的连词，使用的是前后搭配的关联标记模式。

4.2.3 南岛语系中民族语言的让步关联标记和让步复句

南岛语系的一些民族语言主要是高山族的一些族群使用的语言，其中包括阿眉斯语、布嫩语、赛德克语和排湾语等。这些语言中都有表示让步的关联标记，如布嫩语中的"maiʃ"、赛德克语中的"ana asi"、"ani naq"。如：

（56）maiʃ łuvłuvao kutun hai nakaułuɨunim   hahanup.

　　　即使 刮风 明天（助）要去山里我们 打猎

　　　即使明天刮风，我们也要去打猎。（何汝芬《布嫩语简志》）

（57）ana asi kumumu heqin mukukesa digu, ini ku kita tsamats.

　　　即使 到 处 走 （助） 不 我 见 野兽

　　　即使我到处观望，也不见野兽。（陈康《台湾赛德克语》）

（58）ani naq tunalaŋ unupeyah hiya, muniro dawa ini kunubaro.

　　　虽然 跑 快 他 跳 （助）不 很高

　　　他虽然跑得快，但跳得不高。（陈康《台湾赛德克语》）

例（56）是布嫩语的让步句，使用了让步连词"maiʃ"（即使），例（57）、（58）是赛德克语的让步复句，分别使用了"ana asi"（即使）和"ani naq"（虽然），原书中将这两个关系词归为转折连词，而依据对让步分句以及关联标记的分析，我们认为将其认定为让步连词更好一些，而且从例子中看到，虽然存在转折语义关系，但是并没有表示这一关系标记出现，出现的关联词主要是表示让步的。

4.2.4 南亚语系中民族语言的让步关联标记和让步复句

南亚语系中的一些语言分布在我国的南部少数民族地区，主要有布朗语、布赓语、莽语和佤语等。有的语言中的让步关联标记借自汉语，如布赓语中的"sun⁴⁴zan³¹"（虽然）、"muɯ⁵⁵kun⁴⁴"（不管）（李云兵 2005：155），还有的让转复句使用的是前后搭配的关联标记，如布朗语中的"sum⁴…ŋɛi²…"（虽然，但是）。例如：

（59）ne⁴tu⁷¹ ɤn¹ sum⁴ uɤn² ŋom¹, ŋɛi² ɤn¹ ka⁷⁴ tɕai¹xɛn².

　　　身体 他 虽然 不 好， 但是他努力 学习。

　　　虽然他的身体不好，但是学习很努力。（李道勇、聂锡珍《布朗语简志》）

（60）zɛt¹ en² sum⁴ xai² nɔk², ŋɛi² ka⁷² un² ka⁷⁴ tuan¹.

　　　布 这虽然 好 看 但是它 不 结实

这布虽然好看，但是不结实。（李道勇、聂锡珍《布朗语简志》）

布朗语的这种前后搭配的关联标记模式同汉语的让转复句的结果模式是一致的。

4.2.5　系属不明的民族语言让步复句分析

少数民族语言中系属不明的语言有朝鲜语和京语，朝鲜语依靠连接词尾或接续助词来构成复句，京语中的让步关联标记有"tui¹la²"（虽然）和副词"kuŋ³"（也），但主要还是依靠副词起到标示作用。如：

（61）ma:i¹ jə:i² muɹə¹, toi¹ kuŋ³ di¹.

　　　明天　天　雨　　我　也　去

　　　（即使）明天下雨，我也去。

（62）nɔ⁵ khoŋ¹ doŋ²ji⁵, toi¹ kuŋ³ fa:i³ la:m².

　　　他　不　同意　　我　也　要　做。

　　　（即使）他不同意，我也要做。（欧阳觉亚等《京语简志》）

朝鲜语的让步复句表示让步的连接句，其连接词尾有"할지라도"（即便）、"있을지라도"（即使）、"심할지라도"（纵使）等。如：

（63）파도가 제아무리 심할지라도 우리는 용감히 배를 저어 나아가리 .

　　　纵令海涛汹涌，我们也要操舟前进。（《朝鲜语实用语法》）

（64）침략자와 싸우다 죽는한이 있을지라도 물러서서는 안된다 .

　　　即便和侵略者战斗而死，也决不能后退一步。（《朝鲜语实用语法》）

（65）제아무리 건강하다 할지라도 체육활동과 육체로동을 하지 않으면 점차 쇠약해진다 .

　　　即便身体如何健康，不进行体育锻炼和体力劳动，也会逐渐变衰弱的。（《朝鲜语实用语法》）

朝鲜语的让步复句的表现形式与阿尔泰语系中的语言类似，在谓语动词的后面添加表示让步语义关系的连接词尾。

通过对少数民族语言的让步关联标记和让步复句的分析和研究，可以看到，无论是在藏缅语族、壮侗语族还是苗瑶语族中，有一部分民族语言的让步复句和让转复句的关联标记是借自汉语，主要是"虽然"和"虽然，但是"这样的词语或关联模式。阿尔泰语系的一些少数民族语言则主要通过在中心动词后接让步副动词的方式来表示让步关系，而南岛语系中的民族语言是使用让步连词来引导让步复句。在关联标记模式上，既有前后搭配式，也有居端依赖式和居中粘结式。

4.3 印欧语系等语言中的让步关联标记和让步复句

上面已经分析过汉藏语系、阿尔泰语系、南岛语系和南亚语系的少数民族语言中的让步关联标记和让步复句，而还有一些语系语言的让步复句没有涉及，如印欧语系、尼日尔 - 刚果语系、乌拉尔语系等。由于资料的限制，有些语系语言的复句将无法分析，下面主要介绍印欧语系以及其他语系中一些语言的让步句。

4.3.1 印欧语系部分语言的让步复句分析

4.3.1.1 英语的让步关联标记和让步复句

英语让步句的研究很多，其中 König 先生的成果较多且讨论分析得全面而深入。König（1985、1986、1988、1994）分别研究了英语让步连词的历时演变问题；英语让步条件句、条件句和让步句的比较；从类型学角度分析了让步连词和让步句的规律和语用原则；专门讨论了让步从句。Harris（1988）研究了英语和罗曼语的让步从句。

英语的让步关联标记常见的有"（al）though"（尽管、虽然）、"even though"（尽管、虽然）、"even if"（即使）、"while"（虽然、然而）。如：

（66）I don't know that then, although I learned it later.

　　　那时我并不知道这事，尽管后来我知道了。（张道真《实用英语语法》）

（67）Though not large, the room was light and airy.

　　　房子虽然不大，采光和通风都很好。（张道真《实用英语语法》）

（68）He's an honest man even though I opposed him.

　　　尽管我曾反对过他，他还是一个诚实的人。（张道真《实用英语语法》）

（69）I wouldn't do it, even if you paid me a thousand pounds.

　　　即使你给我一千英镑，我也不干。（张道真《实用英语语法》）

上面四例是英语中的让步句，其中关联标记既可以在让步前分句句首，如例（67）的"though"，也可以在后分句的句首，如其他三例的让步关联标记。从这些关联标记的构成能看到它们的区别，"if"一般是表示假设和条件的标记，而"even if"多数情况下是表示假设让步，而副词 "even" 的使用实际上是对让步句中包含着的 "量" 的变化的体现，这种量主要是 "主观量" 发生变化的体现。

4.3.1.2 德语的让步关联标记和让步复句

德语中以连词 "obwohl"（虽然）， "auch wenn"（即使）等构成的让步从句最为常见和普遍。如：

（70）Obwohl es gestern in Strömen regnete，ging er pünktlich zer Arbeit.

尽管昨天倾盆大雨，他还是准时去上班。（刘光、张才尧《汉德语法比例比较》）

（71）Auch wenn wir das forgeschrittene Weltniveau auf dem Gebiet von Wissenschaft und Technik erreicht haben，müssen wir doch noch von anderen lernen.

即使我们的科学技术赶上了世界先进水平，也还要学习人间爱的长处。（刘光、张才尧《汉德语法比例比较》）

德语中的 "obwohl"、 "auch wenn" 这样的连词表示的是客观事实的让步， "auch wenn" 除了对客观事实表示让步，还可以对假设虚拟事件表示让步，而且 "auch" 和 "wenn" 之间可以插入主语等句法成分。如：

（72）Ich komme，auch wenn es schneit.[①]

即使下雪，我也来。

（73）Ich werde das Wörterbuch kaufen，wenn es auch nich so teuer wäre.

即使这本词典很贵，我还是要买的。（刘光、张才尧《汉德语法比例比较》）

上面两例中的 "auch wenn" 就是对假设情况的让步，例（63）中的 "auch" 和 "wenn" 之间被主语 "es" 分开，德语中其他的让步连词 obgleieh、obsehon、obzwar 包括 obwohl（都是 "虽然"、 "尽管" 义）， "ob" 和后面的成分也可以分开，中间加入主语等句法成分，这是德语让步连词非常独特的一点。在关联标记模式上，德语主要是让步关联标记居端依赖，要么是居中粘结，例（70）、（71）是居端依赖式，例（72）、（73）是居中粘结式。

英语和德语同属日耳曼语族，下面看看罗曼语族中法语和意大利语的让步从句。

---

① 马仁惠、孙秀民：《浅谈德语让步从句的分类及其翻译》，《外国语》1978 年第 2 期。

4.3.1.3 法语的让步关联标记和让步复句

法语的让步从句主要关联标记有 bien que、quoique、malgré que、encore que（尽管、虽然），表示假设让步的标记是 fût-ce（即使），还有一些表示无条件让步的标记 quoi que、quel que（常和 être 一起使用），两个词的意思都是"无论（如何）"。如：

（74）Bien que je le sache, je n'arrive pas à y croire.

尽管我知道，我也不能相信。（Margaret Lang & Isabelle Perez）

（75）Il punirait le coupable, fût-ce son proper fils.[①]

他会惩罚罪人的，即使是他自己的儿子。

（76）Quoi que vous fassiez, vous ne changerez rien à la situation

无论您做什么，您丝毫都不会改变局势。（Margaret Lang & Isabelle Perez）

法语中的让步关联标记模式主要是居端依赖和居中粘结。关联标记一般都在分句的句首引导让步分句。

4.3.1.4 意大利语的让步关联标记和让步复句

意大利语的让步关联标记有"pure se"、"seppure"，一般用在让步前分句之前。如：

（77）Pure se fosse malata andrebbe al lavoro.

Even if she were ill, she would go to work.（Claudio Di Meola）

即使她生了病，她也会去工作。

（78）Seppure malata ando al lavoro.

Though ill, she went to work.（Claudio Di Meola）

尽管病了，她仍然去工作。

（79）Ando, seppur malata, al lavoro.

She went, though ill, to work.（Claudio Di Meola）

尽管病了，她仍然去工作。

例（77）她并没有真的"病"，而是"假设病了"，是表示假设情况的让步，而（78）、（79）则是真病了，是真实情况的让步句。在关联标记模式上，主要是居端依赖式。

4.3.1.5 印地语的让步关联标记和让步复句

印地语是印欧语系印度 - 伊朗语族的一种语言，它的让步关联标记有"yadhypi"、

---

① 田庆生：《法语让步句的用法》，《法语学习》2008 年第 2 期。

"ha:lã:ki"、"ca:he"（尽管）、"agar -phir bhi："（即使）和"kyõ nahĩ："（为什么不）。详见下例：

（80）yadhypi/ha:lã:ki vah bahut ami:r hε phir bhi: vah kanju:s hε.

　　　although he very rich is still he miser is

　　　Although he is very rich, he is a miser.（Omkar N. Koul）

　　　尽管他很富有，却是个守财奴。

（81）ca:he a:p usko pi:toge bhi:, vah yah ka:m nahĩ: karega:.

　　　even if you he-dat beat-fut too he this work not do-fut

　　　Even if you beat him/her up, he/she won't do this work.（Omkar N. Koul）

　　　即使你把他 / 她打个半死，他 / 她也不会干这工作。

（82）vah kyõ na ka:phi: anurodh kare phir bhi: mẽ uske sa:th dilli: nahĩ: ja:ũ:ga:.

　　　he why do much insist do even then I he-gen with　　Delhi not go-fut

　　　Even if he insists, I'll not go to Delhi with him.（Omkar N. Koul）

　　　即使他一再坚持，我也不会跟他去德里。

印地语的让步关联标记在句法位置上也是在让步前分句的句首，例（80）、（81）都是居端依赖的关联标记模式，例（82）的情况较为复杂，表示让步的两个标记成分分属两个分句。

4.3.2　乌拉尔语系部分语言的让步关联标记和让步复句

乌拉尔语系我们选取了芬兰语和匈牙利语作为考察对象，这两种语言都属于芬兰 - 乌戈尔语族，芬兰语属于芬兰语支，而匈牙利语属于乌戈尔语支。

4.3.1.1　芬兰语的让步关联标记和让步句

芬兰语的让步关联标记有"vaikka"（尽管）、"joskin"（即使、虽然）。如：

（83）Tulen, vaikka olen sairas.

　　　I'll come, although I am ill.（Fred Karlsson）

　　　尽管我病了，我还是会来。

（84）Tulen, joskin saatan myohastya hiukan.

　　　I'll come, although I might be a bit late.

　　　我会来，即便我晚点到。

上面两例中芬兰语的让步复句中，让步关联标记位于让步分句的句首，表示让步语义关系。

4.3.1.2　匈牙利语的让步关联标记和让步句

匈牙利语的让步关联标记是"bár"（尽管、即使）。例如：

（85）Bár nem is ismertem a férfit, rögtön letegezett.（Rounds Carol）

Even though I didn't know the man, he used the familiar te form with me.

尽管我不认识这个男的，他使用了我熟悉的形式。

（86）Nem írtam a barátaimnak, bár gyakran gondoltam rájuk.

I didn't write my friends, though I thought of them often.（Rounds Carol）

我没有给同学写信，尽管我时常想到他们。

从上面两例可以看到"Bár"在例（85）是在整个句子的句首，而例（86）是在后分句的句首，这与英语中的"though"以及汉语的"即使"、"虽然"的使用情况类似，让步关联标记的句法位置一般情况是相对固定，如汉语"虽 Cl_1，Cl_2"是常用句式，但是仍然存在"Cl_1，虽 Cl_2"这样的用法。

4.3.3　闪 – 含语系部分语言的让步关联标记和让步复句

闪 - 含语系我们选取了两种语言，一种语言是阿拉伯语，另一种语言是希伯来语，二者都是闪语族中的语言。

4.3.3.1　阿拉伯语的让步关联标记和让步句

阿拉伯语的让步关联标记是"wa-ᵒin"（尽管、即使），例如：

（87）wa-ᵒin kaan-at bidaayat-u-hu taᵒaxxar-at ᵒanna-haa jaaᵒ-at.

Although his start was late, nevertheless it came.（Karin C. Ryding）

尽管他出发晚了，无论如何还是来了。

（88）Haqqaq-a l-Hulm-a fii miidaaliyyat-in wa-ᵒin kaan-at biruunziyyat-an.

He realized the dream of a medal although it was broze.（Karin C. Ryding）

他实现了奖牌的梦想，尽管是块铜牌。

4.3.3.2　希伯来语的让步关联标记和让步句

希伯来语的让步关联标记是"כי אם"（尽管），其中"כי"和"אם"是两个词，其中"כי"是代词，相当于汉语的"那个"，而"אם"是表示假设的连词"如果"，但是二者组合在一起就表示让步。如：

（89）‏שי ונל נחוניות דגולה , אמ כי אל וכמ בפריז‏

Paris　as　no though　large　shops we have

We have great stores，though not like in Paris.（Lewis Glinert）

我们也有大的商店，尽管它跟巴黎的不一样。

4.3.4　尼日尔 - 科尔多瓦语系部分语言让步关联标记和让步复句

尼日尔 - 科尔多瓦语系由分布在非洲的科尔多瓦语族和尼日尔 - 刚果语族构成，下面将要分析的是班图语（属尼日尔 - 刚果语族）中的 Eton 语（伊顿语）和 Supyire 语（Supyire 语是尼日尔 - 刚果语族中 Gur 语支的一种语言）。

4.3.4.1　Eton 语的让步关联标记和让步复句

Eton 语的让步关联标记为 "tɔ̀"，既有表示 "尽管"、"即使" 的意思，同时无条件让步复句关联标记也使用 "tɔ̀"，因此要根据不同情况做出相应理解。如：

（90）tɔ̀ mìní¹púdí ŋgwâmg m̀ pég ɲɔ̀, wáàyì ɲàbì

|tɔ̀　mìní-pùdì-H ŋgɔ̀g　H　H-ǹ-pég　ɲɔ̀　ú-â:-à-jì　L-ɲàbì|

CONC 2PL-put-CS [9]stone LOC AU-3-bag III.DEM III-NEG-SP-FUTINF-tear

Even if you put a stone in this bag, it will not tear apart.（Mark L. O. Van de Velde）

即使你把石头放进这个袋子，它也不会被弄破。

（91）tɔ̀ zá á¹sɔ́ vâ (ù)bé¹yázî mmɛ̀ ndà

|tɔ̀　zá　á-sɔ́-H　vâ (ù-)bé　L-jázî　H ɴ-mɛ̀　H=ndà|

CONC who I-come-CS here (2SG-)NEG INF-open LT 3-door III. CON=[9]house

Whoever comes here, you don't open the door.（Mark L. O. Van de Velde）

无论 / 不管谁来，你都别开门。

伊顿语的让步关联标记在句首引导让步前分句，是一种居端依赖式的关联标记模式。

4.3.4.2　Supyire 语的让步关联标记和让步复句

Supyire 语是马里东南部的 "Supyire" 族人使用的一种语言，Supyire 语的让步关联标记是 "mɛ́ɛ́"（尽管、即使），例如：

（92）U méé   m̄-pá, mìì sí ù   bwòn.

　　　he Concess IP-come I FUT FP.him hit

　　　Even if he comes, I'll hit him.（Robert Carlson）

　　　尽管他来了，我还是会打他。

（93）Yi méé   ú bó, mu ba   u a ù kàn ya à mà?

　　　They Concess him kill you it.is.not he perf him give them to neg.o

　　　Even if they (=the bush cows) kill him, wasn't it you that gave him to them ?

（Robert Carlson）

　　　即使牛群杀死了他，难道不是你把牛群交给他的吗？

　　从上面两例可以看到，Supyire 语的让步关联标记 "méé" 的句法位置是在让步前分句的主语后面，在关联标记模式是属于居端依赖式。

4.3.5　系属不明确的个别语言的让步关联标记和让步复句

　　这里的系属不明确的语言主要是指日语，前面在民族语言中分析了系属不明确的朝鲜语的让步关联标记和让步复句，日语的系属目前也无定论。日语的让步关联标记主要有 "noni"、"nimokakawarazu" 等，意思为 "尽管" 或 "即使"。例如：

（94）kare-wa   yoku mie-nai-noni   megane-wo kake-nai

　　　3SG:M-TOP well see-NEG-although glasses-Ace hang-NEG

　　　He doesn't wear glasses although he sees very little.（Emily Crevels）

　　　尽管他视力不太好，他也不戴眼镜。

（95）kare-wa   tuma-to kodomo-o aisi-te

　　　3SG:M-TOP wife-and child-Ace love-GER

　　　i-ta-nimokakawarazu/-noni wakare-ta

　　　be-PAST-althoughh   separate-PAST

　　　He left his wife and children, although he loved them very much.（Emily Crevels）

　　　他离开了妻子和孩子，尽管他很爱他们。

　　日语的让步复句连接方式是通过 "分句连用形 / 终止形＋让步关联标记，分句"（秦礼君 2006）的接续方式来构成的，因此从句法位置上来看，属于关联标记居中的居中粘结式关联模式。

4.4　小　　结

本章分析的语言包括汉藏语系、阿尔泰语系、南岛语系、南亚语系、印欧语系、乌拉尔语系、闪 - 含语系、尼日尔—科尔多瓦语系的多种语言，涉及语言有 42 种（包含谱系暂不明确的语言），从让步关联标记入手，对这些语言的让步关联标记的使用情况逐一进行了搜集和统计。下面对统计的情况给予说明，具体可参看文后附录。

在让步关联标记的使用方面，本书涉及的 42 种语言中，有 27 种语言是只使用单个让步关联标记构成让步句的，汉藏语系语言如纳西语的"buɜɬaɩ"（即使）、彝语的"ŋaraˇdyɩ"（即使 / 尽管）；南岛语系如布嫩语的"maiʃ"（即使）和赛德克语的"ani naq"（即使 / 虽然）；印欧语系如德语的"obwohl"（尽管）和芬兰语的"vaikka"（尽管 / 即使）等等，还有几种语言的让步关联标记是让步副动词，依附于动词之后，如果将这类情况看作是关联标记的单独使用，那么总数就达到 30 种。在前后分句同时使用关联标记的语言 10 种，而这其中以汉藏语系的语言居多。由此可见在让步关联标记的使用上，多数语言在让步关系表达方面，一个让步句倾向只使用一个让步关联标记。而汉语除了使用让步关联标记之外，同时还使用关联副词共同来实现整个让步语义的表示，显示出与其他语言不同的类型学意义。

在让步关联标记的数量方面，通过调查和比较我们发现一些语言中表示让步关系的关联标记数量很少，只有一两个或者两三个，如仓洛门巴语中只有"ŋiɩ puɩ"一个标记，既可以理解为"即使"，有些条件下又被翻译为"虽然"，芬兰语只有"vaikka、joskin"这两个，即使是标记使用较多的英语，其让步关联标记的数目也并不多。让步关联标记的数量个数较少固然是语言经济性的体现，但是数量稀少的让步关联标记为语义的表达和理解带来困难和麻烦，对语言学习者来说尤其如此。汉语中的让步关联标记在第 1 章中我们将其按标记的词汇结构分为五类，每一类的标记都有独特的语义特点用语用功能，能够充分表示让步语义关系，显示出汉语让步关联标记的独特价值。

在让步复句的关联标记模式方面，储泽祥、陶伏平（2008）提出的三种模式中，居中粘结的关联模式所占比例最大，比例接近一半（这包括前分句的句末使用关联标记和后分句句首使用关联标记，或者这两个句法位置同时使用关联标记的情况），如果将英语这种主句和从句句法位置可以互换的情况考虑进来，那么这个比例就超过一半。前后搭配式的关联标记模式的语言有 11 种，占全部的 26%，居端依赖的语言有 8 种，占整体的 19%。有的语言中让步句的关联模式既有居中粘结式，也有居端依赖式或者前后搭配，汉语就是这类情况的典型代表，显示出汉语在关联标记模式上的完备性。

综观这些语言中的让步关联标记，无论从让步关联标记的数量还是关联标记的模式上来看，汉语无疑是最丰富和最具多样性的一种语言。

第5章 让步关联标记个案研究

让步复句在表示让步语义关系时，让步关联标记起到了重要而积极的作用，无论是古代汉语、近代汉语和现代汉语，从甲骨文、金文中需要依靠推测的意合无标让步句，到先秦时期出现的诸如"虽 Cl_1，Cl_2"这样的单标让步复句，再到"虽然Cl_1，亦/也Cl_2"，直至近现代汉语中的"即使Cl_1，也Cl_2"这样的格式，各个时期不同的让步关联标记对让步语义的形式化起到推动和促进作用。本章将选取三个有代表性的让步关联标记，第一个是一度存在并使用而后逐渐消失的"虽使"，第二个是近代汉语产生和发展起来的"就算"，第三个是让步话语标记"退一步"类结构。这三个让步关联标记的演变发展过程，可以展现出让步复句的发展，也体现了语言的不断发展。

5.1 让步关联标记"虽使"的演变分析

5.1.1 "虽使"的早期用例分析

"虽使"是由让步标记"虽"与使役动词"使"结合而成的。"虽使"作为让步关联标记在春秋战国时期就已经出现在一些文献之中，其中《孟子》1例，《庄子》1例，《墨子》数例，《晏子春秋》1例。如：

（1）从许子之道，则市贾不贰，国中无伪；虽使五尺之童适市，莫之或欺。（《孟子·滕文公章句上》）

（2）今有子先其父死，弟先其兄死者矣，意虽使然，然而天下之陈物，曰："先生者先死"若是，则先死者非父则母，非兄而姒也。（《墨子·明鬼下》）

（3）婴闻拒欲不道，恶爱不祥，虽使色君，于法不宜杀也。（《晏子春秋·外篇第八·景公欲诛羽人》）

例（1）中"虽使五尺之童适市"，在"虽使"的理解上存在分歧，有人认为"虽使"可以看作一个让步连词，理解为"即使"或"纵然"，整句就是"即使五尺的孩童到集市中去，也没有人欺骗他"；也有人将其看成是两个词，即让步连词"虽"和使役动词"使"只是在线性结构上的组合而已，这样一来，原句的意思是"虽然/即使让五尺的孩童到集市中去，也没有人欺骗他"。其余两例中的"虽使"则只有一种用法，即充当让步连词，表示"即使"、"纵然"的意思。由于可供检索语料的制约，我们无法提供更早"虽"和"使"是如何结合在一起的例证，但是例（1）中的"虽使"用例仍然为我们提供了重要的证据，那就是"虽使"还处在词汇化和语法化的过程当中，"虽"和"使"没有完全固化为一个表示让步的关联标记，这与"语法化学说"中提出的语法化的三个阶段，即从"A"到"A/B"再到"B"这样一个过程是一致的，而例（1）与其余三例的出现时间虽然有先后，但是我们从这里也可以看到，在整个"虽使"词汇化和语法化的过程中，从"A/B"到"B"这一阶段存在着共存的情况。

杨伯峻、何乐士（2001）对古汉语中"虽"的使用有较详细的介绍和说明，孟凯（2004）对中古时期的让步复句及让步关联标记进行了研究，李晋霞（2006）讨论和分析了"使"字兼语句向复句演化这一现象，徐朝红（2008）对中古佛经连词进行了研究，对让步连词也有详细分析，蒋骁冀、徐朝红（2009）对让步连词"正使"的产生和发展也进行了探讨。虽然上述文献都对让步关联标记进行过研究和分析，仍然还有许多问题和内容值得关注，本书将在已有研究的基础上，以让步关联标记"虽使"的演进来考察让步复句的历时变化和关联标记的产生、使用和消亡的动态发展过程。

5.1.2 "虽使"句的句法结构与语义分析

"虽使"之所以出现例（1）与例（2）（3）解释上的差异，与其所在分句的句法结构有着密切联系，下面我们将对"虽使"常见的分句句法结构进行分析。

5.1.2.1　非关联标记"虽"＋"使"的用例分析

（4）人主虽使人，必以度量准之，以刑名参之；以事，遇于法则行，不过于法则止。（《韩非子·难二》）

例（4）中，"虽使"虽然在句子的线性序列上处于组合状态，但是在"人主虽使人"中，"人主"是主语，"使"是谓语，"人"是宾语，这里的"虽"、"使"不是表示让步的关联标记，可以将"虽"看成是动词"使"的修饰成分。

5.1.2.2　中间状态的"虽使"句法分析

（5）今执厚葬久丧者之言曰："厚葬久丧，虽使不可以富贫、众寡、定危、治乱，然此圣王之道也。"（《墨子·节葬下》）

（6）旧国旧都，望之畅然；虽使丘陵草木之缗，入之者十九，犹之畅然。（《庄子·则阳》）

例（5）中"虽使不可以富贫、众寡、定危、治乱"，这个分句的结构较为复杂，在理解上，这个分句的意思是"虽然不能使贫穷的国家富裕，使稀少的人口增多，使危难得到平定，使混乱得到治理"。从句子的语义关系可以看到，句子存在着"使动用法"，巧合的是，句中也有使役动词"使"，二者之间是否存在联系呢？我们觉得这里的"虽使"情况较为复杂，它既可以被认为是一个表让步的关联标记，同时例（5）的"虽使"分句可以进行适当的句法操作，变换成下面的句子。

（5'）虽不可以使贫富、（使）寡众、（使）危定、（使）乱治

例（5）中的使动用法是来自于"富"、"众"，"定危"和"治乱"它们本身是能够成立而且意思也是很明确的，经过句法操作后的（5'），"虽"独自承担了表示让步的语义关系而使役动词"使"同句中的其他成分形成动补结构，其实（5'）可以看成是例（5）的深层结构，二者之间确实存在着转化与被转化的关系，因此例（5）中的"虽使"我们认为是处于词汇化的中间状态。

同样，例（6）中的"虽使"与此类似。整个句子都围绕着"旧国旧都"这个话题（topic）展开，其后的四个分句中的"之"有三个"之"都与话题有关，可以认为它们是对前面话题的照应，是代词，除"犹之畅然"中的"之"是结构助词以外，"望之畅然"、"入之者十九"中的"之"指的就是"旧国旧都"。然而"虽使丘陵草木之缗"分句中的"虽使"和"之"这两个句子"片段"在句法结构和语义关系方面，我们可以给出两种不同的但是各自都能成立的解释。第一种，将"虽使"

理解为是让步关联标记，"之"字认定为"取消句子独立性"的成分，原句就是"即使丘陵草木杂芜"。前面说到，整个句子在谈"旧国旧都"，而这里叙述的是"丘陵草木杂芜"，似乎与话题关系不够密切，于是我们给出第二种解释，将"虽使"所在分句进行句法结构的变换，可以得到"虽丘陵草木使之缛"，变换之后可以发现，首先是将"虽使"这个线性组合片段分开，"使"字成为使役动词。为了便于分析，我们将原句整体列出，详见例（6'）。

（6'）旧国旧都，望之畅然；虽丘陵草木使之缛，入之者十九，犹之畅然。

变换后得到的"虽丘陵草木使之缛"，意思是"即使丘陵草木让旧国旧都变得荒芜"，"虽"字独自承担了表让步的语义关系，"丘陵草木"成为让"旧国旧都"得以"缛"的原因，这里"之"字就与整个句子的话题保持了一致，而且理解起来也更合理，最为主要的是变换后的句子与后一分句"入之者十九"在语义关联上显得更顺畅，"入者，谓入于丘陵草木所掩蔽之中也"，这里仍然是在叙述"旧国旧都"十之有九都为丘陵草木所掩蔽，这也与前一句的"缛"相呼应。

从对例（5）、（6）的分析来看，"虽"与"使"既可以看成是让步连词，也能够解释为"虽"是表示让步的关联标记，"使"是表示使役的动词，处于中间状态。但是值得注意的还有这两例带有"虽使"的组合片段分句之后，分别出现了转折连词"然"和副词"犹"。这样的搭配模式在"虽使"的关联标记使用当中具体有什么样的情况，下文将专门考察。

例（1）中"虽使五尺之童适市"与例（5）的"虽使不可以富贫、众寡、定危、治乱"这两个包含"虽使"结构的句子，在句法上存在共同点，例（1）中"使"后是一个"主谓宾"结构完整的结构，例（5）的"使"之后是一个承前省略主语的主谓结构，主语是"厚葬久丧"，于是我们可以得到这样一个句法结构：虽＋使＋S（NP＋VP），从句法结构的位置可以看到"使"处于"虽"和"NP"之间，与"虽"结合能够成为让步连词，而与其后的"NP"构成动宾关系，也正是这一特殊的句法位置导致"虽使"存在两种用法的分析和解释。但是并非所有的"虽＋使＋S（NP＋VP）"都会导致"虽使"的中间状态，下面将会对此做进一步的解释。

5.1.2.3 关联标记"虽使"分句的句法分析

"虽使"在上面讨论的两种情形下，虽然形式上组合在一起，但实际上都不能看成是表示让步的关联标记。只有当"虽使"所在的分句满足一定的条件，才可以判断"虽使"成为了连词。

（7）虽使鬼神请亡，此犹可以合驩聚众，取亲于乡里。（《墨子·鬼明下》）

（8）虽使下愚之人，必曰："将为其上中天之利，而中中鬼之利，而下中人之利，故誉之。"（《墨子·非攻下》）

（9)晋以孤军远来，势难持久，虽使入汴，不能守也。宜幸洛阳，保险以召天下兵，徐图之，胜负未可知也。（《新五代史·卷四十二》）

例（7）中，"虽使"后接的依然是一个主谓结构——鬼神请亡，"虽使鬼神请亡"的意思是"即使鬼魂神灵本身不存在"。如果按照前面的分析，"虽使鬼神请亡"这一分句，"使"与"鬼神"之间存在"致使"语义关系，但是在这里，二者虽然在理解上给人感觉存在使役性的因素，但是根据当时的实际情况，在祖先崇拜、鬼神崇拜的古代，先民们是没有能力"使鬼魂神灵不存在"的，这里即便有一点点使役性的意思，那也是一种基于使役动词"使"的"弱使役性"，更多的是"虽使"所在分句传递的较强的"让步"语义关系。

例（8）中"虽使"后接的是一个偏正短语——下愚之人，全句的大意是说"即使是最愚笨的人，也会说……"。这里的"使"与其后的"下愚之人"就没有类似致使或是处置的关系，"虽使"是表示假设关系和让步的标记，墨子在句中假设了一位"下愚之人"，借用他的口说出表示让步的话语。

例（9）"虽使"后接的是一个动宾短语——入汴，此句是一位大臣对敌人"晋军"进攻的假设性预测，他是没有使役"晋军"的能力和意愿的，在句中"虽使"结合在一起，充当让步连词，对"晋军入汴"做出虚拟性的推测和让步。

从上面的分析我们可以发现，通过对动词"使"的"使役性"强弱和"虽使"的"让步性"强弱的判断，以及组合片段"虽使"后接成分与其句法结构的分析，能够判断出在什么情况下"虽使"是让步标记，什么条件下"虽使"不是一个语言单位，而是让步标记"虽"与使役动词"使"的线性组合。具体见表 5-1 所示。

表 5-1　"虽+使"句法语义属性区分表

	使役性	让步性	虽+使／虽使
虽＋使＋S(NP＋VP)	＋	－	虽＋使
虽使＋DP(A＋NP)	－	＋	虽使
虽使＋VP(V＋NP)	－	＋	虽使

5.1.3 "虽使"的关联标记模式分析

"虽使"充当让步标记，在句中有时是单独使用，有时与"犹"、"亦"、"也"等关联性副词搭配使用。

5.1.3.1 "虽使"的单独使用

"虽使"充当让步标记，单独使用时，都出现在表"让步"的分句当中，而且此类复句的语序都是"虽使 p，q"，"虽使"处于句首，属于"居端依赖式"的关联模式。

（10）臣谨稽之天地，验之往古，案之当时之务，日夜念此至孰也，虽使禹舜生而为陛下计，无以易此。（贾谊《新书》）

（11）用此以设备，虽使敌人善攻，不足畏也！（陈规《〈靖康朝野金言〉后序》）

上两句中，让步标记"虽使"单独使用，而且是在分句的句首，使得其后所接的分句不能自足，从而造成前分句对后分句形成依赖关系。在我们统计的语料中，"虽使"的分布都是出现在前分句的句首，暂未发现"虽使"有类似"即使"可以出现在后分句的用法。

5.1.3.2 "虽使"与关联副词配对使用

"虽使"除了单独使用外，还与一些关联副词搭配使用，形成"前后配套"的关联标记模式，与"虽使"配套使用的关联副词有"亦"、"犹"和"也"，不过与三个关联副词搭配使用的时间存在差异，与"犹"字配套使用在古代汉语中已经出现，而与"也"和"亦"字配套使用到唐宋之际的近代汉语阶段才出现。

（12）欲见未尽力，而求获功赏，或著能立事，而恶劣弱之谤，是以役以棰楚，舞文成恶，及事成狱毕，虽使皋陶听之，犹不能闻也。（恒谭《新论》）

（13）信为神物所相，虽使江河合灾，惊涛怀山，大浸崩驱，暴猛来敌，亦不能轶峻防而侵厚趾。（《全唐文》）

（14）如使可为，虽使百万般安排，也须有息时。（朱熹《河南程氏遗书》）

例（12）中，"虽使"与"犹"配套使用，例（13）、（14）分别是"虽使"与"亦"、"也"的搭配使用，如果用现代汉语翻译，就相当于"即使，也"这样的关联标记模式。

5.1.4　"虽使"的历时使用分布统计及说明

5.1.4.1　"虽使"的历时使用分布统计

通过对语料库的检索，共找到含有"虽"、"使"组合使用的例句 123 例（先秦—民国，该数据已排除因历代文献中存在重复引用的 32 例），其中"虽使"以让步标记使用的有 109 例，其余 14 例的句法结构是"虽＋使＋NP"，是让步标记"虽"和动宾结构"使＋NP"，"虽"与"使"虽然前后相接，但二者没有构成让步标记。

表 5-2　"虽使"历时使用统计表

		先秦	汉魏六朝	隋唐	宋	明清	合计
非关联标记用法		2	2	1	4	5	14
关联标记用法	单独使用	7	5	7	26	2	47
	配套使用	4	8	7	32	11	62
合计		13	15	15	62	18	123

对表 5-2 的数据进行处理得到下面的柱状图，通过柱状图我们可以对"虽使"的历时使用有更直观的了解。

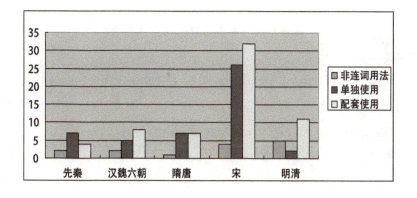

经过对语料的分析，在先秦的文献中，"虽使"充当关联标记最集中的文献主要是《墨子》，之后的两汉、六朝文献中较少使用"虽使"，而到了唐宋，"虽使"充当让步标记的用例又逐渐多起来，在《全唐文》、"三苏"的作品（仅苏辙的作品集中"虽使"的让步标记用例多达 20 多例）以及《朱子语类》中都有较多使用，"虽使"的让步标记用法在宋代达到了高峰，无论是单独使用，还是与"亦"、"犹"、

"也"等搭配使用，用例都超过以往，同时从统计数据来看也是绝后的。随后的元明清乃至民国，"虽使"的让步标记用法又逐渐减少，以至现代汉语中已不见"虽使"的让步标记用法。值得关注的是表5-2中"虽使"的非连词用法，即"虽"表示让步，而"使"与其后的体词性成分构成动宾结构的用法一直都是存在的，尽管用例不是很多，这也再次说明，经历过语法化或是词汇化的一些语言单位，"源"格式与演变形成的新成分可以长时间的共存。

5.1.4.2 对"虽使"后接成分的说明

通过对历时语料的统计和分析，发现"虽使"主要使用在对一些虚拟性事件进行让步的分句中，常见的虚拟性事件就是假设已经过世的先贤圣人可以复活。如：

（15）不然，则虽使咎、夔、稷、契，尽入其庭，亦叶公之见龙，反疑惧矣，况氤氲之中乎，恍惚之际乎。（《全唐文》）

（16）某尝谓，虽使圣人复生，亦只将《六经》《语孟》之所载者，循而行之，必不更有所作为。（朱熹《朱子语类》）

例（15）中假设"咎、夔、稷、契"等上古人物可以出现，例（16）"虽使"后接"圣人复生"这样的假设句子，这些都是对现实状况的一种主观想象，而且都是对历史的回溯，另外还有对未来进行假设的。如：

（17）盖公之大节，落落如此，虽使千载之后，犹当推求遗迹，以劝后来。（苏辙《栾城集》）

例（17）中苏辙对句中提到的"公之大节"，即使是千年之后，也都能够劝勉后人。上面提到的无论是对历史人物的假设还是对千年之后的想象，都是虚拟性的，"虽使"后接成分除此之外，有一些后接分句陈述的则是事实。如：

（18）酒至半酣，昭谓贾充曰："人之无情，乃至于此！虽使诸葛孔明在，亦不能辅之久全，何况姜维乎？"乃问后主曰："颇思蜀否？"后主曰："此间乐，不思蜀也。"（罗贯中《三国演义》）

上例是对典故"乐不思蜀"历史事件的说明和描写，句中"虽使"后接的分句是"诸葛孔明在"，司马昭这里是对辅佐后主的诸葛亮和姜维进行评价，仅就当时三国的实力对比以及刘禅已经沦为俘虏来看，诸葛亮确实没有能使得蜀国国运长久，这里是对具体历史事实的陈述，没有假设和虚拟的成分在里面。

5.1.5 "虽使"演变结果以及让步关联标记的"使役"类特征

5.1.5.1 "虽使"演变结果及共时表现

在"虽"充当让步标记、"使＋S"构成使役性动宾结构的"虽＋使＋S"结构中，处于居中位置的动词"使"，既可以发挥其使役动词的特性，同后接的成分构成使役关系，同时也可能受到它前面的让步标记"虽"虚拟性和主观化的影响，而与之结合为双音节的让步标记，变为"虽使＋S"，这一现象早在先秦就已经存在。在漫长的历时发展过程中，"使"时而与后接分句的主语构成动宾结构，时而与前面的"虽"词汇化为让步标记，二者在语言使用中相互竞争，此外，由于汉语中其他让步标记的存在，"虽使"同其他的让步标记也存在竞争关系。在古代汉语和近代汉语中，"虽使"结构的非词用法和让步标记用法是并存的，但是进入现代汉语阶段，这种情况发生了变化，"虽使"的让步标记的连词用法已难觅踪迹，它在这方面的竞争中输给了"即使"、"虽然"等现在常用的让步标记。目前可以见到"虽使"出现在句子中都是"'虽'＋'使＋NP'"这样的用法。如：

（19）杂交虽使基因重组，创造出新的基因型，却不能产生新的基因，比如金鱼的眼睛不发生突变，那么，不管如何杂交重组，都只能产生正常眼，而突变却可以产生新的基因，如眼突变出现水泡眼、朝天眼等性状，通过杂交重组又出现朝天泡眼新品种。（《长江日报》1997 年 8 月 26 日）

（20）经济全球化的自由性和不平等性，虽使新世纪的国际经济关系在总体上趋于合理化，但国际贸易摩擦和国际金融纠纷将加剧，局部冲突将增多。（《人民日报》2000 年 6 月 8 日）

上面两例就是现代汉语中，能够见到"虽使"处于线性组合的用例，这里的"虽使"看上去是组合在一起，但是在句法结构层面，"虽"与"使"却不属于同一个层面，"虽"的位置虽然看上去在句子内部、主语之后，但是它可以移位，移动到句首，成为关联标记，而"使"不能够随它一起移动，此时的"使"是分句的主要谓语动词，只是表示"致使"、"导致"的意思。

（19'）虽（然）杂交使（得）基因重组，创造出新的基因型，却不能产生新的基因……

（20'）虽（然）经济全球化的自由性和不平等性，使（得）新世纪的国际经济关系在总体上趋于合理化，但国际贸易摩擦和国际金融纠纷将加剧……

　　在上面经过变换的两个例子中，能够更清楚地看到现代汉语中"虽使"的结构关系和语义关系，可以将其看成是"虽然使得"的缩略说法。

5.1.5.2　含"使、令"类让步关联标记的"使役"特征

　　语汇在整个语言系统中，相对于语音、语法而言是最活跃的组成部分，随着时代变迁、社会发展，时常有新的词汇产生和使用，与此同时有一些词汇由于各种原因的综合影响而不再被使用，成为"词汇化石"。在让步关联标记的历时演变过程中，同样存在这种情况。值得注意的是，从上古到中古这期间出现较多表示让步关系的连词，有"使"类的连词，如"虽使"、"正使"、"设使"、"假使"、"纵使"；"令"类连词，如"即令"、"设令"、"纵令"。这些表让步的连词都是"连词＋使／令"的构词方式，显示出与使役动词的密切关系。一般来说，让步语义可以是自己的主动让步，也可以是被迫让步，无论是主动的还是被动的，这些都与"使役"动词的"致使"性、"使成"性语义特征密切相关。如：

　　（21）著能立事，而恶劣弱之谤，是以役以棰楚，舞文成恶，及事成狱毕，虽使皋陶听之，犹不能闻也。（恒谭《新论》）

　　（22）杀我父兄，枉死伤苦，今乃报雠父罪，即当快吾心意。吾今欲食汝心，将为不足；纵使万兵相向，未敌我之一身。（《敦煌变文·伍子胥变文》）

　　（23）程正思言，当今守令取民之弊，渠能言其弊，毕竟无策。就使台官果用其言而陈于上前，虽戒敕州县，不过虚文而已。（朱熹《朱子语类》）

　　例（21）中"虽使皋陶听之"、例（22）中"纵使万兵相向"、例（23）中"就使台官果用其言而陈于上前"，这里分别使用了"虽使"、"纵使"和"就使"这三个让步关联标记，但是在实际分析和理解时，"虽使皋陶听之"这个分句中，让步关联标记"虽使"中"使"的"使役"性语义仍有体现，因为分句中"皋陶听之"这一行为存在主动和被动之分，主动指的是"皋陶听之"是"皋陶"自发的行为（虽使／即使＋皋陶听到这事），还有就是被动行为"皋陶听之"是"虽然让／使＋皋陶听到这事"，两种理解都是成立的，"纵使万兵相向"和"就使台官"都存在这种情形，这表明即便是这些"使、令"动词与单音让步关联标记结合为双音让步关联标记之后，它们原本拥有的使役性语义特征依然得到体现，这可以结合第 2 章中提及的"路

径依赖"以及储泽祥、谢晓明（2002）提出的"语义俯瞰"①来得到说明和解释。

此外以"即使"这一结构为例，前面分析过它可以分析出两种结构和用法："即使"（副词＋使役动词）、"即使"（副词＋假设连词），第二种情况的"使"语法化为"假设连词"，而其他的"即令"、"就令"、"设令"等带有"令"的关联标记中的"令"并没有再演变出表假设的用法，中古近代前期一直在使用的含有"令"的让步关联标记，而到了元明以后，这些让步关联标记的使用逐渐减少甚至不再使用。我们觉得"使"的进一步虚化能够解释为什么后来"即令"逐渐失去竞争优势而很少再使用的现象，而当"令"没有再向前虚化，因此"即令"等标记在表示假设让步的语义关系上已经和"即使"产生了差距，在竞争发展过程中被淘汰，反映出让步关联标记的形成和发展始终是一个动态的过程。

5.2　让步标记"就算"的句法语义分析及与相关词语比较

"就算"无论是在口语还是书面语中都是常用的表示让步语义关系的关联标记，该词出现的时间较晚，近代汉语中才出现，由关联性副词"就"和动词"算"组合构成，词汇意义和语法意义既受到两个构成要素的影响，而且已经词汇化为整体的"就算"还具有自己独特的句法语义特征。"就算"演变为让步标记经历了词汇化历程，与之几乎是同期发展的还有一个让步标记——就是，二者之间存在怎样的关联本节会给予关注，同时经常使用的短语词"就算是"是否是"就算"与"就是"两个词语经过"截搭"后形成的介于词和短语之间新的结构，这也将是讨论的重点。

5.2.1　"就算"的历时发展及"就算₁"与"就算₂"的区分

5.2.1.1　"就算"的历时发展

"就算"在语篇或句子中以"副词＋动词"或是"关联标记"出现都是在近代汉语阶段，从所搜集分析的历时语料可以看到，最早出现在元明时期，之前的文献资料中没有"就算"的相关用法，而由于元代历时较短，"就算"频繁使用的时代是从明朝开始。如：

---

① 储泽祥、谢晓明：《汉语语法化研究中应重视的若干问题》，《世界汉语教学》2002 年第 2 期。

（24）今日清早起开铺，就算着这一卦，好不顺当，我也不起卦了。彭祖，与我关上铺门，我注《周易》去也。（王晔《桃花女破法嫁周公》）

（25）且等我照顾八戒一照顾，先着他出头与那怪打一仗看。若是打得过他，就算他一功；若是没手段，被怪拿去，等老孙再去救他不迟，却好显我本事出名。（吴承恩《西游记》）

（26）今日二钟来，你替我将几两碎银做个东道，就算我请他一席。（冯梦龙《喻世明言》）

上面三例中的"就算"不是一个词，而只是两个紧邻的句法结构，"就"是表示顺承的关联副词，"算着这一卦"和"算他一功"都是动词"算"与"这一卦"、"他一功"这样的体词性短语构成的动宾结构，"算我请他一席"则是动词"算"后接一个由小句充当的宾语。例（24）中的"算"是"推算、演算"的意思，而例（25）、（26）中的"算"是"算作、当作"的意思。由于这种"副词＋动词"的"就算"在汉语双音化得整体影响下，在阅读和理解时往往呈现出"双音词"的特点，因此用"就算$_1$"标记。这种用法从近代汉语中保留了下来，现代汉语中仍然有这样的用法。如：

（27）他们以为只要一向日本军人磕头便可以富贵双临。没料到，日本军是要详加选择，而并不摸摸脑袋就算一个人。（老舍《四世同堂》）

（28）"冯师，你就差再拿一个巴拿马万国博览会金奖了，那样这篇铭文就算做足了文章。"杨重道。（王朔《你不是一个俗人》）

（29）去年炸过一些煤井，但大都是走过场，放两管炸药在井口炸一下就算炸封了，过几天稍加维修便可恢复生产。（《人民日报》2002年4月25日）

上面这些例句是现代汉语中"就算$_1$"的用法，三例中的"算"可以理解为"算作"、"当作"。"就算"除了"就算$_1$"这样的使用现象之外，还有让步关联标记的用法。如：

（30）西门庆道："就算有，我也不怕。你说你有钱，快转换汉子，我手里容你不得！我实对你说罢，前者打太医那两个人，是如此这般使的手段……"（《金瓶梅》）

（31）李纨等都笑道："这可又是胡说。就算你是个没出息的，终老在这里，难道他姊妹们都不出门的？"（曹雪芹《红楼梦》）

（32）就算父亲无意功名，也要把这进士中了，才算得作完了读书的一件大事。（文康《儿女英雄传》）

例（30）中"就算有"这一分句的句法结构是"就算＋有"，而不是"就＋算有"；

例（31）中"就算"后接的是"的"字短语；例（32）紧跟"就算"的是一个主谓宾齐全的分句。以上三例中的"就算"不再适用"就算₁"的句法分析方式，而且语义与"就算₁"也有较大差别，此时关联副词"就"和动词"算"已经词汇化，两个原本可以各自单独使用的词语已经"固化"为一个词语，拥有新的语法意义，具有新的句法功能，成为表示让步的关联标记，我们将其记为"就算₂"。"就算₂"的关联标记用法在现代汉语中依然存在，《现代汉语词典》（2005：734）中对"就算₂"有如下解释：

【就算】：〈口〉连词即使：～有困难，也不会太大。

我们来看看"就算₂"在现代汉语中的一些用例：

（33）李　三　你还不明白？前面茶馆，后面公寓，全仗着掌柜的跟我两个人，
　　　　　　　无论怎么说，也忙不过来呀！

　　　王淑芬　前面的事归他，后面的事不是还有我帮助你吗？

　　　李　三　就算有你帮助，打扫二十来间屋子，伺候二十多人的伙食，还要沏
　　　　　　　茶灌水，买东西送信，问问你自己，受得了受不了！（老舍《茶馆》）

（34）我对你哪样了？就算我有时爱跟你吵，那也是人家……那人家还不是最后每回都跟你承认错误了？我也没说我对呀。（王朔《过把瘾就死》）

（35）就算几十年后，"打工仔"已经从人们口头上消失了，"打工仔现象"也是不可磨灭的，因此这个词就有必要"入典"。（《人民日报》2002 年 5 月 16 日）

以上三例中的"就算"就是本书讨论的"就算₂"，都可以用"即使、纵然"这样的让步标记来替换，而在句法语义方面都不会有多大改变。例（33）中让步分句是由让步标记"就算₂"和"有你帮助"构成，这里对"王淑芬"的帮助给予承认，并对"全仗着掌柜的跟我两个人"这一结论做出让步；例（34）中"就算₂"与"我有时爱跟你吵"这个句子构成让步分句，这里是对"吵架"的事实的存在做出让步；例（35）在句法形式上"就算₂"与时间短语"几十年后"构成一个分句，但实际上是和"'打工仔'几十年后从人们口头上消失了"这一命题构成假设让步关系，这里对"打工仔"这一词语几十年后是否仍在使用做出假设，在"是"和"否"之间，作者做出了"否定"的让步。

5.2.2 "就算₂"的固化分析

"就算₁"从句法结构层面来看，关联副词"就"是与动词"算"及其后接成分构成一种"副词＋动词短语"的状中结构（Ad＋VP），实际上两个词存在着"跨层"（cross-structure）现象，为了便于研究，暂且将二者看为一整体。"就算₂"与"就算₁"有着密切联系，"就算₂"是由"就算₁"经过一系列的演变最终词汇化为让步标记的。

5.2.2.1 句法结构的关系与变化

"就算₁"所处的大的句法结构是一个状中结构，也即"Ad＋VP"，副词"就"修饰之后的整个谓词性结构（充当宾语的可能是词、短语或者小句）。如：

（36）黛玉笑道："彼时不能答，就算输了，这会子答上了也不为出奇。只是以后再不许谈禅了。连我们两个所知所能的，你还不知不能呢，还去参禅呢。"（曹雪芹《红楼梦》）

（37）那国师若能叫得龙王现身，就算他的功劳。（吴承恩《西游记》）

（38）你将来长大时，切不可胡行乱跑，接交朋友，当遵你母亲、外公的教训，就算你是孝子，更要听老家人规劝。（李百川《绿野仙踪》）

由动词"算"构成的"结构"情况复杂，有时"算"后面接的是"输、赢、完"等谓词性成分，构成述补结构，如例（36）中的"算输（了）"；有时"算"后面是像例（37）的"他的功劳"这样的"定中短语"或"算我的"这样的"的"字短语；还有"算"后接一个完整的小句，如例（38）的"你是孝子"。

很多情况下，副词"就"还可以看成是假设复句关联模式"若/如果……就"中后分句的关联标记。如例（36）中，"彼时不能答，就算输了"本就含有假设语义，可在前分句加上"若/如果"，变为"若彼时不能答，就算输了"，如果将这些关联标记都隐去，得到"彼时不能答，算输了"，结合上下文，还是能够明白这句话的意思，只要将"算输了"中添加一个代词"你"，变为"算你输了"，这样就能很清楚地看到"就算₁"的"就"和"算"并非在同一句法层面上。按照这种分析，可以对例（37）进行相同的操作，得到下例：

（37′）那国师若能叫得龙王现身，算他的功劳。

（37′′）那国师能叫得龙王现身，算他的功劳。

例（37′）是将关联副词"就"删除，例（37′′）则是将"若……就"这一对关联标记都删除，经过变换后的两例，在句子理解方面没有本质改变，只是由于缺少相关标记，人们在理解时不再那么直接。

与"就算₁"相比，让步标记"就算₂"在句法结构上与之有明显差异。首先是，"就算₂"已经是一个固化为整体，成为了一个词。如：

（39）我就算依了你，春梅贼小肉儿他也不容。（《金瓶梅》）

（40）林寨主你是沉不住气哇，就算是龙潭虎穴，胜爷何惧之有呢？（张杰鑫《三侠剑》）

上面两例中的"就"如果删除，得到：

（39'）我算依了你，春梅贼小肉儿他也不容。

（40'）林寨主你是沉不住气哇，算是龙潭虎穴，胜爷何惧之有呢？

这里得到的两个句子意思较之原句已经受到较大影响，而且明显可以看到原句中的让步和假设的关系在变换后的两句中都没有。再来看看将"算"删除后的情况：

（39''）我就依了你，春梅贼小肉儿他也不容。

（40''）林寨主你是沉不住气哇，就是龙潭虎穴，胜爷何惧之有呢？

我们发现，上面两例在删除了"算"之后，仍然是可以成立的，而且与原句意思基本一致，还是让步复句。先看例（39''），虽然前分句中只有"就"，但此时的"就"已经不再是副词，而是关联标记"就是"的缩略说法，《现代汉语词典》（2005：733）对此有专门解释：

就³连表示假设的让步，跟"就是"相同：你～送来，我也不要。

既然"就"有时候与让步标记"就是"相同，那么例（40''）理所当然是能够成立的。这里涉及"就算"、"就是"以及"就算是"三者之间的关系，我们将在后面专门讨论这个问题。

5.2.2.2 语义关系及语用情况比较分析

从上面的分析可以看到，"就算₁"在结构上可以拆分开来使用，没有"就算₂"那么紧密，接下来我们将对二者的语义关系和语用情况进行分析。

"就算₁"由于动词"算"的义项丰富，因而用法也较丰富。如：

（41）雨墨此时见剩了许多东西全然不动，明日走路又拿不得，瞅着又是心疼，他哪里吃得下去，喝了两杯闷酒就算了。（石玉昆《七侠五义》）

（42）包下这片林子，每年交80车沙蒿给村里就算承包费。（《人民日报》1995年）

（43）我们班里，就算他年纪最小。（《现代汉语词典》）

例（41）中，这里的"就算了"中"算"是"作罢，不再追究"的意思；例（42）中"就算承包费"，"算"意思是"认作、当作"；例（43）"就算他年纪最小"中的"算"是"表示比较起来最突出"的意思。而"就算₂"在上文我们已经列出其语义，词典选择使用"即使"这一词来对其进行解释，实际上"就算₂"的词汇意义既不能用"就"、"算"之中某一个词的意思来替代，也不是二者各自语义的简单加合，"就算₂"词汇意义已经虚化，更多的是它传递出表示句法关系的意义，即"就算₂"表示让步语义关系的语法意义。如：

（44）好，我说你不赢，就算你是丢了提包，但是你走的时候，不曾将提包交给我收管，我也不能负责任。（不肖生《留东外史续集》）

（44'）好，我说你不赢，你是丢了提包，但是你走的时候，不曾将提包交给我收管，我不能负责任。

从上面两例可以看到，没有使用让步关联标记"就算₂"的例（44'）"你是丢了包"陈述的是一个事实，而例（44）"就算你是丢了包"，明显的是对"是否丢包"这一事实仍有疑惑或怀疑，为了缓和语气，暂时退一步承认"丢包"的事实，而这些都是与"就算₂"的使用密切相关，正是使用了关联标记"就算₂"，才使得例（44）的让步和假设语义关系得以体现，"就算₂"的意义更多是句法关系层面的意义，而不再是词汇层面。

5.2.2.3 "就算₂"固化的动因

从结构较为松散的"就算₁"到结构紧密的"就算₂"，这中间"就算₂"经历了词汇化，哪些原因导致了"就"和"算"固化在一起，成为一个让步标记呢？

首先是"就算₁"所在句法环境存在诱因。"就算₁"常见的句法环境是"Ad＋VP"，下面将通过一些句法操作，找到诱因所在，我们以"就算他赢"为例进行分析和说明。

（45）他将对方击倒，就算他赢。

（46）就算他赢，也是胜之不武。

例（45）中"就算他赢"分句的"就算"是"就算₁"，其句法结构是"状语（就）＋谓语（算）＋宾语（他）＋宾语补语（赢）"，即"Ad＋V＋O＋OC"；而例（46）中第一个分句中的"就算"是让步标记"就算₂"，其后的"他赢"是一个简单的主谓结构充当的小句，此时的句法结构是"让步标记＋分句"，即"Concessive marker ＋

Cl"。从下面的这个推导式能够更直接看到"就算"演变的句法结构诱因所在。

Ad ＋（V ＋ O ＋ OC）⟶（Ad ＋ V）＋（O ＋ OC）⟶ Concessive marker ＋ Cl
　　阶段 1　　　　　　　　　　阶段 2　　　　　　　　　阶段 3

　　语句的理解，一般依照句子成分间的关系进行而非按照线性序列的简单切分，在最初的阶段 1，"就"与"算"就分属不同的句子成分，但是所在句子提供了阶段 2 这样的句法环境，使得副词"就"与动词"算"能够突破结构的限制，从而能够进行句法结构的重组，产生新的句法结构——阶段 3。

　　其次，关联副词"就"承前启后的联结特性，以及动词"算"的多义性，为"就算₂"演变为假设让步标记提供了可能，起到了语义方面的保障，仍旧以上面两句为例来说明。动词"算"在古汉语中的意思及用法主要有四种（王力 2000：882），分别是：计算、一定的限额、计算的筹码、计谋，其中"计算"是动词，计算的动作和行为需要运用人们的大脑，是一个客观反映于主观的过程，即虽然计算的事物、数目等都是客观存在的，但是受到人的主观能动的作用，即便如此，"计算"这一行仍因属于"客观性"行为，计算是需要遵循客观现实的，一就是一，二就是二，不应违背客观实际。随着语言的发展，词义的丰富，"算"在近代汉语出现了"推测、料想"和"认作、当作"的意思，这两个义项的产生，标志"算"的用法出现了"主观化"，由"客观性"的"计算"到"主观性"的"推测、认做"。后续产生的两个义项在意思和功能上各自有所侧重，"推测、料想"主要是"假设性、虚拟性"的，而"认作、当作"主要突出"主观性"。

　　例（45）中"算"的意思是"认作、当作"，这里就有着主观的判断和认定，而例（46）中的"就算"结合所在分句来看，不仅有"当作"的承认行为，还有推测、退让的意味，正是这些语义特征，才使得充当让步标记的"就算₂"词汇意义弱化，更多呈现出句法层面的功能性、关系性的语法意义。

　　以上分析了让步标记"就算₂"的固化动因，既有句法形式方面的因素，又包含语义特征方面的影响，除此之外，汉语的"双音化"发展趋势也为它的演变指明了方向。

5.2.3　"就是"与"就算"的比较分析

　　与"就算"用法相近的还有一个"就"类词语"就是"，这一组词语由于在句法功能、语义关系方面存在相同或是近似的用法，在对外汉语教学上可能会让学习者产生混淆，这里对它们的用法进行比较和说明。

5.2.3.1 "就是"的用法分析

"就是"一般认为它是一个副词，在状中结构中修饰动词和形容词，意思是"仅仅"、"只是"。而诸如"他就是张经理"、"那就是君子兰"中的"就是"，虽然看上去二者在一起，实则二者一个是副词（"就"），一个是判断动词（"是"），并非是一个词，这里讨论的是"就是"作为词的用法①。如：

（47）有时我常常想：他的对于我的热心的希望，不倦的教诲，小而言之，是为中国，就是希望中国有新的医学；大而言之，是为学术，就是希望新的医学传到中国去。（鲁迅《藤野先生》）

（48）新学校的自然环境和生活条件都挺好，就是刚到陌生的地方，自己还不太适应。

例（47）中"就是希望中国有新的医学"、"就是希望新的医学传到中国去"这里的"就是"可以替换为"仅仅"和"只是"，是对程度和范围的一种限定。例（48）"就是刚到陌生的地方"中的"就是"可以替换为"只是"，这里有给出解释说明的意思。

"就是"的另一个用法是充当让步关联标记，根据不同语境可以表示事实性让步或是假设性让步。如：

（49）如果问题在于她对事业和生活的态度，就是禀赋再好，也不能录取她！（何为《第二次考试》）

（50）我真不记得什么时候，那种饥饿的感觉曾经离开过我，就是现在，每当我回忆起那个时候的情景，留在我记忆里最鲜明的感觉，也还是一片饥饿……（张洁《挖荠菜》）

（51）我听见人说，就是中相公时，也不是你的文章，还是宗师看见你老，不过意，舍与你的。（吴敬梓《范进中举》）

例（49）是一个以"如果"为标记的假设句，其中"就是禀赋再好"的"就是"

---

① "就+是"还有两种用法，就是常常用在一个完整表述的后面，表示允许、支持和肯定。如"饭菜管够，你们甩开腮帮子只管吃就是。""只要自己拿定主意就是，坚持下去一定能够能成功。"两例中的"就是"是副词"就"+判断动词"是"，意思是"就可以"、"就好"，这里的"是"为句子语意焦点；还有一种就是口语中表示肯定或是赞同意思的"就是"，相当于"是"、"对"。如"傅老：'什么我愿意，我不愿意。'志新：'就是，我也不愿意，大礼拜天的不好好歇会儿，瞎嚷嚷什么呀。'"（《我爱我家》台词）

可以替换为"即使"，表示假设让步。例（50）中的"就是现在"是对现实情况的一种让步，这里的"就是"依然可以替换为"即使"或"虽然"，表示的是事实性让步。例（51）中"就是中相公时"中的"就是"可以替换为"即使"，是对已经发生过的事件做出让步，属于事实性让步。

5.2.3.2　"就算"的用法分析

"就算"前面已有部分介绍，在形式上存在两个"就算"，一个是"副词（就）＋动词（算）组合而成状中短语的"就算₁"，还有就是表示让步意义关系的关联标记"就算₂"。这里主要讨论的是已经词汇化了的"就算₂"。如：

（52）我知道自己是连年战乱不休的祸首、杀了太多人，就算带领整个部队投降，人家都会得到赦免，我是肯定要判死刑。（王朔《看上去很美》）

（53）再说了，小凡学的是什么专业呀？中文！中文不在中国好好学，到美国去学什么嘛。就算他美国科技上比咱们发达，我就不信，他中文也比咱们发达，我就见了鬼了……（《我爱我家》台词）

例（52）中"就算带领整个部队投降"是对前面的"自己是战乱的祸首、杀太多人"的一种让步表述，是一种假设让步，因为"投降"并未具体实现。例（53）中"就算他美国科技上比咱们发达"是一种事实让步，这里的"他"与"美国"是复指，在断句时"就算他美国"可以有两种停顿：一种是"就／算他美国"（就承认他美国），另一种是"就算／他美国"（即使他美国），如果没有代词"他"，一般只能是第二种停顿，此时的"就算"就是一个让步关联标记。

相比较而言，"就是"的用法要更丰富和复杂一些，而"就算"作为一个词只有让步关联标记这一种用法。还有一个三音节结构"就算是"，当它后接一个分句或类似分句的成分时，此时的"就算是"既可以认为是"就＋算是"（副词"就"表示承接，"算是"表示承认，整体也可以表示让步关系），也可以看作是"就算＋是"（"就算"是让步标记，"是"起到强调作用，也能表示让步关系），这需要根据具体语境来判断分析。

5.3　从句内成分到话语标记："退一步"类现象的演变分析

"退一步"的本义指的是人们的具体的行为动作，然而很多语言事实中"退一步"

并不表示具体的肢体动作，而是表示一种行为方式，可以修饰限制动词，还有的"退一步"及其扩展结构成为某个句子的外位成分，起到话语标记的篇章功能。针对"退一步"及其相关结构的这些变化，下面将对"退一步"类现象展开讨论和分析。

5.3.1　"退一步"类现象的语义特征与句法特点

5.3.1.1　"退一步"的"动作"义用法

"退一步"是一个"动词＋数词＋量词"的动补结构，主要是对施事行为动作的陈述。如：

（54）后侧躲过一拳、再退一步又让过来拳，随即右直拳打出、上步再勾拳，又勾拳摆拳并加，对手被逼至台边……（《长江日报》1987 年 10 月 7 日）

（55）李青山的额上冒出了青筋，眼睛横着，往后退一步，两腿分开，左手叉腰，右手攥起了拳头，摆开一个动武的架子。（周立波《暴风骤雨》）

例（54）是对拳击比赛的说明，拳击运动很重要的内容就是"拳法"和"步法"，例中的"退一步"就是拳击选手的步法移动，是对拳击手脚部动作的说明；例（55）是对李青山这一人物神态和动作的描写，"往后退一步，两腿分开"是李青山"摆开一个动武的架子"之前的准备动作。

"退一步"中的数词"一"对动作进行了量化，这里的"一"可以换成其他数词来对动作进行计量。如：

（56）登时，有四五把刺刀照他刺上来，他只好连退几步，闪开敌人的刃锋。（梁斌《红旗谱》）

（57）他忍着躲着，终于瞅中机会，照一个的脸上迎面砸了一拳，手感告诉他击中了对方的鼻子，那个人趔趔趄趄退了几步被河滩上的石头绊倒了。（陈忠实《白鹿原》）

例（56）、（57）中出现的分别是"退几步"、"退了几步"，表明"退一步"在表示行为动作时，动量方面是可以产生变化的，此外"退一步"的结构关系不是十分的紧密，例（57）的"退了几步"，动词"退"后插入了表示行为动作变化的时态助词"了"。

5.3.1.2　"退一步"的"非动作"义用法

"退一步"的"非动作"义用法有三种情况：第一种情况是"退一步"充当普通动词的修饰限定成分，第二种情况是"退一步"修饰"说、讲"类言说类动词，前两种"退一步"与后接动词构成状中结构，第三种情况是"退一步"与言说类动词构成句子外位成分，充当话语标记。

5.3.1.3　"退一步"的修饰性功能和用法

"退一步"的修饰性功能和用法包含"退一步"的"非动作"义的前两种用法，具有修饰功能的"退一步"可以与一些动词组合，表示后退、后撤一类的"后向"性①语义特征。如：

（58）鹿子霖曾不止一回退一步想，如果兆鹏娶的不是冷先生的头生女而是另什任何人的女子，兆鹏实在不愿意了就休了算了，但对冷先生的女儿无论如何也不能这么做。（陈忠实《白鹿原》）

（59）马英的态度突然严肃起来，说："赵参谋长的意见是对的，我们还要作退一步的准备，如果敌人人多，就不必企图把敌人全部消灭，截住敌人的尾巴，得个几十条枪也就行了。"（李晓明、韩安庆《平原枪声》）

例（58）的"退一步想"与例（59）的"作退一步的准备"这两个结构中，"退一步"与动词"想"和"准备"构成修饰关系，是"状中结构"，"退一步"充当后面动作的方式状语。例中的"退一步"与具体的行为动作已经没有直接关系。此时"退一步"结构上发生了如储泽祥（2003）所指出的"固化"（hard-wired）。

"退一步"更多的是与言说类动词"说"、"讲"等构成状中结构，表示出"让步"性语义特征。如：

（60）吴胖子见有逃脱的可能，又退一步说："太君，我老实说，我什么也不知道，我想霸占秦芳芝，故意给他们栽赃的。（李晓明、韩安庆《平原枪声》）

（61）汤阿英以为张小玲懂得她指的要求入团够不够条件，但还是有些顾虑，便退一步说："我入团怕不够条件吧？"（周而复《上海的早晨》）

上面两例中的"退一步说"仍然是"状语＋中心语"的状中结构，"退一步"充当言说动词"说"的方式状语，例中的"退一步"既不是具体的行为动作，也没

---

① "退一步"的"后向性"语义特征，与动词"退"有直接关系。比较"进一步思考"与"退一步思量"。

有明显的"后向"性语义，而是表示出"让步"的意思。

5.3.1.4　"退一步＋V"的话语标记用法

"退一步＋V"这一结构中的"V"是表示言说类的动词，如"说、讲"，有的时候也使用"想"。"退一步说/讲/想"等结构在充当方式状语的基础上，语义继续虚化，产生出表示"让步"关系的话语标记用法。如：

（62）退一步说，即使这个罪犯真的是个神经病，即使这个罪犯是在撒谎吹牛，那他也肯定清楚这些细节的来源。（张平《十面埋伏》）

（63）……退一步讲，就是他不斗争，李葫芦也会去斗争；反正是斗争，与其李葫芦斗争，还不如自己斗争。（刘震云《故乡天下黄花》）

例（62）的"退一步说"与例（63）的"退一步讲"后面都使用了逗号，以示与后续的句子之间存在区隔，从上面的例子可以看到，例（62）的"退一步说"后续的是以"即使 Cl_1，也 Cl_2"为关联的标记的让步复句，例（63）的"退一步讲"后接的是以"就是 Cl_1，也 Cl_2"为关联标记的让步复句，在上一小节的分析中"退一步"＋"说"类动词说已表现出表示让步的语用功能，例（62）、（63）中的"退一步说/讲"也是表示让步的意思，只是它们已经从句内成分发展成为句外成分，成为标示让步关系的话语标记。

5.3.2　"退一万步"及其相关结构分析

5.3.2.1　"退一万步"的方式状语用法

"退一步"与"退一万步"相比较，中间的数词发生了改变，从"一"到"一万"，数量上发生了巨大变化，在表示让步程度上也有所加深。如：

（64）金先生在文中说："退一万步言之，在美食佳肴前，或酒醉饭饱后，闻'起来，饥寒交迫的奴隶'，果能开胃口，助消化？或毋忘在公款吃喝之余，一抒爱国情怀？真乃不堪思议也！"（北大语料库）

（65）就是退一万步想，在短期内进不了荣家大门，也不要紧，从今而后，荣氏父子不得不承认她就已是一个很大的进步了。（梁凤仪《弄雪》）

例（64）"退一万步言之"是一个状中结构，"退一万步"修饰后接的动词短语"言之"；例（65）在"就是退一万步想"当中"退一万步"与"想"构成的也是状中结构，"退一万步"充当"想"的方式状语。

5.3.2.2　"退一万步＋V"的话语标记用法

"退一万步 V"结构中的动词主要是言说类的动词，如："说"、"讲"。"退一万步说"与"退一步说"具有相同的标记功能，可以充当话语标记，标示"让步"关系，如：

（66）退一万步说，就算各厂情况不同，停工长短不一样，也可以折骨评定。（周而复《上海的早晨》）

（67）退一万步说，即使这位副市长是在"沽名钓誉"，一个干部，把名誉放在重要位置上，也不是什么坏事。（北大语料库）

上面两例中的"退一万步说"与后接的句子用逗号进行了间隔，充当句外成分，成为后接的"就算……，也……"与"即使……，也……"这两个让步复句的话语标记。

5.3.3　"退一步"类现象的历时使用情况与演变动因

"退一步"类现象的历时分析

"退一步"的用法在近代汉语中就已出现，在《祖堂集》和《朱子语类》中有多处"退一步"的用例。如：

（68）人只有个天理人欲，此胜则彼退，彼胜则此退，无中立不进退之理。凡人不进便退也。譬如刘项相拒于荥阳成皋间，彼进得一步，则此退一步；此进一步，则彼退一步。（朱熹《朱子语类》）

（69）再问："所说'寻求义理，仍须虚心观之'，不知如何是虚心？"曰："须退一步思量。"次日，又问退一步思量之旨。（朱熹《朱子语类》）

这些是"退一步"较早的用例，例（68）引用楚汉相争时刘邦、项羽的争斗，双方的势力此消彼长，使用"彼进得一步，则此退一步；此进一步，则彼退一步"这样具体形象的语言很生动地类比了"天理"和"人欲"之间的关系。例（69）的"退一步思量"与前面提到的"退一步"充当一些动词的方式状语的用法是一致的，它与人们常说的一句俗语"退一步海阔天空"意思相近，都是将"退一步"这个行为层面的动作投射到思维层面。

5.3.4 "退一步"类相关格式演变动因分析

5.3.4.1 "行为—思维"的认知因素分析

综合前文的分析，"退一步"不仅可以用来描述人们肢体的行为动作，还可以借用"退一步"这一行为动作来对抽象的"让步"概念进行形象化、动作化的表述。"退一步"从最初的客观行为动作到表示主观思维层面的"让步"概念。从目前掌握的材料看"退一步"与"想、思量"等动词组合使用出现时间较早，早在宋代就已出现，如例（66），这种"方式状语＋谓语"的结构一直沿用至今，而"退一步"和言说类动词连用，表示让步话语标记的用法出现较晚，例如：

（70）吴佩孚道："川、湘的情形不同，川省僻在一隅，非用兵必争之地，湖南居鄂、粤之中，我们如得了湖南，进可以窥取两粤，退一步说，也足以保持武汉，倘然湖南为南方所得，则全局震动矣。"（蔡东藩《民国演义》）

（71）退一步说，亡命也罢，只要自己儿女听教训，眼跟前也落得个耳根清净。偏偏的儿子、女儿一般的都不听人说。（不肖生《留东外史续集》）

上面两例中，虽然没有出现让步连词"即使"，但是从上文的语义以及例（70）的"也足以保持武汉"和"亡命也罢"这两个分句的意思，可以判断"退一步说"是表示让步的一个标记。

"退一步"从一个表示具体行为动作的词语发展出方式状语的用法，再进一步与"言说类"动词结合固化成为让步话语标记的用法，尤其是第二步发展经历了一个漫长的过程。在这个演变过程中，隐喻式的概念认知起到了关键作用，即人们在"退一步"这种具体行为动作与人们的"退让、让步"客观抽象思维概念之间找到了某种共通的东西，那就是抽象主观的让步概念在具象客观化的实施过程中与"退步"动作存在"象似关系（iconic relation）"，反映了句法结构及其描述的外部世界同概念世界在结构上同构而且是相互照应的。

5.3.4.2 "言说"类动词对演化的影响

"退一步"与"说"、"讲"等"言说"类动词构成一个结构上稳固，语义上明确，用法上独特的话语标记，除了"退一步"有表示"让步"的意味，值得重视的是"说"、"讲"这样的"言说"类动词的演变对此也有很大影响。刘月华（1986）、方梅（2000）、董秀芳（2003）、曾立英（2005）、司红霞（2006）分别就汉语的"说"、"想"、"看"

等动词以及由其构成的一些结构的特殊用法进行了分析和研究，董秀芳（2003）分析了一批双音节、三音节以及多音节的"X 说"结构，讨论了它们的性质、功能和形成过程，其中列举了让步连词"就说"以及话语标记"要说"，没有论及本书的"退一步说"和"退一万步说"。"言说"动词与"退一步"这样的固化结构组合在一起，长时间的使用使二者之间的结构关系也越来越紧密，语义也会越来越虚化，"退一（万）步"与"说"都不再跟具体的行为动作直接相关，二者在"主观化"程度上高度一致，逐渐在结构、语义及语用等方面固化出表示"让步"关系的话语标记用法。

5.3.4.3 "退一步"类现象的语法化

Traugott（1995）在讨论话语标记的语法化时，对话语标记的演变给出了如下的语法化斜坡（Cline）：

Clause internal Adverbial > Sentence Adverbial > Discourse Particle (of which Discourse Markers are a subtype)

就本书讨论的"退一步"类现象，可以确定有这么两种情况，一种是句内成分，另一种是话语标记。

句内成分如：

（72）他又退一步想道："难道他们还没有知道我已经投降了革命党么？"（鲁迅《阿 Q 正传》）

（73）我知道由相爱而结婚是正当的办法，但是，你睁开眼看看中国的妇女，看看她们，看完了，你的心就凉了！中学的，大学的女学生，是不是学问有根底？退一步说是不是会洗衣裳，作饭？（老舍《二马》）

例（72）"退一步想"后接的是一个动词"想"的具体内容，也就是"想"的宾语，它是由一个疑问句充当，例中的"退一步"处于句子中心动词之前，它的前面是副词"又"，这里的"退一步"在句法位置上处于状语的位置，其起到的功能相当于句内副词，可以修饰限制"想"，例（73）中"退一步说"与例（72）类似，也是充当句子的状语。

话语标记如：

（74）退一步说，即使我们的观点都错了，也是属于百家争鸣范围之内的问题。（北大语料库）

（75）退一万步，即使该房屋确系男方一人的劳动所获，或系单位给予男方一人的某种奖励，也顶多是个夫妻双方收入状况的差异问题，仍然不妨碍女方与男方共同拥有该住房的权利。（《长江日报》1998 年 4 月 24 日）

上面的两个例子分别使用了"退一步说"、"退一万步"，并且通过使用逗号与后面的句子隔开，独立地用在句首，从语篇角度分析很容易就可以看出它们是话语标记，这也正是上面语法化斜坡的最后结果。

但从目前的语料及相关资料来看，"退一步"类的演化的第二个阶段暂时还没有找到很好的例证来说明，因此这个链条并没有完整地链接起来，还需要进一步的探索。

5.3.5 "退一步 V"类现象与后接复句的搭配分析

5.3.5.1 "退一步 V"与让步复句连用分析

"退一步 V"作为话语标记，最常见的用法就是与让步复句连用，一方面起到连接上下文的关联作用，一方面对语义关系起到标示作用。如：

（76）退一步说，即使列不进国家试点，总公司也必须按照十四届三中全会的精神尽快改组为控股公司。（北大语料库）

（77）退一步说，纵然他决定十七这一天进攻潼关，他也只会带口信给我，决不会写在书子里。（姚雪垠《李自成》）

（78）退一步讲，就算是阿荣喜欢佐山，那也不过是借了市子的光。（北大语料库）

上面三例是"退一步 V"同让步复句连用，这个话语标记同"即使……也"、"纵然……也"、"就算……也"等表示让步的关联模式联合使用，使得让步的语义关系的表达从多个层面得到了加强。"退一步 V"与让步复句在句法形式上，除了上面三例话语标记独立于复句之外，有时候还与让步标记结合在一起或是插入让步复句的分句之间。如：

（79）即使退一步讲，文字有它的用处，它也不能比得上亲口去对老百姓讲，亲身作给同胞们看。（老舍《蜕》）

（80）即使不"上纲"到侵权的高度，退一步讲，这样的"模仿"也是一种要小聪明的没出息的表现，为真正的企业家所不齿。（北大语料库）

例（79）中，让步关联标记"即使"与话语标记"退一步讲"结合在一起使用，例（80）是"即使……也"引导的让步复句，而"退一步讲"出现在让步分句的两个分句之间，这两例中的"退一步讲"仍然是表示让步关系，只不过由于其话语标记的特点，在句法分布上相对灵活一些，因此能够出现的句法位置也不尽一致。

"退一步 V"这里只是退了"一步"，在前面已经提到，有退的步伐更多的，就是"退一万步 V"，它也是表示让步的一个话语标记，主要是和让步复句联合使用，在对复句语料库的统计中，检索到含有"退一万步（V）"的复句 21 例，其中后接让步复句多达 18 例。

5.3.5.2　"退一步 V"与其他复句连用分析

充当话语标记的"退一步 V"，其后接续的复句类型通常以"让步"复句为主，但是其他类型的复句也可以出现在"退一步 V"后面。

"退一步 V"与假设复句

"退一步 V"与假设复句的联合使用，总体上依然是表示让步的意思。如：

（81）再退一步说，实在治不好，如果真有危险，我希望你们能从我身上得到经验，那我也就非常高兴了。（北大语料库）

（82）退一步说，如果揭伪者的证明是正确的，那么揭伪者实际上给我们带来的却是更多更大的谜。（北大语料库）

上面两例在句首使用了话语标记"退一步说"表示让步语义关系，这里的让步是对于前文的一些内容做出的，具体的让步内容就是以"如果"为标记的假设复句所陈述的内容。

"退一步 V"与因果复句

（83）退一步说，美国既然已承认北京政府是中国的唯一合法政府，台湾问题纯属中国的内政问题，即使中国不以和平方式统一台湾，又关美国何事？（华中复句语库）

"退一步 V"与因果复句连用的情况很少，在复句语库中也仅有此一例，"退一步说"后接的是一个由"既然"标记的"推论因果关系"复句，值得注意的是，表示"结果"的分句是一个"即使"标记的让步复句。仅从"退一步说"就能了解到例句的让步意思，而后续的因果复句中又嵌套了一个让步复句，整个句子的让步意味更加浓重。

我们在 65 万句复句的华中复句语库中，对"退一步 V"后接复句做了一个统计，后接让步复句 67 例，假设复句 11 例，因果复句 1 例，从这个数据来看，"退一步 V"

的主要句法功能就是充当让步复句的话语标记。

5.3.6 "退一万步 V"与让步复句

"退一万步 V"的"让步"语义在程度上比"退一步 V"要深，因此其后接的主要是让步复句。如：

（84）退一万步说，即使他真的没来，我们也应考虑到他当时家庭的确有困难，应当理解，并给予照顾，怎么能那样对待一个同志呢？（宋世雄《宋世雄自述》）

（85）一部分听众在"热线"中认为，退一万步讲，即便真是王丁丁撞的，王丁丁和家人的行为也已无可非议，不应该再受到指责和非礼。（《人民日报》1995年4月1日）

例（84）"退一万步说"和例（85）"退一万步讲"的"退一万步讲"都是表示"让步"的话语标记，后接的都是让步复句。在对北大语料库和华中复句语库的"退一万步 V"进行分析和统计后发现，50 余例含有"退一万步 V"的语例中，其后接的让步复句有 40 余例，只有几例是假设关系复句，由此可见，"退一万步 V"主要用于充当让步关系的话语标记。

5.4 小 结

本章从不同角度分别选取了"虽使"、"就算"和"退一步 V"这三个让步关联标记，对汉语中的让步关联标记展开个案分析。

5.4.1 "虽"类让步关联标记

是让步关联标记主要的组成部分，其中"虽使"是古代汉语中就已经产生的一个让步关联标记，从最初的"虽"＋"使"的状中结构到表示让步语义关系的关联标记，"虽使"经历了句法结构的重新分析，重新分析前后的"虽使"结构，无论是结构意义还是句法功能上都发生了巨大变化。"虽使"作为让步关联标记，在先秦的文献中用例不多，两汉至唐五代出现次说也较少，但是到了近代汉语早期的两宋，让步关联标记的用法增多，而后又难见让步标记用法，而在现代汉语中，在一些句子中能够见到"虽使"，但是现代汉语的"虽使"只是"虽（然）"＋使（得）"这一结构的缩略说法，而不再是让步关联标记。

5.4.2　"就"类让步标记

在中古汉语中出现，第 4 章中提到"就令"和"就使"都有让步关联标记的用法。"就算"是近代汉语才出现的一个新的让步关联标记，是由副词"就"和动词"算"组合而成的一个结构，即"就算$_1$"最初是"副词＋动词短语"的状中结构（Ad ＋ VP），在句法结构上经历了重新分析之后，从"就＋算（V）＋O（NP ＋ VP）"发展到"就算$_2$＋S（NP ＋ VP）"，"就算$_2$"才是现代汉语中人们常用的一个让步关联标记。

5.4.3　"退一步"类结构

是现代汉语中表示让步语义关系的一类重要标记，无论是在书面语还是在口语中，"退一步说 / 讲"和"退一万步说 / 讲"是很常见的用法和说法，"退一步"从一个只能充当谓语的动补结构，在隐喻动因的诱发下，句法上经过变换之后与"言说"类动词"说"、"讲"构成一个结构较为稳定，句法意义明确的让步话语标记，对后接的文字和语句起到语义关系的标示作用，通过对大规模语料库的统计发现，"退一步"类结构后接成分确实是以让步复句为主。

以上让步关联标记的形成和发展乃至消亡，是众多让步关联标记发展演变的集中体现，新的标记在语言运用中不断出现，而那些不适应新要求的让步标记会逐渐被淘汰，反映出让步关联标记这类词语始终处在一种动态的发展过程之中，这也是语言常用常新的原因之一。

第6章 结　　语

6.1　本书的结论

　　本书运用"语法化"学说、"路径依赖"理论和"两个三角"研究范式，结合认知语言学和语言类型学的研究理论和研究方法，多层面多角度对汉语让步复句进行分析和研究，在研究过程中获得一些启发和认识，总结如下。

6.1.1　关于汉语让步复句的界定

　　复句的整体研究和分类研究是相辅相成、相互促进的，在复句的分类研究中让步复句始终处在一个尴尬的位置，因为让步复句是否可以单独作为一类复句来研究学者们存在分歧。本书首先从句法结构和语义关系层面对让步复句给出定义、做出界定，指出满足如下条件的复句，即"前分句在让步关联标记的帮助下表示'退一步'的意思，而后一分句并没有顺着前分句（前文）所传递出的'信息'说下去，而是表达出与'信息'相反或相对的意思"的复句即为让步复句，在补充条件的制约下，依据形式标记的不同以及分句间语义关系的变化，能够很好地将让步复句与假设复句、转折复句以及让转复句区分开来。

　　本书认为由让步关联标记引导前分句，关联副词"也"引导后分句，从而构成的复句是汉语让步复句的典型代表，具体为"即使 Cl_1，也 Cl_2"、"就算 Cl_1，也 Cl_2"、"虽然 Cl_1，也 Cl_2"、"纵然 Cl_1，也 Cl_2"这一类的复句为让步复句。

6.1.2 关于汉语让步复句语法化

汉语让步句经历了从意合无标记方式表示让步关系，到单音让步关联标记引导让步复句，再到双音让步关联标记和关联副词"亦 / 也"搭配使用构成让步复句这样几个发展阶段。双音让步关联标记的演变显示出在发展过程中，单音让步标记"虽"、"即"、"纵"同使役动词"使"、"令"在句法结构上经历过重新分析，即"虽 / 即 / 纵＋VP（使＋NP＋VP）"到"虽使 / 即使 / 纵使＋Cl（NP＋VP）"，双音让步标记多是通过这种方式形成，体现出汉语让步关联标记演变的规律性特点，而包含动词"使、令"的让步关联标记在引导让步分句时，其动词的"使役性"特征在"语义俯瞰"的影响下依然有所体现。

让步关联标记的语法化演变是让步复句发展演变的一个方面，另一个方面是让步复句句法自身也在经历语法化。最初的让步复句后分句是不使用关联标记或很少使用关联标记的，在先秦的语料中后分句使用的关联标记也仅限于关联副词"亦"，而到了两汉时期后分句开始出现"而"、"然"等其他关联标记，此时让步复句分句间蕴含的转折语义开始从形式上得到转折关联标记的形式化体现，此后后分句的关联标记就呈现出四种情况，第一种是不使用关联标记，第二种情况是使用关联副词"也 / 亦"，第三种情况是关联副词这转折标记（转折连词或转折副词）连用，第四种情况是只使用转折标记。我们认为让步复句句法结构的这种变化是其自身语法化的一种表现，因此我们在共时平面对汉语让步复句的语法化问题进行分析，指出"虽然 / 即使 / 纵然 Cl_1，但是 / 可是 Cl_2"这类复句是由"虽然 / 即使 / 纵然 Cl_1，也 Cl_2"这样的典型让步复句语法化演变而来。这种演变的动因是让步关系含有转折关系，在转喻机制的作用下，典型让步复句在句法结构发生了重新分析而语义关系发生了重新理解。

6.1.3 关于汉语让步复句的特点

本书将汉语普通话的让步复句与部分方言的让步复句、民族语言的让步复句和印欧语系等其他语系部分语言的让步复句进行了比较分析。在与汉语方言的让步复句比较时，发现方言中使用的一些让步关联标记用法还保留着近代汉语的特色，部分近代汉语的让步关联标记在方言中得以延续。发现现代汉语的让步复句在让步关联标记的数量上较其他语言偏多。

在同民族语言的比较中发现汉藏语系的多个语言使用的让步关联标记同汉语的让步关联标记相同或相近，反映出汉语和各民族语言之间接触之频繁和融合逐步加深。而同印欧语系等其他语言的对比中发现，这些语言中的让步关联标记数量相对较少，有的语言只有两三个让步关联标记，而汉语不但数量丰富而且具有系统性特征。在关联标记模式方面，汉语同民族语言和印欧语系其他语言相比，标记模式的类型最完整也最齐全。

6.2 本书的不足与今后研究计划

6.2.1 本书的不足

由于时间和能力有限，本书对汉语让步复句的研究存有不少问题：

尽管本书对让步复句的句法语义关系进行了较为细致的分析和考察，可是关于让步的语用研究没有能够很好地深入和展开，相关问题没有得到解决。关于让步的"主观性"和"主观化"问题也未能进行讨论。

本书主要讨论的是由两个分句构成的简单让步复句，而没有涉及层次关系更复杂的多重复句，而这部分内容对深入研究让步语义以及让步思维的形成具有十分重要的价值。

在汉语和民族语言以及其他语系的语言中都存在"V＋Cc＋V"，即"漂亮是漂亮，就是太贵"这样的格式，表示让步语义关系，这种特殊现象也未能展开讨论。

目前，复句的信息化研究和优先序列研究已取得一些进展，本书并未对汉语的让步复句的优先序列和让步的信息化处理问题进行研究，在应用性上还有待加强。

6.2.2 后续研究计划

基于上面陈述的这些原因，在今后的研究中，将着力研究让步复句的语用价值，在形式、语义和语用三个方面对让步复句展开全面研究。进一步加强对方言的让步复句调查和少数民族语言以及其他语系语言的让步复句的资料搜集工作，为让步复句的类型学研究提供更多材料和证据。在本书中我们发现让步复句和让步关联标记的演变和发展和隐喻、转喻这些认知语因素有密切联系，因此关于复句演变的认知研究也将是今后工作的着力点。

附　　录

不同语言让步复句关联标记表

	前分句		后分句		标记模式
	句首	句末	句首	句末	
汉语	即使（尽管、就算、虽然）不管、无论		—/也		居端依赖 或 前后配套
白语		liˀ			单用（居中）
仓诺门巴语		ŋiˀ puˇ			单用（居中）
拉祜语		kaˀzaˀ	qha³		连用（居中）
纳西语		bɯˡɬaˡ			单用（居中）
羌语	ɕyˡzanˇ		tanˡʂˠ̩nɛˡ		前后配套
傈僳语	naˇ（V-V）	liˀ neˀ			居端依赖 单用（居中）
彝语		ŋaraˇdɯˡ ziˇkoˡ ziˡriˡ	ŋoˇ		单用（居中） 单用（居中） 单用（居中） 单用（居中）
载瓦语			koˀlaŋˇ		单用（居中）
傣语	bauˀva⁶ han¹va⁶ —		kɔ⁴ tau⁶va⁶dai³ kɔi²va⁸		前后配套 前后配套 前后配套
侗语	laŋ⁴ɕa:ŋ³ səi⁶la:n²		pu⁶ ta:n¹sl¹		前后配套 前后配套
毛难语		swai³zjen²	ŋin⁶		连用（居中）
水语	õn³si³				单用（居端）

续表

	前分句		后分句		标记模式
	句首	句末	句首	句末	
仡佬语	suei˦ zan˩		tan˦ si˦		前后配套
壮语	$ji{:}n^2nau^2$	$ha{:}n^2\ bw n^1$	$ho\eta^1$		前后配套 单用（居中）
苗语	$no\eta^{31}$（V-V）				单用（居端）
瑶族语	ci^3 $sai^3j\varepsilon{:}n^4$		$ta{:}n^3si^3$		单用（居端） 前后配套
达斡尔语		V-tgaiʧig			单用（居中）
东部固裕语		V- sada / seda			单用（居中）
蒙古语	xədiiəər				单用（居端）
土族语		V-sada			单用（居中）
鄂温克语		dʒaarm			单用（居中）
锡伯语		udw			单用（居中）
乌孜别克语	gærtʃi		æmmʌ		前后配套
撒拉语		ʧili də			单用（居中） 单用（居中）
塔塔尔语	gɛrʧɛ				单用（居端）
布嫩语	maiʃ				单用（居端）
赛德克语	ana asi ani naq				单用（居端） 单用（居端）
英语	（al）though even if even though		— — —		居端或居中 居端或居中 居端或居中
德语	obwohl auch -wenn				单用（居端） 单用（居端）
法语	bien que quoi que		fût-ce		单用（居端） 单用（居端） 单用（居中）
意大利语	pure se seppure		seppur		单用（居端） 单用（居端） 单用（居中）
印地语	yadhypi ha:lā:ki ca:he kyõ		nahĭ:		单用（居端） 单用（居端） 单用（居端） 前后配套
芬兰语			vaikka joskin		单用（居中） 单用（居中）
匈牙利语	bár		—		居端或居中

续表

	前分句		后分句		标记模式
	句首	句末	句首	句末	
阿拉伯语	wɑ-ᵓin		—		居端或居中
希伯来语		אם כי			单用（居中）
Eton 语	tɔ̀				单用（居端）
Supyire 语	mɛ́ɛ́				单用（居端）
朝鲜语		할지라도 있을지라도 심할지라도			单用（居中） 单用（居中） 单用（居中）
京语			kuŋ³		单用（居中）
日语		noni nimokakawarazu			单用（居中） 单用（居中）

关联标记"一头"的固化动因及其句法语义特征分析

一 引 言

汉语中复句及其关联标记的研究非常广泛和深入，有专门的论著如邢福义（1985、2002），也有很多单篇论文。在并列关系的复句和关联标记研究方面，赵元任（1979）在分析连词的类型时认为"一头"、"一边"属于"成套连词"，吕叔湘（1982）在讨论"两事并进"时论及"一头"、"一边"、"一面"，邢福义（1998）分析了关联标记"一边"的配对和单用，王弘宇（1997）讨论了"一边"引导的并列复句内部的语义关系，王伟丽、邵敬敏（2000）分析了"一面"引导的复句的语义类型。本文将从固化角度对并列关联标记"一头"及其相关问题进行探讨。请看下面的两个例句：

（1）一头是一个木柜，上面有七八个扁扁的抽屉；一头是安放在木柜里的烧松柴的小缸灶，上面支一口紫铜浅锅。（汪曾祺《晚饭花》）

（2）凤姐点头道："我也这样说呢。"一头说，一头到了潇湘馆内。（《红楼梦》第七十四回）

例（1）、（2）中都使用了"一头"这个词语，但是我们可以感觉到，这两个"一头"是不同的，例（1）中的"一头"是个数量短语，例（2）中的"一头"就是本文要讨论的复句关联标记。

从数量短语到关联标记，"一头"经历了"固化（hard-wired）"过程。固化是指两个或几个紧挨在一起的语言单位，由于频繁使用而化为一个相对稳固的、整体性的语言单位，它是语言演变发展过程中较为常见的现象，受到许多研究者的关注，如 Hopper & Traugott（1993），董秀芳（2002），储泽祥（2003），储泽祥、曹跃香（2005）。我们试图揭示关联标记"一头"的固化过程，并探讨其固化发生的机制。

二　关联标记"一头"的固化过程和成因分析

2.1　关联标记"一头"的形成过程

"一头"在先秦是一个由"数词＋名词"构成的数量短语，短语中的"头"使用的是其本义，即"人身最上部或动物最前部长着口、鼻、眼等器官的部分"。如：

（3）"蝚者，一头而两身，其形若蛇。"（先秦《管子·水地》）

例中的"一头而两身"是说"一个头（脑袋），两个身体"，这里"一头"指的是"一个头颅"。句中"头"的意思和下面例中的"头"指的是同一种物体。

（4）子墨子见齐大王曰："今有刀于此，试之人头，倅然断之，可谓利乎？"（先秦《墨子·鲁问》）

（5）孔子曰："然。丘所谓无病而自灸也，疾走料虎头，编虎须，几不免虎口哉！"（先秦《庄子·盗跖》）

例（4）中"试之人头"，指的是"拿人的头来测试快刀"，例（5）中"疾走料虎头"的意思是"莽撞地去撩老虎的头"，这里的"头"是用来表示"人或动物上／前部的重要器官"这样一个实在的事物。

两汉时期出现"头"的量词用法。（刘世儒1965）同时"一头"也出现了表示"一端"、"一边"义的数量短语用法。如：

（6）其葬，作大木椁，长十余丈，开一头为户，新死者先假埋之，令皮肉尽，乃取骨置椁中。（《后汉书·卷八十五·东夷列传》）

例（6）中的"开一头为户"的意思是"凿开／打开一端作为门户"，"头"已经有了"端"、"顶端"的意思，又如：

（7）系马长松下，废鞍高岳头。（六朝 刘琨《扶风歌》）

（8）旦登荆山头，崎岖道难游。（六朝 鲍照《代阳春登荆山行》）

上面两例中的"高岳头"指的是"高山山顶","荆山头"意思是"荆山山顶"。这里的"头"出现了隐喻（metaphor）用法，用表示"人体较高位置的重要器官"这一概念来描写自然界的其他事物（如例中的"山"），"隐喻是不同领域内一个范畴向另一个范畴的语义延伸，是这两个范畴之间的系统的和一致的类比"（赵艳芳2000），不仅有"山头"，还有"山腰"、"山脚"等等。作为身体器官的"头"因为与其他事物有"物理相似性"，尤其是在"形状"或是"位置"方面，两个范畴之间具有某种相类似的结构或功能，在具有创造性的隐喻思维作用下，"头"从具体的生物体器官这一概念逐渐变得抽象，开始用在描写其他无生命的事物上面，所指（referent）逐渐泛化。

除了"顶端"的意思之外，"头"还有表示"边"、"畔"的意思。如：

（9）陌头征人去，闺中女下机。（六朝 萧衍《襄阳蹋蹄歌之一》）

（10）燕客思辽水，秦人望陇头。（六朝 庾信《拟咏怀诗之二》）

上面两例中的"陌头"与"陇头"都是"田陇边"的意思。这里的"头"可以看作是在"陌"、"陇"等名词后面接的方位词，这样的用法在六朝时期已经较为常见。又如：

（11）每岁时家收后，察其强力收多者，辄历载酒肴，从而劳之，便于田头树下饮食劝勉之（六朝《齐民要术·序》）

（12）蔡司徒在洛，见陆机兄弟住参佐廨中，三间瓦屋，士龙住东头，士衡住西头。（《世说新语·赏誉》）

例（11）中的"田头树下"意思就是指"耕田旁边树荫之下"，例（12）中的"士龙住东头，士衡住西头"是说"陆机兄弟两人一个住在东边，一个住在西边"，这里的"头"的已经没有具体所指，意思也变得虚空，用在一些名词或方位词后面，相当于一个方位词或方位词后缀，主要是起到表示空间方位的作用。

随着数词"一"意义和用法的丰富，"一头"的意义和用法也有新的发展。如：

（13）满屋黄金机不息，一头白发气犹高。（唐 贯休《山居诗二十四首》）

（14）典尽客衣三尺雪，炼精诗句一头霜。（唐 杜荀鹤《维扬冬末寄幕中二从事》）

例（13）的"一头白发"中的"一头"应该理解为"满头"，这样才能与前句中的"满屋黄金"相对应，例（14）中的"一头霜"和前面的"三尺雪"中的"一头"和"三尺"都是形容"霜"、"雪"的多、厚，"一头霜"可以解释成"满头霜"。这与现代汉语中"出了一头汗"这样的说法基本相同,主要是数词"一"的修饰限定原因有关。

"一头"在宋代的《朱子语类》中有表"一端"义的数量短语,同时也有"一方面"这样的用法。如:

(15)问:"'天下同归而殊涂'一章,言万变虽不同,然皆是一理之中所自有底,不用安排。"

曰:"此只说得一头……(《朱子语类》卷七十六)

(16)众人缘不见得,所以说得一头,又遗了一头。(《朱子语类》卷二十一)

例(15)中的"只说得一头"里的"一头"已经不是指"一个顶端",而是表示事物或问题的"一个方面",意义也没有"顶端"那么实在;例(16)中的"说得一头"、"遗了一头"意思是"谈到了这一方面"、"遗漏了另一方面",原文的"一头"前可以加上指示代词"这"、"那"而且并不影响句义的理解,而这都与"一头"的"空间性"有重要关系。

"一头"固化为关联标记的用法就我们目前掌握的材料来看,较早出现的是在《敦煌变文》中。如:

(17)一头洗浊(濯)秽污,一伴又喂饲女男。(《敦煌变文·父母恩重经讲经文(一)》)

(18)一头承仕翁婆,一伴又割缚男女。(同上)

(19)一头训诲交仁义,一伴求婚嘱咋(作)媒。(同上)

(20)一头出药交医疗,一伴邀僧为灭灾。(同上)

以上四例都是在讲述父母怎样含辛茹苦的抚养子女,例(17)中的"一头"与"一伴"相对而言,黄征、张涌泉(1997:987)"一伴"同"一畔",义同"一边",这与前面提到"头"的"边、畔"的意思相同,"一头"和"一伴"分别后接动宾短语"洗浊(濯)秽污"和"喂饲女男",这里的"一头"、"一伴"既可以将其看作是使用类似"一方面……;(另)一方面……"这样的句型来叙述两个事件,也可以认为是在运用类似现代汉语中"一边 Vp_1……;一边 Vp_2……"这样的句型来分说两个"同时、相继或是交替"发生进行的动作。这里的"一头"可以看作是从数量短语固化为复句关联标记的中间过渡状态,犹如"语法化"所要经历的"A-A/B-B"进程中的"A/B"阶段。"一头"作为复句关联标记比较多地出现在明清两代的文学作品中。如:

(21)宋江在神厨里一头抖,一头偷眼看时,赵能,赵得引着四五十人,拿把火把,

各到处照。（《水浒传》第四十一回）

（22）妇人一头哭，一头走，众人拥着张千、李万，搅做一阵的，都到兵备道前。（《喻世明言》卷四十）

（23）自实没奈何了，只得到缪家去，见了千户，一头哭，一头拜将下去道："望兄长救吾性命则个！"（《二刻拍案惊奇》卷二十四）

（24）晴雯只得出来，这气非同小可，一出门便拿手帕子握着脸，一头走，一头哭，直哭到园门内去。（《红楼梦》第七十四回）

上面四例中的"一头"就是在连接两个同时或交替发生的动作时，充当表示并列关系的连词，作为关联标记的"一头"，它直接用在动词前面，没有实在的词汇意义，更多的是表达它所能够引导这种并列复句的句法功能。其他的几乎是同时期共现的并列复句关联标记还有"一边"、"一面"、"一壁（厢）"等也都是与固化的"一头"有着相类似的情形。

2.2 关联标记"一头"固化成因分析

关联标记"一头"的固化与人们的认知有着密不可分的联系。"头"的本义就是指"人体的最上部分或动物最前部分的一个重要器官"，随着人们对自身和自然界的认识加深，人们通过隐喻的手段可以将对自身的认知域投射到对自然界的认知当中去，因此就出现了"山头"、"桥头"这种用法。这样的隐喻使得"头"这样一个具体的范畴投射到其他的较为抽象的范畴当中，我们可以比较明确地指出"人头"或"马头"，但是很难具体指出到底哪里是"山头"，哪里是"桥头"，只能够给出一个大概的范围，这样在表达上就开始模糊了，其实有些具体事物的范畴也是模糊的，"头"其实就是一个这样的范畴，它经过隐喻投射之后出现的范畴之间的交互作用，产生了"头"的空间隐喻，结果使得"头"的语义在发展中增加了新的东西，它可以表示方位，如"田间地头"、"床头"等等。陈瑶（2003）较为完整的梳理了汉语方言离地方位词"头"，该文认为"头"在南北朝到宋代这段时间用作方位词，产生出"里"、"边"、"前"、"上"等意义，但是宋以后这些用法就逐渐在北方反映中消失，如今只在西南官话、江淮官话、吴语、粤语中存在。方言的材料的佐证也能说明"头"由于隐喻从而可以充当方位词。而"数词＋名词"的"一头"

结构在早期有着较为实在的意义，如例（6）的"开一头为户"中的"一头"就指的是"大木樴的一端"，但是到了唐宋时期"一头"的语义进一步的模糊，用作表示"事物的一方面"，即便实在空间方位方面，具体的"一端"到模糊的"一方面"，"一头"的语义变得虚化。

关联标记"一头"的固化形成原因和隐喻也有密不可分的联系。某一物体的"一头（一端）"和"另一头（另一端）"；某一事件的"一方面"与"另一方面"都是存在一定的联系的。例（28）中事物的"内外"、"本末"等等，有着平行或是对称的联系，而也正是在这一情况下，表示"空间方位或其他关联"的数量短语"一头"能够"隐喻"在"同一时间相继、交替发生的两个（多个）动作或事件"

（25）一头是个竹篮儿，里面露出鱼尾，并荷叶托着些肉；一头担着一瓶酒，也是荷叶盖着。（《水浒传》第五回）

（26）凤姐点头道："我也这样说呢。"一头说，一头到了潇湘馆内。（《红楼梦》第七十四回）

也就是说例（25）和（26）无论是在我们的认知层面还是在语言的句法层面存在着"像似性"（iconicity），认知上是一种"隐喻"，而语言表达则呈现出"句法像似性"（沈家煊 1993）。

复句关联标记的"一头"正是由于表示空间方位义的"一头"隐喻而来，因此，在我们对这样的事物、情景进行描述时，由于动作变化而引起空间位置的变化就成为我们进行认知的重要角度和手段。对单个的动作的认知可以是这样，对两个或多个动作同时发生的认知也可通过"空间隐喻"来实现。即便是像"一边想；一边写"这样的句子里，两个动作也不全是具象的，但是本身由于动作产生/发生的位置不同同样可以看作是一种"空间隐喻"。

此外，名词一般都占据一定的空间，而动作则需要在一定的时间里进行。然而时间比空间更为抽象，人们在描述时间时采用了"时间隐喻"的方式，"时间隐喻是指用隐喻的方式来表征时间，即将别的语义范畴里的概念、表达、关系映射于时间范畴中，从而获得对时间的理解和表征。"（陈燕、黄希庭 2006）认知语言学和心理学的研究认为：空间—时间隐喻成为时间隐喻众多维度的原型，也就是说人们通过对空间的隐喻来认知感知时间。本文要讨论的"一头"等关联标记在句子中一般和所要描述的两个动词紧密联系，这些动作的发生和进行都要占据时间，我们的语言正是通过"一头"等词语在空间表达这个语义范畴对句中的动作所需的时间进行了投射，利用"一头"、"一边"、"一面"这些词语的空间性来隐喻所修饰动作的时间性。

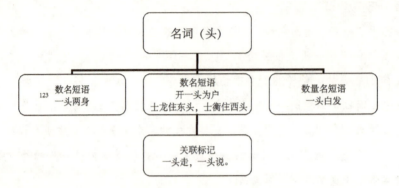

我们现将"一头"的固化过程通过下面这个图直观简要的表示出来：

数量短语"一头"的固化为关联标记的"一头"的"隐喻"示意图：

同一事物或物体有联系的一端 / 另一端（一方面 / 另一方面相对应）

同一时间或相继、交替发生的有某种联系两个（多个）事件或动作

三 关联标记"一头"固化的检验和固化前后语义句法功能分析

3.1 关联标记"一头"固化的检验

我们认为由于在语言的使用和发展过程中，"一头"这一词语发生了固化，所以它才能够在近代汉语中充当并列复句关联标记。而"一头"固化的主要表现就是词汇意义进一步虚化，结构关系上更加紧密，句法功能出现专门化倾向。需要指出的是，由于在"一头水牛"、"一头亲事"这类"数量名"结构短语中的"一头"是"数＋量"结构，这种情况不在讨论范围之内，本文将主要以"一头"为例进行说明，必要时也会论及其他的几个同类词语。

数量短语的"一头"很多时候表示"在空间上或其他方面，某一物体或事物有

联系的两端 / 两方面中的一个方面"。如：

（27）一头是个竹篮儿，里面露出鱼尾，并荷叶托着些肉；一头担着一瓶酒，也是荷叶盖着。（《水浒传》第五回）

（28）社区一头连着学校，一头连着家庭，社区缺位，就会丧失一块未成年人的思想道德建设阵地。（《人民日报》2004.10.11 第 2 版）

无论是在近代汉语还是在现代汉语中，数量短语"一头"存在大量像例（27）、（28）这样的用法，例（27）中"一头是个竹篮儿"、"一头担着一瓶酒"说明这里的两个"一头"分指的是"扁担"这个物体的两端，例（28）中的"一头"意思是"社区"具有类似绳索、铰链一样的连接功能，而且在数量短语"一头"在前一个分句充当主语时，在与之相呼应的后一个"一头"前可以添加"另"、"那"或者直接用"这一头"、"那一头"分别来充当两个分句的主语。如：

（29）（战士们）把绳子的一头系在桥体上，有的则爬上土坡或站在水边，把绳子的另一头牢牢地系在大树上。（《人民日报》2004.12.01 第 9 版）

（30）粘稠而筋道的年糕被扯出长长的"丝"，这一头到了口边，那一头还在盘子里。（《人民日报》2003.02.06 第 2 版）

（31）例（29）前面用的是"绳子的一头"，后面与之对应的是"绳子的另一头"，例（30）中"一头"与"这"、"那"构成短语来连接分句，而且在理解是一般把"这一头"、"那一头"作为个整体来看待和理解。这种情况早在近代汉语中就已经出现。如：

（32）论语只是说过去，尾重则首轻，这一头低，那一头昂。（《朱子语类》卷三十六）

从上面的这几个例句我们可以看到，例中的"一头"都是对应出现的，并且在其前面也都可以加"这"、"那"一类的指示代词，这些例句中单个的"一头"都还可以作"加和"理解的。如：

（33）须是两头尽，不只偏做一头。如云内外，不只是尽其内而不用尽其外；如云本末，不只是致力于本而不务乎其末。（《朱子语类》卷三十）

（34）若放那一头重，这一头轻，是不足道。然两头轻重一般，也只不得，便一心在这里，一心在那里，于本身易得悠悠。须是教令这头重，那头轻，方好。（《朱子语类》卷一百一十八）

例（32）中说应该"两头尽"，不可以只"偏做一头"，后面列举了"内外"、"本末"来进一步强调要"两头尽"，上面几例中的"一头"多数情况是与"两头"相对而言的，就像是论述一个问题，列举出它的两个方面。例（33）是一个句群，在这个例句中第一个小句中分开来说的"这一头重"、"那一头轻"在第二个句子中的"两头轻重"只用"两头"把"轻"、"重"两种情况合起来作了概括，由此可以看出数量短语"一头"在对举使用时还可以运用"加和"来进行解释说明；前面我们曾经指出"这/那＋一头"可以认为是"一头"这一结构的扩展，而且扩展后的结构关系依然较为紧密，因此仍然把"这/那＋一头"看作一个整体；例（33）中的第三个句子中的"这头"、"那头"应该是前面句子里提到的"这一头"、"那一头"省略数词"一"的缩略说法。

作为复句关联标记的"一头"与数量短语"一头"相比较，数词"一"不可以省略，也不可以变成其他的数词，关联标记的"一头"也不是和"两头"相对应，一般不能够进行"加和"理解。如：

（35）（鲁达）拔步便走，回头指着郑屠户道："你诈死！洒家和你慢慢理会！"一头骂，一头大踏步去了。（《水浒传》第二回）

（36）这小猴子打那虔婆不过，一头骂，一头哭，一头走，一头街上拾梨儿，指着那王婆茶坊骂道："老咬虫！我教你不要慌！我不去说与他！——不做出来不信。"（《金瓶梅》第四回）

（37）众女眷或在前，或在后，大家一头笑语，一头行走。（《初刻拍案惊奇》卷五）

以上三个例句中的关联标记"一头"前不能够加"这"、"那"这样的指示代词进行扩展，数词"一"也不能变动；数量短语"一头"往往是成对出现，还可以将其"加和"为"两头"来理解，但是作为关联标记的"一头"并没有与"两头"相对应而存在，也不可以"加和"，例（36）中一共有四个"一头"来分别修饰四个动作，表示这些动作同时在进行。

3.2 语义的虚化和结构的变化

固化之前的数量短语主要表示对名词"头"的计数，这里的数词"一"还可以被其他的数词替换，"公令人掘而求之，则五头同穴而存焉。"（《晏子春秋卷第六》）、成语"三头六臂"，这里的"五头"、"三头"都是对"头"的计量。当名词"头"由于语义的虚化，产生了方位词和名词词缀的用法，于是"一头"就产生了"一方面"、"一边"的意思。固化为复句关联标记之后的"一头"的既不表示对"头"的计数，也不是充当方位词，而是表示"两个或多个动作同时进行"的语法意义，关联标记"一头"词汇的词汇义也已经虚化了。在结构方面，"一头而两身"中的"一头"可以插入"个"，"说得一头，又遗了一头"中的"一头"前分别可加"这"、"那"；而关联标记"一头"中间既不能嵌入别的词语，在表示几个动作同时进行时，前面除了主语，不能再加限定修饰的词语，这与数量短语的"一头"不固定的结构相比，关联标记"一头"的结构要更紧密。

3.3　固化前后的句法变化

"一头"在没有固化为复句关联标记之前是数量短语，一般在句子中充当主语、宾语、介宾结构中的宾语等。在古、近代汉语中如：

（3'）"蝟者，一头而两身，其形若蛇。"

（6'）其葬，作大木椷，长十余丈，开一头为户，新死者先假埋之，令皮肉尽，乃取骨置椷中。

（37）一头在北上，是为北极，居中不动，众星环向也。一头在南，是为南极，在地下，人不可见。（《朱子语类》卷二十三）

例（3'）、（37）"一头"在句中充当主语；例（6'）"开一头为户"中的"一头"充当"开"的宾语，当然这里的"开一头为户"还可以在语序上稍做变动，即"于一头开户"/"开户于一头"，这里的"一头"就充当介词"于"的宾语，既可以把它看作是名词，也可以认为是方位词。虽然在近代汉语中"一头"产生了固化的关联标记用法，但是作为数量短语的用法依然存在。在现代汉语中如：

（38）天平的一头是她的家庭，另一头是她的观众。（徐敏《新中国荧屏的第一女性》）

（39）张伯驹取过画竿，挑住手中那幅画的一头，把另一幅《雪峰图》挂了起来。（刘军《张伯驹和陈毅的交往》）

（40）立夫和傅先生坐在一头儿，靠着宝芬，木兰和莫愁坐在另一头儿，挨着阿非。

（林语堂《京华烟云》）

例（38）中的"天平的一头"与"另一头"两个短语的中心语"一头"分别充当分句的主语；例（39）的"一头"作动词"挑住"的宾语；例（40）的"在一头儿"中的"一头"充当介词"在"的宾语，同时又是整个句子的宾语。从上面的分析我们可以看出无论是在现代汉语或是之前的语言使用中，数量短语"一头"的句法分布较为多样，一般体词性单位可以出现的位置它都可以出现，同时担当的句法功能较为多样。

"一头"固化为复句关联标记之后，由于表示几个动作（两个以上）同时发生或进行，因此在句中一般都处于动词或动词短语之前和它们直接相连。如：

（41）却好转到卢员外解库门首，一头摇头，一头唱着，去了复又回来，小儿们哄动越多了。（《水浒传》第六十回）

（42）巡检一头行，一头哭："我妻不知着落。"（《喻世明言》卷二十）

（43）那瘦生一头双手向着火盆，一头把嘴努着张顺，一头口里轻轻叫那梢公道："大哥，你见么？"（《水浒传》第六十四回）

例（41）的"一头"分别在"摇头"、"唱着"两个动词短语之前；例（42）中"一头行，一头哭"看起来只用在两个动作之前，其实从整个句子所表达的意思来看，同时发生的动作应该有三个，即"一头行"、"一头哭"和可以根据意思补出的"一头说/道"；例（43）中的"一头"就在三个分句中引导了三个同时发生的动作。

固化为关联标记之后"一头"的句法"分布"（distribution）也相对固定化，常见的分布位置就是直接在动词短语之前或者是在一个小句句首，此时的关联标记"一头"就像是其他的副词修饰限定一般动词短语一样，不同的是固化的关联标记更多的表现出的是引导和标记的句法功能。分布和功能的相对固定让关联标记"一头"的使用情况也表现出单一性，它们只是专门用在"表示一个动作跟另一个动作同时进行"这样的复句中。基于上面的这些分析，我们认为充当复句关联标记的"一头"已经是一个结构关系紧密，词汇意义虚空，使用分布明确，句法功能较为固定的词语。

四 关联标记"一头"与同类词语使用情况分析

4.1 "一头"引导的并列复句句式

本文讨论的关联标记"一头"除了例（39）—（41）这三例中的"同型呼应"之外，还有"异型呼应"和"单独使用"的情况。如：

（44）晁盖一头相待雷横饮酒，一面自肚里寻思："村中有甚小贼吃他拿了？我且自去看是谁。"（《水浒传》第十三回）

（45）见母亲正坐在矮凳上，一头绩麻，一边流泪。（《醒世恒言》卷二十）

（46）至暮，唐斌上关探望道："奇怪，星光下，却像关外有人哨探的。"一头说，便向亲随军士箭壶中，取两枝箭，望关外射去。（《水浒传》第九十四回）

（47）任君用道："小生以身相谢，不敢有忘。"一头说话，已走到夫人面前。（《二刻拍案惊奇》卷三十四）

例（44）中是由"一头"、"一面"分别引导两个分句，例（45）是由"一头"、"一边"引导两个分句，这个属于关联标记配对使用中的"异型配对"。蒋绍愚（2005：316-317）日本汉语学家佐藤晴彦利通过比较汉语近代文学作品中"一面…，一面…"这种"同型呼应"和"一头…，一面…"这种"异型呼应"的差异来判别这些作品的作者。例（44）、（45）中只使用了一个关联标记"一头"，属于关联标记"单独使用"的情况，但是我们可以看到，在紧接其后的小句前可以再加上一个"一头"构成"同型呼应"的配对使用句式。"一边"、"一面"充当关联标记时同样存在像"一头"的这种使用情况。

4.2 "一头"的相关使用情况

本文主要讨论"一头"的固化，和它同时期的并列复句关联标记还有"一壁（厢）"、"一边"、"一面"等等，固化"一头"的关联标记用法主要出现在近代汉语中，现代汉语（普通话和相应的书面语）中比较少见，民国时期作家张爱玲的作品由于受到吴方言的影响其中有几例，其他作品中难以见到，关联标记"一壁（厢）"在钱钟书的《围城》中还引导了10余例并列复句，但总体上普通话和其他书面材料也很少使用"一（壁）厢"。而"一边"、"一面"的使用无论是在书面语还是口语中，都较为广泛和频繁。

"一头"固化为关联标记，在明清的小说中有着很高的使用率，根据我们的统计，在冯梦龙的"三言"中"一头"引导的并列复句有近70个，"一边"引导的不足10句，凌蒙初的"二拍"中"一头"引导的并列复句有近60句，而"一边"只有13句。《红楼梦》中"一边"引导的复句有6例，"一头"引导的有7例。但是在现代汉语普通话和书面语中"一头"引导的复句很难见到了，目前使用最多的关联标记就只有"一面"、"一边"这两个。在普通话和书面语中"一头"有时表示对动植物的计数，如"一头牛"、"一头蒜"；还有用在"撞""扎"等几个动词前表示动作的情态，如"一头撞到墙上"、"一头扎进水里"，这里的"一头"的意思是"一下子"、"猛地"，除了可能跟人们的身体或头部有某种联系，更多的表达的是对动作的修饰和情态的描摹；此外主要就是如例（16）—（18）中的用法，"一头"可做"一方面/端"理解，往往与"另一方面/端"相对举而言。虽然"一头"在普通话中没有关联标记用法，但是在部分方言，如吴方言、粤方言中仍有使用，使用范围相当有限，老派的上海话中还在使用关联标记"一头"，但是新派多用"一面"（黄伯荣1996）。我们可以预测，随着普通话的进一步推广，"一头"关联标记用法将更难和"一边"、"一面"竞争。当然这种情况的出现与语言的经济性原则有关、与语言政策也有一定的关系。

五　余　论

本文主要讨论了"一头"关联标记的固化、分析了固化的原因和相关使用情况，使我们进一步了解了"隐喻"在语言发展尤其是在词语的形成和发展中的重要作用，同时也能够看到一个词的词义的增减变化和它的句法功能之间的相互关系。作为功能相近的其他关联标记如"一边"、"一面"与"一头"之间有着怎样的异同，是什么原因使得"一头"在竞争中不敌关联标记"一边"和"一面"，汉语的这种以"一边"为代表的有标记的并列复句语与英语中"On the one hand…, on the other hand…"这样的句式又有怎样的联系和区别，这些问题的进一步探讨将会对复句研究和对外汉语教学产生积极意义。

参考文献

[1] 陈　瑶：《汉语方言里的方位词"头"》，《方言》2003 年第 1 期。

[2] 陈　燕、黄希庭：《时间隐喻研究述评》，《心理科学进展》2006 年第 4 期。

[3] 储泽祥：《名词的空间义对及其对句法功能的影响》，《语言研究》1997 年 2 期。

[4] 储泽祥：《"一个人"的固化及其固化过程》，《华中师范大学学报》2003 年第 5 期。

[5] 储泽祥、曹跃香：《固化的"用来"及其相关的句法结构》，《世界汉语教学》2005 年第 2 期。

[6] 储泽祥、谢晓明：《汉语语法化研究中应重视的若干问题》，《世界汉语教学》2002 年第 2 期。

[7] 储泽祥、金　鑫：《固化的"一条龙"及其使用情况考察》，《语言教学与研究》2008 年第 1 期。

[8] 董秀芳：《词汇化：汉语双音词的衍生和发展》，四川民族出版社 2002 年版。

[9] 黄伯荣：《汉语方言语法类编》，青岛出版社 1996 年版。

[10] 黄　征、张涌泉：《敦煌变文校注》，中华书局 1997 年版。

[11] 蒋绍愚：《近代汉语研究概要》，北京大学出版社 2005 年版。

[12] 刘　坚、曹广顺、吴福祥：《论诱发汉语词汇语法化的若干因素》，《中国语文》1995 年第 3 期。

[13] 刘世儒：《魏晋南北朝量词研究》，中华书局 1965 年版。

[14] 吕叔湘：《中国文法要略》，商务印书馆 1982 年版。

[15] 石毓智、李　讷：《汉语语法化的历程》，北京大学出版社 2001 年版。

[16] 沈家煊：《句法的象似性问题》，《外语教学与研究》1993 年第 1 期。

[17] 沈家煊：《"语法化"研究综观》，《外语教学与研究》1994 第 4 期。

[18] 沈家煊：《实词虚化的机制——〈演化而来的语法〉评介》，《当代语言学》1998 年第 3 期。

[19] 太田辰夫：《中国语历史文法》，蒋绍愚、徐昌华译，北京大学出版社 1987 年版。

[20] 邢福义：《复句与关联标记语》，黑龙江人民出版社 1985 年版。

[21] 邢福义:《关联标记"一边"的配对和单用》,《世界汉语教学》1998 年第 4 期。

[22] 邢福义:《汉语复句研究》, 商务印书馆 2002 年版。

[23] 徐　越:《现代汉语的"- 头"》,《语言教学与研究》2001 年第 4 期。

[24] 王伟丽、邵敬敏:《"一面 p, 一面 q"的语义类型及相关句式》,《语言教学与研究》2000 年第 3 期。

[25] 王弘宇:《"一边 A", "一边 B"的内部语义关系分析》,《中国语文》1997 年第 2 期。

[26] 袁　宾:《二十世纪的近代汉语研究》, 书海出版社 2001 年版。

[27] 赵艳芳:《认知语言学概论》, 上海外语教育出版社 2000 年版。

[28] 张　敏:《认知语言学与汉语名词研究》, 中国社会科学出版社 1998 年版。

[29] 周　刚:《连词与相关问题》, 安徽教育出版社 2002 年版。

[30]George Lakoff & Mark Johnsen Metaphors we live by . Chicago: The university of Chicago Press, 1980.

[31]Hopper,P.J & Traugott,E.C Grammaticalization（语法化学说）。外语教学与研究出版社 2001 年版。

（原文载《汉语学习》2009 年第 4 期）

让步标记"虽使"的形成过程及其消亡原因分析

一　引　言

　　语汇在整个语言系统中，相对于语音、语法而言是最活跃的组成部分，随着时代变迁、社会发展，时常有新的词汇产生和使用，与此同时有一些词汇由于各种原因的综合影响而不再被使用，成为"词汇化石"。在让步标记的历时演变过程中，同样存在类似的情况。下面将以让步标记"虽使"的演进来考察让步复句的历时变化和关联标记的产生、使用和消亡的语汇系统的变化。

　　"虽使"是由让步标记"虽"与使役动词"使"结合而成的，其作为让步标记的用法早在春秋战国时期的文献中就已出现，其中《孟子》1例，《庄子》1例，《晏子春秋》1例，《墨子》有数例。如：

　　（1）从许子之道，则市贾不贰，国中无伪；虽使五尺之童适市，莫之或欺。（《孟子·滕文公章句上》）

　　（2）今有子先其父死，弟先其兄死者矣，意虽使然，然而天下之陈物，曰："先生者先死"若是，则先死者非父则母，非兄而姒也。（《墨子·明鬼下》）

　　（3）婴闻拒欲不道，恶爱不祥，虽使色君，于法不宜杀也。（《晏子春秋·外篇第八·景公欲诛羽人》）

　　例（1）中"虽使五尺之童适市"，在"虽使"的理解上存在分歧，既可以认为"虽使"可以看作一个让步连词，理解为"即使"或"纵然"，全句就是"即使五尺的孩童到集市中去，也没有人欺骗他"；也可以将其看成是两个词，即让步连词"虽"
和使役动词"使"在线性结构上的组合而已，这样一来，原句的意思是"虽然/即使
让五尺的孩童到集市中去，也没有人欺骗他"。其余两例中的"虽使"则只有一种
用法，即充当让步连词，表示"即使"、"纵然"的意思。由于可供检索语料的制约，
我们无法提供更早"虽"和"使"是如何结合在一起的例证，但是例（1）中的"虽使"
用例仍然为我们提供了重要的证据，那就是"虽使"还是处在词汇化和语法化的过
程当中，"虽"和"使"没有完全固化为一个表示让步的关联标记，这与"语法化
学说"中提出的语法化的三个阶段，即从"A"到"A/B"再到"B"这样一个过程
是一致的[1]，而例（1）与其余三例的出现时间虽然有先后，但是我们这里也可以看到，
在整个"虽使"词汇化和语法化的过程中，从"A/B"到"B"这一阶段存在着共存
的情况。

杨伯峻、何乐士对古汉语中"虽"的使用有较详细的介绍和说明[2]，孟凯对中
古时期的让步复句及让步标记进行了研究[3]，李晋霞讨论和分析了"使"字兼语句
向复句演化这一现象[4]，徐朝红对中古佛经连词进行了研究，对让步连词也有详细
分析[5]，蒋骋冀、徐朝红对让步连词"正使"的产生和发展也进行了探讨[6]。虽
然上述文献都对让步标记进行过研究和分析，仍然还有许多问题和内容值得关注，
本文将在已有研究的基础上，以让步标记"虽使"的演进来考察让步复句的历时变
化和关联标记的产生、使用和消亡的动态发展过程。

二 "虽使"句的句法结构与语义分析

"虽使"之所以存在例（1）与例（2）（3）解释上的差异，与其所在分句的句
法结构有着密切联系，下面我们将对"虽使"常见的分句句法结构进行分析。

2.1 非关联标记"虽"+"使"的用例分析

（4）人主虽使人，必以度量准之，以刑名参之；以事，遇于法则行，不过于法则止。
（《韩非子·难二》）

例（4）中，"虽使"虽然在句子的线性序列上处于组合状态，但是在"人主虽

使人"中，"人主"是主语，"使"是谓语，"人"是宾语，这里的"虽"、"使"不是表示让步的关联标记，可以将"虽"看成是动词"使"的修饰成分。

2.2　中间状态的"虽使"句法分析

（5）今执厚葬久丧者之言曰："厚葬久丧，虽使不可以富贫、众寡、定危、治乱，然此圣王之道也。"（《墨子·节葬下》）

（6）旧国旧都，望之畅然；虽使丘陵草木之缗，入之者十九，犹之畅然。（《庄子·则阳》）

例（5）中"虽使不可以富贫、众寡、定危、治乱"，这个分句的结构较为复杂，在理解上，这个分句的意思是"虽然不能使贫穷的国家富裕，使稀少的人口增多，使危难得到平定，使混乱得到治理"。从句子的语义关系可以看到，句子存在着"使动用法"，巧合的是，句中也有使役动词"使"，二者之间是否存在联系呢？我们觉得这里的"虽使"情况较为复杂，它既可以被认为是一个表让步的关联标记，同时例（5）的"虽使"分句可以进行适当的句法操作，变换成下面的句子。

（5'）虽不可以使贫富、（使）寡众、（使）危定、（使）乱治

例（5）中的使动用法是来自于"富"、"众"，"定危"和"治乱"本身是能够成立而且意思也是很明确的，经过句法操作后的（5'），"虽"一个承担了表示让步的语义关系而使役动词"使"同句中的其他成分形成动补结构，其实（5'）可以看成是例（5）的深层结构，二者之间确实存在着转化与被转化的关系，因此例（5）中的"虽使"我们认为是处于词汇化的中间状态。

同样，例（6）中的"虽使"与此类似。整个句子都围绕着"旧国旧都"这个话题（topic）展开，其后的四个分句中的"之"有三个"之"都与话题有关，可以认为它们是对前面话题的照应，是代词，除"犹之畅然"的表结构的"之"结构助词以外，"望之畅然"、"入之者十九"中的"之"指的就是"旧国旧都"。然而"虽使丘陵草木之缗"分句中的"虽使"和"之"这两个句子"片段"在句法结构和语义关系方面，我们可以给出两种不同的但是各自都能成立的解释。第一种，将"虽使"理解为是让步标记，"之"字认定为"取消句子独立性"的成分，原句就是"即使丘陵草木杂芜"。前面说到，整个句子在谈"旧国旧都"，而这里叙述的是"丘

陵草木杂芜"，似乎与话题关系不够密切，于是我们给出第二种解释，将"虽使"所在分句进行句法结构的变换，可以得到"虽丘陵草木使之缭"，变换之后可以发现，首先是将"虽使"这个线性组合片段分开，而"之"字成为使役动词。为了便于分析，我们将原句整体列出，详见例（6'）。

　　（6'）旧国旧都，望之畅然；虽丘陵草木使之缭，入之者十九，犹之畅然。

　　变换后得到的"虽丘陵草木使之缭"，意思是"即使丘陵草木让旧国旧都变得荒芜""虽"字独自承担了表让步的语义关系，"丘陵草木"成为让"旧国旧都"得以"缭"的原因，这里"之"字就与整个句子的话题保持了一致，而且理解起来也更合理，最为主要的是变换后的句子与后一分句"入之者十九"在语义关联上显得更顺畅，"入者，谓入于丘陵草木所掩蔽之中也"，这里仍然是在叙述"旧国旧都"十之有九都为丘陵草木所掩蔽，这也与前一句的"缭"相呼应。

　　从对例（5）、（6）的分析来看，"虽"与"使"既可以看成是让步连词，也能够解释为"虽"是表示让步的关联标记，"使"是表示使役的动词，处于中间状态。但是值得注意的还有这两例带有"虽使"的组合片段分句之后，分别出现了转折连词"然"和副词"犹"。这样的搭配模式在"虽使"的关联标记使用当中具体有什么样的情况，下文将专门考察。

　　例（1）中"虽使五尺之童适市"与例（5）的"虽使不可以富贫、众寡、定危、治乱"这两个包含"虽使"结构的句子，在句法上存在共同点，例（1）中"使"后是一个"主谓宾"结构完整的结构，例（5）的"使"之后是一个承前省略主语的主谓结构，主语是"厚葬久丧"，于是我们可以得到这样一个句法结构：虽＋使＋S（NP＋VP），从句法结构的位置可以看到"使"处于"虽"和"NP"之间，与"虽"结合能够成为让步连词，而与其后的"NP"构成动宾关系，也正是这一特殊的句法位置导致"虽使"存在两种用法的分析和解释。但是并非所有的"虽＋使＋S（NP＋VP）"都会导致"虽使"的中间状态，下面将会对此作进一步的解释。

2.3　关联标记"虽使"分句的句法分析

　　"虽使"在上面讨论的两种情形下，虽然形式上组合在一起，但实际上都不能看成是表示让步的关联标记。只有当"虽使"所在的分句满足一定的条件，才可以判断"虽使"成为了连词。

（7）虽使鬼神请亡，此犹可以合骧聚众，取亲于乡里。（《墨子·鬼明下》）

（8）虽使下愚之人，必曰："将为其上中天之利，而中中鬼之利，而下中人之利，故誉之。"（《墨子·非攻下》）

（9）晋以孤军远来，势难持久，虽使入汴，不能守也。宜幸洛阳，保险以召天下兵，徐图之，胜负未可知也。（《新五代史·卷四十二》）

例（7）中，"虽使"后接的依然是一个主谓结构——鬼神请无，"虽使鬼神请亡"的意思是"即使鬼魂神灵本身不存在"。如果按照 2.2 的分析，"虽使鬼神请亡"这一分句，"使"与"鬼神"之间存在"致使"语义关系，但是在这里，二者虽然在理解上给人感觉存在使役性的因素，但是根据当时的实际情况，在祖先崇拜、鬼神崇拜的古代，先民们是没有能力"使鬼魂神灵不存在"，这里即便有一点点使役性的意思，那也是一种基于使役动词"使"的"弱使役性"，更多的是"虽使"所在分句传递的较强的"虚拟性"假设和让步。

例（8）中"虽使"后接的是一个偏正短语——下愚之人，全句的大意是说"即使是最愚笨的人，也会说……"。这里的"使"与其后的"下愚之人"就没有类似致使或是处置的关系，"虽使"是表示强烈的"虚拟性"假设关系和让步的标记，墨子在句中假设了一位"下愚之人"，借用他的口说出表示让步的话语。

例（9）"虽使"后接的是一个动宾短语——入汴，此句是一位大臣对敌人"晋军"进攻的假设性预测，他是没有使役"晋军"的能力和意愿的，在句中"虽使"结合在一起，充当让步连词，对"晋军入汴"做出虚拟性的推测和让步。

从上面的分析我们可以发现，通过对动词"使"的"使役性"强弱和"虽使"的"虚拟性"强弱的判断，以及组合片段"虽使"后接成分与其句法结构的分析，能够判断出在什么情况下"虽使"是让步标记，什么条件下"虽使"不是一个语言单位，而是让步标记"虽"与使役动词"使"的线性组合（具体见表一）

表一 "虽使"的使役性、虚拟性强弱比较表

	使役性	虚拟性	虽+使／虽使
虽+使＋S(NP＋VP)	＋	－	虽+使
虽使＋DP(A＋NP)	－	＋	虽使
虽使＋VP(V＋NP)	－	＋	虽使

三 "虽使"的关联标记模式分析

"虽使"充当让步标记,在句中有时是单独使用,有时与"犹"、"亦"、"也"等关联性副词搭配使用。

3.1 "虽使"的单独使用

"虽使"充当让步标记,单独使用时,都出现在表"让步"的分句当中,而且此类复句的语序都是"虽使 p,q","虽使"处于句首,属于"居端依赖式"的关联模式[6]。

(10)臣谨稽之天地,验之往古,案之当时之务,日夜念此至孰也,虽使禹舜生而为陛下计,无以易此。(西汉 贾谊《新书》)

(11)用此以设备,虽使敌人善攻,不足畏也!(宋 陈规《〈靖康朝野佥言〉后序》)

上两句中,让步标记"虽使"单独使用,而且是在分句的句首,使得其后所接的分句不能知足,从而造成前分句对后分句形成依赖关系。在我们统计的语料中,"虽使"的分布都是出现在前分句的句首,暂未发现"虽使"有类似"即使"可以出现在后分句的用法。

3.2 "虽使"与关联副词配对使用

"虽使"除了单独使用外,还与一些关联副词搭配使用,形成"前后配套"的关联标记模式,与"虽使"配套使用的关联副词有"亦"、"犹"和"也",不过与三个关联副词搭配使用的时间存在差异,与"犹"字配套使用在古代汉语中已经出现,而与"也"和"亦"字搭配使用到唐宋之际的近代汉语阶段才出现。

(12)欲见未尽力,而求获功赏,或著能立事,而恶劣弱之谤,是以役以棰楚,舞文成恶,及事成狱毕,虽使皋陶听之,犹不能闻也。(东汉 桓谭《新论》)

(13)信为神物所相,虽使江河合灾,惊涛怀山,大漫崩驱,暴猛来敌,亦不能轶峻防而侵厚趾。(《全唐文》)

(14)如使可为,虽使百万般安排,也须有息时。(朱熹《河南程氏遗书》)

例（12）中，"虽使"与"犹"配套使用，例（13）、（14）分别是"虽使"与"亦"、"也"的搭配使用，如果用现代汉语翻译，就相当于"即使，也"这样的关联标记模式。

四　"虽使"的历时使用分布统计及说明

4.1　"虽使"的历时使用分布统计

通过对语料库的检索，共找到含有"虽"、"使"组合使用的例句123例（先秦—民国，该数据已排除因历代文献中存在重复引用的32例），其中"虽使"让步标记使用的有109例，其余14例的句法结构是"虽＋使＋NP"，是由让步标记"虽"和动宾结构"使＋NP"，"虽"与"使"虽然前后相接，但二者没有构成让步标记。

表二　"虽使"的历时用例统计表

	先秦	汉魏六朝	隋唐	宋	明清	合计
非连词用法	2	2	1	4	5	14
单独使用	7	5	7	26	2	47
配套使用	4	8	7	32	11	62
合计	13	15	15	62	18	123

对表二的数据进行处理得到下面的柱状图，通过柱状图我们可以对"虽使"的历时使用有更直观的了解。

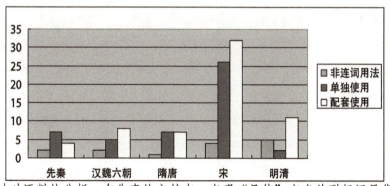

经过对语料的分析，在先秦的文献中，出现"虽使"充当关联标记最集中的文献主要是《墨子》，之后的两汉、六朝文献中较少使用"虽使"，而到了唐宋，"虽使"

充当让步标记的用例又逐渐多起来，在《全唐文》、"三苏"的作品（仅苏辙的作品集中"虽使"的让步标记用例多达二十多例）以及《朱子语类》中都有较多使用，"虽使"的让步标记用法在宋代达到了最高，无论是单独使用，还是与"亦"、"犹"、"也"等搭配使用，用例都超过以前，同时从统计数据来看也是绝后的。随后的元明清乃至民国，"虽使"的让步标记用法又逐渐减少，以致现代汉语中已不见"虽使"的让步标记用法。值得关注的是上表中"虽使"的非连词用法，即"虽"表示让步，而"使"于其后的体词性成份构成动宾结构的用法一直都是存在的，尽管用例不是很多。这也再次说明，经历过语法化或是词汇化的一些语言单位，"源"格式与演变形成的新成分可以长时间的共存。

4.2 对"虽使"后接成分的说明

通过对历时语料的统计和分析，发现"虽使"主要使用在对一些虚拟性事件进行让步的分居中，常见的虚拟性事件就是假设已经过世的先贤圣人可以复活。如：

（15）不然，则虽使咎、夔、稷、契，尽入其庭，亦叶公之见龙，反疑惧矣，况氤氲之中乎，恍惚之际乎。（《全唐文》）

（16）某尝谓，虽使圣人复生，亦只将《六经》《语孟》之所载者，循而行之，必不更有所作为。（《朱子语类》）

例（15）中假设"咎、夔、稷、契"等上古人物可以出现，例（16）"虽使"后接"圣人复生"这样的假设句子，这些都是对现实状况的一种主观想象，而且都是对历史的回溯，另外还有对未来进行假设的。如：

（17）盖公之大节，落落如此，虽使千载之后，犹当推求遗迹，以劝后来。（苏辙《栾城集》）

例（17）中苏辙对句中提到的"公之大节"，即使是千年之后，也都能够劝勉后人。上面提到的无论是对历史人物的假设还是对千年之后的想象，都是虚拟性的，"虽使"后接成分除此之外，有一些后接分句陈述的则是事实。如：

（18）王谓贾充曰："人之无情，乃可至于是乎！虽使诸葛亮在，不能辅之久全，而况姜维邪？"充曰："不如是，殿下何由并之。"他日，王问禅曰："颇思蜀否？"禅曰："此间乐，不思蜀。"（裴注《三国志·蜀书三·后主传第三》）

上例是对典故"乐不思蜀"历史事件的说明和描写,句中"虽使"后接的分句是"诸葛亮在",司马昭这里是对辅佐后主的诸葛亮和姜维进行评价,仅就当时三国的实力对比以及刘禅已经沦为俘虏来看,诸葛亮确实没有能使得蜀国国运长久,这里是对具体历史事实的陈述,已经没有假设和虚拟的成分在里面。

五 "虽使"与其他让步标记的竞争及其在现代汉语中的表现

"虽使"作为让步标记,与同是表示让步关系的其他让步标记存在一定的竞争关系,这里只列举"虽使"与"即使"、"虽然"两让步标记的比较。从出现时间来看,"虽使"较后两者要早;从使用的频率上看,三个标记在近代汉语之前的较长时期,使用频率都较低,这其中一方面是单音让步标记的原因,另一方面是"即使"、"虽然"都是中古汉语时期才出现。然而,就是在近代汉语的早期,它们之间的差异开始显现,"虽使"在宋代达到使用的最高峰,此后便难觅让步标记的用法,而"即使"、"虽然"在近代汉语中慢慢发展,逐渐形成专门的语义句法功能,那就是"即使"倾向于表示"假设性"让步,"虽然"表示"事实性"让步,二者在功能上显示出"专职化"的特点,而"虽使"在这一方面表现的不明显,两种用法它兼而有之,这也是其在长期竞争过程中逐渐被淘汰的原因之一。"虽使"的让步标记用法在近代汉语中很小见到,但是其"让步标记(虽)+使役动词(使)"的用法一直保存至今。

在"虽"充当让步标记、"使+S"构成使役性动宾结构的"虽+使+S"结构中,处于居中位置的动词"使",既可以发挥其使役动词的特性,同后接的成分构成使役关系,同时也可能受到它前面的让步标记"虽"虚拟性和主观化的影响,而与之结合为双音节的让步标记,变为"虽使+S",这一现象早在先秦就已经存在。在漫长的历时发展过程中,"使"时而与后接分句的主语构成动宾结构,时而与前面的"虽"词汇化为让步标记,二者在语言使用中相互竞争,此外,由于汉语中其他让步标记的存在,"虽使"同其他的让步标记也存在着竞争关系。在古代汉语和近代汉语中,"虽使"结构的非词用法和让步标记用法是并存的,但是进入现代汉语阶段,这种情况发生了变化,"虽使"的让步标记的连词用法已难见踪迹,它在这方面的竞争中输给了"即使"、"虽然"等现在常用的让步标记。目前可以见到"虽使"出现在句子中都是"'虽'+'使+NP'"这样的用法。如:

（19）杂交虽使基因重组，创造出新的基因型，却不能产生新的基因，比如金鱼的眼睛不发生突变，那么，不管如何杂交重组，都只能产生正常眼，而突变却可以产生新的基因，如眼突变出现水泡眼、朝天眼等性状，通过杂交重组又出现朝天泡眼新品种。（《长江日报》1997 年 8 月 26 日）

（20）经济全球化的自由性和不平等性，虽使新世纪的国际经济关系在总体上趋于合理化，但国际贸易摩擦和国际金融纠纷将加剧，局部冲突将增多。（《人民日报》2000 年 6 月 8 日）

上面两例就是现代汉语中，能够见到"虽使"处于线性组合的用例，这里的"虽使"看上去是组合在一起，但是在句法结构层面，"虽"与"使"却不属于同一个层面，"虽"的位置虽然看上去在句子内部，在主语之后，但是它可以进行移位，移动到句首，成为关联标记，而"使"不能够随它一起移动，此时的"使"是分句的主要谓语动词，只是表示"致使"、"导致"的意思。

（19'）虽（然）杂交使（得）基因重组，创造出新的基因型，却不能产生新的基因……

（20'）虽（然）经济全球化的自由性和不平等性，使（得）新世纪的国际经济关系在总体上趋于合理化，但国际贸易摩擦和国际金融纠纷将加剧……

在经过变换的上面两个例子中，能够更清楚地看到现代汉语中的"虽使"的结构关系和语义关系，可以将其看成是"虽然使得"的缩略说法。

六 余 论

从上古到中古这期间出现较多表示让步关系的连词，有"使"类的连词，如"虽使"、"正使"、"设使"、"假使"、"纵使"；"令"类连词，如"即令"、"设令"、"纵令"。这些表让步的连词都是"连词＋使／令"的构词方式，显示出与使役动词的密切关系，究竟是什么原因使得"使"、"令"产生了这样的用法，值得进一步研究。

参考文献：

［1］Hopper,P.J & Traugott,E.C.Grammaticalization（语法化学说），北京：外语教学与研究出版社 2001 年版 .

［2］杨伯峻、何乐士：《古汉语语法及其发展》，语文出版社 2001 年版。

［3］孟　凯：《中古汉语让步复句探析》，《长春大学学报》2004 年第 2 期。

［4］李晋霞：《试论"使"字兼语句向复句的演变》，《汉语学报》2006 年第 2 期。

［5］徐朝红：《中古汉译佛经连词研究——以本缘部连词为例》，湖南师范大学 2008 年博士论文。

［6］蒋冀骋、徐朝红：《连词"正使"的产生和发展》，《汉语学报》2009 年第 3 期。

［7］储泽祥、陶伏平：《汉语因果复句的关联标记模与"联系项居中原则"》，《中国语文》2008 年第 5 期。

（原文载《云南师范大学学报》（对外汉语教学与研究版）2010 年第 5 期）

让步话语标记演变的认知分析

一 引　言

认知科学研究的成果告诉我们，人类的认知遵循着"从感性到理性"、"具体—抽象—具体……"螺旋式上升的发展规律。与认知关系密切的语言也有着相似的情况，如语言表述通常遵循着时间顺序原则①，汉语句子成分的安排与时间先后顺序表现出高度一致；如"一边／面／头"由起初表示具体方位的词语通过隐喻进而演变成为引导并列复句的抽象关联标记[2]，这些都反映出认知对语言，尤其是语义和句法关系有着深刻影响。

本文关注的是汉语让步话语标记的发展演变情况，通过对"退一步"这类结构的系统调查分析，发现"退一步"类结构的语义和句法功能也受到认知的影响。从较早表示人们具体的行为动作，即表示具体的肢体动作，发展到修饰限制动词，进而起到话语标记的作用。针对"退一步"及其相关结构的这些变化，本文将对"退一步"类现象展开讨论和分析，以"退一步"为主要考察对象，讨论让步语义关系以及让步话语标记的相关情况。

---

① 虽然将"即使，也"等归为假设复句，但是教材中也指出"即使，也"、"纵然，也"一般被叫作让步复句。

二　"退一步"类结构的语义变化与句法特点

"退一步"首先是一个由"动词＋数词＋量词"组合而成的动补短语，主要是对行为动作的陈述。如：

（1）后侧躲过一拳、再退一步又让过来拳，随即右直拳打出、上步再勾拳，又勾拳摆拳并加，对手被逼至台边……（《长江日报》1987 年 10 月 7 日）

上例是对拳击对比赛的说明，拳击运动很重要的内容就是"拳法"和"步法"，例中的"退一步"就是拳击选手的步法移动，是对拳击手脚部动作的说明。

"退一步"中的数词"一"对动作进行了量化，这里的"一"还可以换成其他数词来对动作进行计量。如：

（2）他忍着躲着，终于瞅中机会，照一个的脸上迎面砸了一拳，手感告诉他击中了对方的鼻子，那个人趔趔趄趄退了几步被河滩上的石头绊倒了。（陈忠实《白鹿原》）

句中出现的是"退了几步"，表明"退一步"在表示行为动作时，动量方面是可以产生变化。此外"退一步"的结构关系并不紧密，因为此时的"退一步"还是短语，结构较为松散，例中的"退了几步"，动词后接了时态助词"了"。

其次"退一步"还有"非动作"义的用法，这一用法存在三种情型：第一种情况是"退一步"充当一般动词的修饰限定成分。第二种情况是"退一步"修饰"说、讲"类言说类动词，前两种"退一步"与后接动词构成状中结构。第三种情况是"退一步"与言说类动词构成句子外位成分，充当话语标记。

"退一步"的修饰性功能和用法包含"退一步"的"非动作"义的前两种用法，具有修饰功能的"退一步"可以与一些动词组合，表示后退、后撤一类的"后向"性语义特征。如：

（3）鹿子霖曾不止一回退一步想，如果兆鹏娶的不是冷先生的头生女而是另什任何人的女子，兆鹏实在不愿意了就休了算了，但对冷先生的女儿无论如何也不能这么做。（陈忠实《白鹿原》）

上例的"退一步想"是由"退一步"与动词"想"和"准备"构成修饰关系，是"状中结构"，"退一步"充当后面动作的方式状语。例中的"退一步"与具体的行为动作已经没有直接关系。而且充当修饰成分的"退一步"在时态助词，此时"退一步"

结构上发生了"固化"（hard-wired）[3]。

"退一步"更多的是与言说类动词"说"、"讲"构成状中结构，表示出"让步"性语义特征。如：

（4）吴胖子见有逃脱的可能，又退一步说："太君，我老实说，我什么也不知道，我想霸占秦芳芝，故意给他们栽赃的。（李晓明 韩安庆《平原枪声》）

上例中的"退一步说"仍然是"状语＋中心语"的状中结构，"退一步"充当言说动词"说"的方式状语，例中的"退一步"既不是具体的行为动作，也没有明显的"后向"性语义，而是表示出"让步"的意思。

"退一步＋V"的话语标记用法

"退一步＋V"这一结构中的"V"是表示言说类的动词，如"说、讲"，有的时候也使用"想"。"退一步说/讲/想"等结构在充当方式状语的基础上，语义继续虚化，产生出表示"让步"关系的话语标记用法。如：

（5）退一步说，即使这个罪犯真的是个神经病，即使这个罪犯是在撒谎吹牛，那他也肯定清楚这些细节的来源。（张平《十面埋伏》）

上例的"退一步说"后面使用了逗号，以示与后续的句子之间存在区隔，而后续的是以"即使…也…"为关联标记的让步复句[4]。在前面的分析中"退一步"＋"言说类动词"结构已经表现出标示让步的语用功能，这里的"退一步说"也是在表示让步的意思，只是它们已经从句内成分发展成为句外成分，成为标示让步关系的话语标记。

除了"退一步"，还有口语中常用的"退一万步"及其相关结构分析。"退一万步"的用法也有两种情况，一种是充当方式状语，另一种是充当让步话语标记。"退一步"与"退一万步"相比较，中间的数词发生了改变，从"一"到"一万"，数量上发生了巨大变化，在表示让步程度也有所加深。如：

（6）就是退一万步想，在短期内进不了荣家大门，也不要紧，从今而后，荣氏父子不得不承认她就已是一个很大的进步了。（梁凤仪《弄雪》）

上例在"就是退一万步想"当中"退一万步"与"想"构成的也是状中结构，"退一万步"充当"想"的方式状语。

"退一万步V"结构中的动词主要是指言说类的动词，即"说"、"讲"。"退一万步说"与"退一步说"具有相同的标记功能，可以充当话语标记，标示"让步"

关系，如：

（7）退一万步说，就算各厂情况不同，停工长短不一样，也可以折骨评定。（周而复《上海的早晨》）

上例中的"退一万步说"与后接的句子用逗号进行了间隔，充当句外成分，成为后接的"就算 A，也 B"与"即使 A，也 B"这些让步复句的话语标记。

三　"退一步"类现象的历时使用情况与演变动因

"退一步"的用法在近代汉语中就已出现，在《祖堂集》和《朱子语类》中有多处"退一步"的用例。如：

（8）人只有个天理人欲，此胜则彼退，彼胜则此退，无中立不进退之理。凡人不进便退也。譬如刘项相拒于荥阳成皋间，彼进得一步，则此退一步；此进一步，则彼退一步。（《朱子语类》）

（9）再问："所说'寻求义理，仍须虚心观之'，不知如何是虚心？"曰："须退一步思量。"次日，又问退一步思量之旨。（同上）

这是"退一步"较早的用例，例（8）中引用楚汉刘、项争霸，双方的势力此消彼长，使用"彼进得一步，则此退一步；此进一步，则彼退一步"这样具体形象的语言很生动地类比了"天理"和"人欲"之间的斗争关系，将"退一步"这个行为层面的动作投射到思维层面。

究竟是什么原因使得"退一步"这一个动作性极强的短语同让步复句产生关联，发展演变为表示让步关系的标记。我们认为这中间，从行为（具体）到思维（抽象）的认知因素起到了积极的影响作用。综合前文的分析，"退一步"不仅可以用来描述人们肢体的行为动作，还可以借用"退一步"这一行为动作来对抽象的"让步"概念进行形象化、动作化的表述。"退一步"从最初的客观行为动作到表示主观思维层面的"让步"概念。从目前掌握的材料看"退一步"与"想、思量"等动词组合使用出现时间较早，早在宋代就已出现，如例（9）这种"方式状语＋谓语"的结构一直沿用至今，而"退一步"和言说类动词连用，表示让步话语标记的用法出现较晚，例如：

（10）吴佩孚道："川、湘的情形不同，川省僻在一隅，非用兵必争之地，湖南居鄂、粤之中，我们如得了湖南，进可以窥取两粤，退一步说，也足以保持武汉，倘然湖南为南方所得，则全局震动矣。"（民国 蔡东藩《民国演义》）

上例中，虽然没有出现让步连词"即使"，但是从上下文的语义以及例中"也足以保持武汉"这一分句的意思，可以判断"退一步说"是标示让步关系的。

"退一步"从一个表示具体行为动作的词语发展出方式状语的用法，再进一步与"言说类"动词结合固化成为让步话语标记的用法，尤其是第二步发展经历了一个漫长的过程。在这个演变过程中，隐喻式的概念认知起到了关键作用，即人们在"退一步"这种具体行为动作与人们的"退让、让步"客观抽象思维概念之间找到了某种共通的东西，那就是抽象主观的让步概念在具象客观化的实施过程中与"退步"动作存在"隐喻"（metaphor）[5]，反映了句法结构及其描述的外部世界与概念世界在结构上存在的隐喻关系。

除了"退一步"本身的语义特征之外，"言说"类动词对这类结构的演化也有较大影响。"退一步"与"说"、"讲"等"言说"类动词构成一个结构上稳固，语义上明确，用法上独特的话语标记，除了"退一步"有表示"让步"的意味，值得一提的是"说"、"讲"这样的"言说"类动词对固化结构的促进作用。一些研究者分别就汉语的"说"、"想"、"看"等动词以及由其构成的一些结构的特殊用法进行了分析和研究，董秀芳分析了一批双音节三音节以及多音节的"X说"结构[6]，讨论了它们的性质、功能和形成过程，其中列举了让步连词"就说"以及话语标记"要说"，没有论及本文的"退一步说"和"退一万步说"。"言说"动词与"退一步"这样的固化结构组合在一起，长时间的使用它们二者之间的结构关系也越来越紧密，语义的也会越来越虚化，"退一（万）步"与"说"都不再同具体的行为动作直接相关，二者的"主观化"程度高度一致，逐渐在结构、语义及语用等方面固化出表示"让步"关系的话语标记用法。

"退一步"这类结构从动补短语演变为让步话语标记，实际是发生了语法化。Traugott 在讨论话语标记的语法化时 [7]，对话语标记的演变给出了如下的语法化斜坡（Cline）：

Clause internal Adverbial ＞ Sentence Adverbial ＞ Discourse Particle (of which Discourse Markers are a subtype)

就本文讨论的"退一步"类现象，可以确定有这么两种情况，一种是句内成分，一种是话语标记。

句内成分如：

（11）我知道由相爱而结婚是正当的办法，但是，你睁开眼看看中国的妇女，看看她们，看完了，你的心就凉了！中学的，大学的女学生，是不是学问有根底？退一步说是不是会洗衣裳，作饭？（老舍《二马》）

上例"退一步想"后接的是一个动词"想"的具体内容，也就是"想"的宾语，它是由一个疑问句充当，例中的"退一步"处于句子中心动词之前，它的前面是副词"又"，这里的"退一步"在句法位置上处于状语的位置，其起到的功能相当于句内副词，可以修饰限制"想"。话语标记如：

（12）退一万步，即使该房屋确系男方一人的劳动所获，或系单位给予男方一人的某种奖励，也顶多是个夫妻双方收入状况的差异问题，仍然不妨碍女方与男方共同拥有该住房的权利。（《长江日报》1998 年 4 月 24 日）

上面的例子使用了"退一万步"，并且通过使用逗号与后面的句子隔开，独立地用在句首，从语篇角度可以分析出它们话语标记的用法，而这种用法也正是语法化斜坡的最后结果。

四 "退一步 V"类现象与后接复句的搭配分析

"退一步 V"作为话语标记，最常见的用法就是与让步复句连用，一方面起到连接上下文的关联作用，一方面对语义关系起到标示作用。如：

（13）退一步说，即使列不进国家试点，总公司也必须按照十四届三中全会的精神尽快改组为控股公司。（北大语库）

上例是"退一步 V"同让步复句连用，这个话语标记除了同"即使……也"联合使用，还与"纵然……也"、"就算……也"等表示让步的关联模式配合使用，使得让步的语义关系的表达从多个层面得到了加强。"退一步 V"与让步复句在句法形式上，除了独立于复句之外，有时候还与让步标记结合在一起或是插入让步复句的分句之间。如：

（14）即使退一步讲，文字有它的用处，它也不能比得上亲口去对老百姓讲，亲身作给同胞们看。（老舍《蜕》）

　　上例让步关联标记"即使"与话语标记"退一步讲"结合在一起使用，有时候"退一步讲"会出现在让步复句的两个分句之间。只是由于其话语标记的特点，在句法分布上相对灵活一些，因而能够出现的句法位置也不尽一致。

　　"退一步V"这里只是退了"一步"，在前面已经提到，有退的步伐更多的，就是"退一万步V"，它也是表示让步的一个话语标记，主要是和让步复句联合使用，在对复句语库的统计中，检索到含有"退一万步（V）"的复句21例，其中后接让步复句多达18例。

　　充当话语标记的"退一步V"，其后接续的复句类型通常以"让步"复句为主，但是其他类型的复句也可以出现在"退一步V"后面，其中包括与假设复句和因果复句的连用。"退一步V"与假设复句的联合使用，总体上依然是表示让步的意思。如：

　　（15）再退一步说，实在治不好，如果真有危险，我希望你们能从我身上得到经验，那我也就非常高兴了。（复句语库）

　　上例在句首使用了话语标记"退一步说"表示让步语义关系，这里的让步时是对于前文的一些内容做出的，具体的让步内容就是以"如果"为标记的假设复句所陈述的内容。"退一步V"还与因果复句有搭配使用的情况：

　　（16）退一步说，美国既然已承认北京政府是中国的唯一合法政府，台湾问题纯属中国的内政问题，即使中国不以和平方式统一台湾，又关美国何事？（复句语库）

　　"退一步V"与因果复句连用的情况很少，在复句语库中也仅有此一例，"退一步说"后接的是一个由"既然"标记的"推论因果关系"复句，值得注意的是，表示"结果"的分句是一个"即使"标记的让步复句。仅从"退一步说"就能了解到例句的让步意思，而后续的因果复句中又嵌套了一个让步副句，整个句子的让步意味更加浓重。

　　我们在65万句复句的华中复句语库中，对"退一步V"后接复句做了一个统计，后接让步复句67例，假设复句11例，因果复句1例，从这个数据来看，"退一步V"的主要句法功能就是充当让步复句的话语标记。与此同时对"退一万步V"也进行了分析和统计，50余例含有"退一万步V"的例句，其后接的让步复句有40余例，只有几例是假设关系复句，由此可见，"退一万步V"主要用于充当让步关系的话语标记。

五　结　语

本文运用认知语言学的相关理论，对"退一步"类现象的不同结构和不同用法分别进行了描写和说明，本文着重分析"退一步"从一个句法结构紧密度低、充当谓语的谓词性短语演变为句法紧密度相对较高、充当方式状语的修饰性成分，再发展充当让步话语标记的演变历程。揭示出"退一步"在隐喻机制的作用下，以基本义为基础演变成为一个表示抽象"让步"概念的语言单位，与"说、讲"类言说动词组合成用于表示让步关系的话语标记，让我们看到从词到短语乃至到话语标记的产生和使用，都与我们对周围事物以及对世界的认识密切相关。

参考文献

[1] 戴浩一著，黄河译：《时间顺序和汉语的语序》，《国外语言学》，1988 年第 1 期。

[2] 金鑫：《关联标记"一头"的固化动因及其句法语义特征分析》，《汉语学习》2009 年第 4 期。

[3] 储泽祥：《"一个人"的固化及其固化过程》，《华中师范大学学报》2003 年第 5 期。

[4] 邢福义：《现代汉语"即使"实言句》，《语言教学与研究》1985 年第 4 期。

[5]George Lakoff & Mark Johnsen.Metaphors We Live By , The University of Chicago Press,1980.

[6] 董秀芳：《"X 说"的词汇化》，《语言科学》2003 年第 2 期。

[7]Traugott, E. C. The Role of the Development of Discourse Markers in A Theory of Grammaticalization. Paper presented at ICHL XII, Manchester,1995.

（原文载《求索》2010 年第 10 期）

参考文献

一、中文文献

白兆麟：《盐铁论》句法研究，商务印书馆 2003 年版。

陈　康、许进来：《台湾赛德克语》华文出版社 2001 年版。

陈昌来：《现代汉语句子》，华东师范大学出版社 2001 年版。

陈景元：《兵马俑真相》，华文出版社 2009 年版。

陈克炯：《〈左传〉的假设复句》，《华中师范学院学报》（人文社会科学版）1984 年第 5 期。

陈士林、边仕明：《彝语简志》，民族出版社 1985 年版。

程俊英：《诗经译注》，上海古籍出版社 2004 年版。

程适良、阿不都热合曼：《乌孜别克语简志》，民族出版社 1987 年版。

池昌海、凌　瑜：《让步连词"即使"的语法化》，《江南大学学报》（人文社会科学版）2008 年第 2 期

储泽祥：《语法比较中的"表一里一值"三个角度》，《汉语学习》1997 年第 3 期。

储泽祥：《"一个人"的固化及其固化过程》，《华中师范大学学报》（人文社会科学版）2003 年第 5 期

储泽祥：《小句是汉语语法基本的动态单位》，《汉语学报》2004 年第 2 期。

储泽祥：《"十五"期间的现代汉语语法研究》，《汉语学习》2005 年第 1 期。

储泽祥、曹跃香：《固化的"用来"及其相关的句法格式》，《世界汉语教学》2005 年第 2 期。

储泽祥、邓云华：《指示代词的类型和共性》，《当代语言学》2003 年第 4 期，

储泽祥、金　鑫：《固化的"一条龙"及其使用情况考察》，《语言教学与研究》2008 年第 1 期。

储泽祥、陶伏平：《汉语因果复句的关联标记模式与"联系项居中原则"》，《中国语文》2008 年第 5 期。

储泽祥、王　寅：《动词的"重新理解"及其造成的影响》，《古汉语研究》2009 年第 3 期。

储泽祥、谢晓明：《汉语语法化研究中应重视的若干问题》，《世界汉语教学》2002 年第 2 期。

道　布：《蒙古语简志》，民族出版社 1983 年版。

丁椿寿：《黔滇川彝语比较研究》，贵州民族出版社 1991 年版。

丁声树等：《现代汉语语法讲话》，商务印书馆 1961 年版。

丁志丛：《汉语有标转折复句的关联标记模式及使用情况考察》，湖南师范大学 2008 年博士学位论文。

董秀芳：《词汇化：汉语双音词的衍生和发展》，四川民族出版社 2002 年版。

董秀芳：《"X 说"的词汇化》，《语言科学》2003 年第 2 期。

董秀芳：《词汇化与话语标记的形成》，《世界汉语教学》2007 年第 1 期。

方　梅：《自然口语中弱化连词的话语标记功能》，《中国语文》2000 年第 5 期。

冯志纯：《试论转折关系的假设复句——兼谈"尽管"和"即使""不管"的区别》，《语言教学与研究》1990 年第 2 期

高名凯：《汉语语法论》，商务印书馆 1986 年版。

高文盛、席　嘉：《〈朱子语类〉中的让步连词"虽"及相关问题》，《江南大学学报》（人文社会科学版）2005 年第 5 期。

龚千炎：《现代汉语的假设让步句》，《语法研究和探索》（三），北京大学出版社 1985 年。

管燮初：《殷墟甲骨刻辞的语法研究》，中国科学院 1953 年版。

管燮初：《西周金文语法研究》，商务印书馆 1981 年版。

郭冀舟：《副词·介词·连词》，上海教育出版社 1984 年版。

郭志良：《现代汉语转折词语研究》，北京语言文化大学出版社 1999 年版。

何乐士：《从〈史记〉和〈世说新语〉的比较看〈世说新语〉的语法特点》，程湘清主编《魏晋南北朝汉语言研究》，山东教育出版社 1992 年版。

何汝芬等：《高山族语言简志》（布嫩语），民族出版社 1986 年版。

和即仁、姜竹仪：《纳西语简志》，民族出版社 1985 年版。

贺嘉善：《仡佬语简志》，民族出版社 1983 版。

胡承佼：《儿童语言中的复句》，安徽师范大学 2004 硕士学位论文。

胡明扬：《〈老乞大〉复句研究》，《语文研究》1984 年第 3 期。

胡裕树：《现代汉语》（增订本），上海教育出版社 1995 年版。

胡增益、朝 克：《鄂温克语简志》，民族出版社 1986 年版。

胡振华：《柯尔克孜语简志》，民族出版社 1986 年版。

胡宗哲：《浅谈语境对复句的制约》，《修辞学习》1996 年第 4 期。

华 萍：《复句问题论说》，《华中师范大学学报》（人文社会科学版）1985 年第 1 期。

华 萍：《现代汉语语法问题的两个"三角"的研究——1980 年以来中国大陆现代汉语语法研究的发展》，《语言教学与研究》1991 年第 3 期。

黄伯荣：《汉语方言语法类编》，青岛出版社 1996 版。

黄伯荣、廖序东：《现代汉语》（增订三版），高等教育出版社 2002 年版。

季恒铨：《对六七岁儿童掌握因果关系复句的浅析》，《语言文字应用》1994 年第 3 期

蒋骋冀、徐朝红：《连词"正使"的产生和发展》，《汉语学报》2009 年第 3 期。

蒋绍愚：《近代汉语研究概况》，北京大学出版社 1994 年版。

金 鑫：《"一边"类关系词及其相关句式研究》，华中师范大学 2007 年硕士学位论文。

金良年：《论语译注》，上海古籍出版社 2004 年版。

荆贵生：《古代汉语》，黄河出版社 1997 年版。

黎锦熙：《新著国语文法》，商务印书馆 2001 版。

李 敏：《递进连词"不说"及其语法化过程》，《暨南大学华文学院学报》

2005 年第 2 期。

　　李　曦：《殷墟卜辞语法》，陕西师范大学出版社 2004 年版。

　　李道勇、聂锡珍：《布朗语简志》，民族出版社 1986 年版。

　　李晋霞：《试论"使"字兼语句向复句的演变》，《汉语学报》2006 年第 2 期。

　　李晋霞、刘　云：《复句类型的演变》，《汉语学习》2007 年第 2 期。

　　李如龙、梁玉璋：《福州方言志》，海风出版社 2001 年版。

　　李曙华：《从系统论到混沌学——信息时代的科学精神与科学教育》，广西师范大学出版社 2002 版。

　　李思明：《〈朱子语类〉的让步复句》，《安庆师范学院学报》（社会科学版）1996 年第 1 期。

　　李晓琪：《现代汉语复句中关联词的位置》，《语言教学与研究》1991 年第 2 期。

　　李宇明：《复句与句群》，《语文教学与研究》1986 年第 9 期。

　　李佐丰：《古代汉语语法学》，商务印书馆 2004 年版。

　　梁　敏：《侗语简志》，民族出版社 1980 年版。

　　林莲云：《撒拉语简志》，民族出版社 1985 年版。

　　凌　瑜：《让步连词演变及语法功能研究例说》，浙江大学 2007 年硕士学位论文。

　　刘　光、张才尧：《汉德语法比较》，科学普及出版社 1986 年版。

　　刘　云：《复句自动分析的目标和意义》，《宁夏大学学报》2009 年第 3 期。

　　刘百顺：《连词"虽然"、"然虽"考辨》，《语言研究》2008 年第 1 期。

　　刘灿群：《试论谓词性"就是"开头句的句模》，《广东农工商职业技术学院学报》2008 年第 1 期。

　　刘昌华：《让步复句与主观量范畴》，《扬州教育学院学报》2009 年第 1 期。

　　刘丹青：《语序类型学与介词理论》，商务印书馆 2003 年版。

　　刘加昆：《逻辑语义框架下的让步句语意重心分析》，《语文学刊》2006 年第 9 期。

　　刘谦功：《外国学生汉语让步式复句习得研究及教学新思路》，北京语言文化大学 2000 年硕士学位论文。

　　刘叔新：《现代汉语理论教程》（增订三版），高等教育出版社 2002 年版。

　　刘元春：《论路径依赖分析框架》，《教学与研究》1999 年第 1 期。

　　刘月华：《对话中"说""想""看"的一种特殊用法》，《中国语文》1986

年第 3 期。

刘照雄：《东乡语简志》，民族出版社 1981 年版。

吕叔湘：《中国文法要略》，商务印书馆 1982 年版。

罗进军：《有标假设复句研究》，华中师范大学 2007 年博士学位论文。

罗竹风等：《汉语大词典》，汉语大词典出版社 1990 年版。

马　真：《简明实用汉语语法教程》（第一版），北京大学出版社 1997 年版。

马建忠：《马氏文通》，商务印书馆 1983 年版。

马清华：《并列连词的语法化轨迹及其普遍性》，《民族语文》2003 年第 1 期。

马仁惠、孙秀民：《浅谈德语让步从句的分类及其翻译》，《外国语》1978 年第 2 期。

马增芳：《公文中的复句现象》，《写作》（高级版）2002 年第 4 期。

毛宗武、蒙朝吉、郑宗泽：《瑶族语言简志》，民族出版社 1982 年版。

梅立崇：《现代汉语的"即使"假言句》，《世界汉语教学》1995 年第 1 期。

孟　凯：《汉语让步复句的演变》，吉林大学 2002 年硕士学位论文。

孟　凯：《中古时期汉语让步复句探析》，《长春大学学报》2004 年第 1 期。

蒲立本：《古汉语语法纲要》，语文出版社 2006 年版。

钱　穆：《论语新解》，生活·读书·知新三联出版社 2002 年版。

钱　逊：《论语浅解》，北京古籍出版社 1988 年版。

钱冠连：《有理据的范畴化过程——语言理论研究中的原创性》，《外语与外语教学》2001 年第 10 期。

钱乃荣：《现代汉语》（修订本）江苏教育出版社 2001 年版。

秦礼君：《日汉比较语法》，中国科学技术大学出版社 2006 年版。

秦永龙：《西周金文选注》，北京师范大学出版社 1992 年版。

邵敬敏：《现代汉语通论》（第一版），上海教育出版社 2001 年版。

沈家煊：《语言的"主观性"和"主观化"》，《外语教学与研究》2001 年第 4 期。

沈家煊：《复句三域"行、知、言"》，《中国语文》2003 年第 3 期。

施钟雨：《复句》，《华南师范大学学报》（社会科学版）1973 年第 4 期。

石毓智：《判断词"是"构成连词的概念基础》，《汉语学习》2005 年第 5 期。

石毓智、李　讷：《汉语语法化的历程》，北京大学出版社 2001 年版。

司红霞：《"说"类插入语的主观性功能探析》，《语言文字应用》2006年第S2期。

宋恩泉：《汶上方言志》，齐鲁书社2005年版。

孙　云：《谈谈即使句、宁可句、无论句》，《内蒙古师范大学学报》（哲学社会科学版）1983年第2期。

孙德金：《汉语语法教程》（第一版），北京语言大学出版社2002年版。

孙宏开：《羌语简志》，民族出版社1981年版。

太田辰夫：《中国语历史文法》，蒋绍愚，徐昌华译，北京大学出版社1987年版。

唐凤燕：《现代汉语"即使"复句探析》，暨南大学2003年硕士学位论文。

田庆生：《法语让步句的用法》，《法语学习》2008年第2期。

王　力：《汉语史稿》，中华书局1958年版。

王　力：《中国现代语法》，商务印书馆1985年版。

王　力：《王力古汉语字典》，中华书局2000年版。

王　霞：《转折连词"不过"的来源及语法化过程》，《河北师范大学学报》（哲学社会科学版）2003年第2期。

王　缃：《复句·句群·篇章》，陕西人民出版社1985年版。

王艾录：《复句标准浅谈》，《语文研究》1981年第1期。

王辅世：《苗语简志》，民族出版社1985年版。

王惟贤：《复句和关联词语》，《语言教学与研究》1983年第1期。

王维贤：《论"转折"》，《逻辑与语言研究》，中国社会科学出版社1982年版。

王维贤：《论转折句》，《中国语言学报》1991年第4期。

王维贤等：《现代汉语复句新解》，华东师范大学出版社1994年版。

王秀珍：《谈蒙古族学生学习汉语复句》，《内蒙古师范大学学报》（哲学社会科学版）1988年第2期。

王聿恩：《谈复句类型的变换》，《江汉大学学报》（人文科学版）1992年第2期。

韦庆稳：《壮语简志》，民族出版社1980年版。

韦旭升、许洞振：《朝鲜语实用语法》，商务印书馆1976年版。

吴福祥：《敦煌变文语法研究》，岳麓书社1996年版。

吴福祥：《语法化的新视野——接触引发的语法化》，《当代语言学》2009年第3期。

席　嘉：《近代汉语连词研究》，《长江学术》2006 年第 3 期。

向　熹：《简明汉语史》，高等教育出版社 1993 年版。

肖任飞：《现代汉语因果复句优先序列研究》，中国社会科学出版社 2010 年版。

谢晓明、肖任飞：《表无条件让步的"说·什么"紧缩句》，《语言研究》2008 年第 2 期。

邢福义：《略论复句与推理》，《华中师范学院学报》（人文社会科学版）1977 年第 4 期。

邢福义：《复句与关系词语》，黑龙江人民出版社 1985 年版。

邢福义：《现代汉语的"即使"实言句》，《语言教学与研究》1985 年第 4 期。

邢福义：《汉语复句格式对复句语义关系的反制约》，《中国语文》1991 年第 1 期。

邢福义：《从基本流向综观现代汉语语法研究四十年》，《中国语文》1992 年第 1 期。

邢福义：《现代汉语转折句式》，《世界汉语教学》1992 年第 2 期。

邢福义：《汉语复句与单句的对立和纠结》，《世界汉语教学》1993 年第 1 期。

邢福义：《现代汉语语法研究的"小三角"和"三平面"》，《华中师范大学学报》（哲学社会科学版）1994 年第 2 期。

邢福义：《语法研究中"两个三角"的验证》，《华中师范大学学报》（人文社会科学版）2000 年第 5 期。

邢福义：《汉语复句研究》，商务印书馆 2001 年版。

邢福义、汪国胜：《现代汉语》（第一版）　华中师范大学出版社 2003 年版。

邢福义、姚双云：《连词"为此"论说》，《世界汉语教学》2007 年第 2 期。

邢向东：《神木方言研究》，中华书局 2002 年版。

徐朝红：《对中古本缘部汉译佛经的连词》，湖南师范大学 2008 年博士学位论文。

徐赳赳、JonathanJ.Webster：《复句研究与修辞结构理论》，《外语教学与研究》1999 年第 4 期。

徐阳春：《现代汉语复句句式研究》，中国社会科学出版社 2002 年版。

徐阳春、侯友兰：《论让步》，《山东师范大学学报》（人文社会科学版）2005 年第 1 期。

许宝华、宫田一郎：《汉语方言大词典》，中华书局 1999 年版。

杨　艳：《表让步的"就是"与主观量》，《东南大学学报》（哲学社会科学版）

2005 年第 6 期。

　　杨伯峻、何乐士：《古汉语语法及其发展》，语文出版社 2001 年版。

　　杨年保：《关于假设句、让步句、条件句》，《云梦学刊》2003 年第 5 期。

　　姚双云：《小句中枢理论的应用与复句信息工程》，《汉语学报》2005 年第 4 期。

　　姚双云：《复句关系标记的搭配研究》，华中师范大学出版社 2008 年版。

　　尹　蔚：《多维视域下的有标选择复句研究》，华中师范大学 2008 年博士学位论文。

　　喻翠容：《傣语简志》，民族出版社 1980 年版。

　　曾立英：《“你看”与“我看”的主观化》，《汉语学习》2005 年第 2 期。

　　曾晓洁：《略论“即使”类连词的源与流——兼及该类连词的归类问题》，《湖南第一师范学报》2006 年第 4 期。

　　张　敏：《认知语言学与汉语名词短语》，中国社会科学出版社 1998 年版。

　　张　斌：《现代汉语》（第一版），复旦大学出版社 2002 年版。

　　张道真：《张道真实用英语语法》，外语教学研究出版社 2002 年版。

　　张洪超、刘昌华：《让步复句的预设研究》，《徐州师范大学学报》（哲学社会科学版）2007 年第 3 期

　　张鸿魁：《临清方言志》，中国展望出版社 1990 年版。

　　张济川：《仓洛门巴语简志》，民族出版社 1986 年版。

　　张金桥、莫　雷：《汉语转折复句的命题表征项目互换效应研究》，《心理学报》2004 年第 4 期。

　　张均如：《水语简志》，民族出版社 1980 年版。

　　张谊生：《“就是”的篇章衔接功能及其语法化历程》，《世界汉语教学》2002 年第 3 期。

　　张玉金：《甲骨文语法学》，学林出版社 2001 年版。

　　赵世举：《试论汉语语义对立》，《湖北师范学院学报》（哲学社会科学版）1998 第 5 期。

　　照那斯图：《东部裕固语》，民族出版社 1981 年版。

　　志村良治：《中国中世语法史研究》，江蓝生，白维国译，中华书局 1995 年版。

　　中国社会科学院语言研究所词典编辑室：《现代汉语词典》，商务印书馆 2005

年版。

仲素纯：《达斡尔语简志》，民族出版社 1982 年版。

周　刚：《连词与相关问题》，安徽教育出版社 2002 年版。

周　静：《现代汉语递进复句研究回眸与范畴化思考》，《西南民族大学学报》（人文社科版）2004 年第 6 期。

周筱娟：《汉语书面广告复句的基本类型与特色》，《江汉大学学报》（人文科学版）2006 年第 6 期。

朱晓农：《复句重分类——意义形式化的初次尝试》，《汉语学习》1989 年第 6 期。

朱子良：《选择复句与选言命题》，《衡阳师范学院学报》1995 年第 1 期。

二、外文文献

Chen Guohua.The grammaticalization of concessive markers in Early Modern English, Olga Fischer,Anette Rosenbach,Dieter Stein (eds.)Pathways of change:grammaticalization in English, John Benjamins Publishing，2000，pp.85-110.

Claudio Di Meola.Synchronic variation as a result of grammaticalization: concessive subjunctions in German and Italian. Linguistics: an interdisciplinary journal of the language sciences，2001. http://findarticles.com/p/articles/mi_hb195/is_1_39/ai_n28835854.

Comrie,Bernard.Language universal and linguistic typology, Chicago:University of Chicago Press，1981，沈家煊译《语言共性和语言类型》，华夏出版社 1989 年版。

Dik, Simon C.The theory of Functional Grammar. Part 1: the Structure of the Clause. Berlin/New York: Mouton de Gruyter，1997.

Douglass C. North.Institution, Institutional change and Economic Performance, Cambridge University Press，1990，刘守英译，《制度、制度变迁和经济绩效》，上海三联书店出版社 1994 年版．

Elizabeth Couper-Kuhlen & Bernd Kortmann (eds.)，Cause-condition-concession-contrast: cognitive and discourse perspectives (Topics in English Linguistics 33). Berlin: Mouton de Gruyter，2000.

Fred Karlsson.Finnish-An Essential Grammar. Routledge, London/New York，1999，pp.226-228.

George Lakoff & Mark Johnsen, Metaphors we live by. Chicago: The University of Chicago Press，1980.

Greenberg,Joseph H. Some universals of grammar with particular reference to the order of meaningful element,1966. 陆丙甫、陆致极译，《某些主要跟语序有关的语法普遍现象》，《国外语言学》1984 年第 2 期。

Hopper,P.J & Traugott,E.C..Grammaticalization. Cambridge University Press，1993. 梁银峰译，《语法化学说》，复旦大学出版社 2008 年版。

KarinC.Ryding.A Reference Grammar of Modern Standard Arabic. Cambridge Unversity Press, Cambridge，2005，p.674.

König,Ekkehard.On the history of concessive in English:Diachronic and synchronic evidence,Lingua，1985，pp.1-19.

König, Ekkehard.Conditionals, concessive conditionals and concessives: areas of contrast, overlap and neutralization. In: E. Traugott et al. (red.), On conditionals. Cambridge University Press, Cambridge，1986，pp.229-246.

König, Ekkehard.Concessive connectives and concessive sentences: Cross-linguistic regulatirites and pragmatic principles. In: J. Hawkins （red.），Explaining language universal，Oxford：Blachwell，1988，pp.145-166.

König, Ekkehard.Concession relation as the dual of causal relations,In Semantics Universals and Universal Semantics, Dietmar Zaefferer(eds),Berlin:Foris Publicrtion，1991，pp.190-209.

Labov,W.The boundaries of words and their meanings,In Bailey and Shuy(eds),New Ways of Analysing Vatiation in English.Washington:Georgetown University Press，1973.

Lewis Glinert.Modern Hebrew: an essential grammar – third edition, London and New York，2005，pp.145-166.

Margaret Lang & Isabelle Perez.Modern French Grammar. Routledge, London and New York，2004，p.122.

Mily,Crevels.Concession: A typological study [PhD Dissertation], Downloaded from

UvA-DARE, the Institutional Repository of the University of Amsterdam，2000.

Mily ,Crevels.Concessives on different semantic levels: A typological perspective. In : E. Couper-Kuhlen and B. Kortmann (red.), Cause, condition, concession, contrast. Mouton de Gruyter, Berlin/New York，2000，pp.313-340.

Omkar N. Koul Hungarian An Essential Gramma

Robert Carlson.A grammar of Supyire. Mouton de Gruyter, Berlin and New York，1994，pp.473;571.

Rounds,Carol.Hungarian: An Essential Grammar. New York: Routledge，2001.

SunChaofen.Word-order Change and Grammaticalization in the History of Chinese,Stanford University Press，1996.

Traugott,E.C.The Role of the Development of Discourse Markers in A Theory of Grammaticalization. Paper presented at ICHL XII, Manchester，1995.

Mark L.O.Van de Velde.A Grammar of Eton. Mouton de Gruyter, Berlin and New York，2008，pp.366-369

William Croft.Typology and Universals,Cambridge University Press，1990，外语教学与研究出版社，2000.

Zygmunt Frajzyngier.Grammticalization of the Complex Sentence: A Case Study in Chadic,John Benjamins Publishing Company,Amsterdam/Philadelphia，1996.

后　记

　　本书基于我的博士学位论文修改增删而成，本书能够顺利完成并最终出版，要感谢的人很多。

　　首先要感谢恩师储泽祥教授。2004—2010年，我先后在储老师指导下攻读硕士和博士学位。关于博士论文，储老师曾给过三个选题，前两个因为研究资料和研究条件的限制而放弃，最终确定研究汉语的有标让步复句研究，题目确定的当天储老师就把自己托朋友从国外复印的相关外文资料交到我手上。在论文的写作过程中，每当遇到问题，储老师总能及时解疑释惑，他的耐心指导常让我有拨云见日的豁然开朗之感。师恩如山，我工作之后，储老师也一直关心着我的工作和生活。本书出版之际，恩师欣然赐序，更是给我莫大的鼓励。

　　感谢华师文学院的李向农教授、周光庆教授、吴振国教授、刘云教授、郭攀教授；感谢语言所的汪国胜教授、谢晓明教授、姚双云教授、匡鹏飞教授。感谢文学院和语言所诸位老师，在我求学期间给予我的指导和帮助。感谢德国柏林自由大学的König教授，感谢他通过电子邮件惠赐他的众多关于让步句的研究成果供我学习和参考。

　　感谢湖南师范大学国际汉语文化学院的杨玲院长，2010年来师大国汉院工作，杨院长在生活和工作上，给予我和家人诸多帮助和关照，还要感谢国汉院诸位同事在工作和生活上对我的帮助和关心。

　　感谢湖南师范大学文学院唐贤清教授。今年春天，我向唐老师提出申请，想在他的指导下从事博士后研究工作。承蒙唐老师不弃，感谢唐老师给我提供宝贵的学习机会。

还要感谢众多师兄、师姐、师弟和师妹在本书写作和修改期间提供的友情帮助，在我学习和生活上对我的关心。

感谢世界图书出版广东有限公司的孔令钢编辑和黄琼编辑，二位编辑详细审阅书稿，为本书的修改和完善提供了许多中肯的建议。

最后要感谢我的家人和亲人们，感谢父母为我付出的一切；感谢妻子王擎擎在本书资料整理和文稿校对时提供的支持；感谢岳父母为我们这个小家庭付出的辛劳。

金 鑫

2016 年 8 月于长沙